国家体育总局决策咨询研究重大项目“迈向体育强国之路：群众体育改革与发展研究”（项目编号：2018-A-02）

迈向体育强国：

新时代群众体育改革与发展

卢文云　著

北京体育大学出版社

策划编辑：王英峰
责任编辑：王英峰
责任校对：林小燕
版式设计：久书鑫

图书在版编目（CIP）数据
迈向体育强国：新时代群众体育改革与发展 / 卢文云著. -- 北京：北京体育大学出版社，2025. 5.
ISBN 978-7-5644-4296-5
Ⅰ. G812
中国国家版本馆 CIP 数据核字第 2025TM2847 号

迈向体育强国：新时代群众体育改革与发展　　卢文云　著
MAIXIANG TIYU QIANGGUO: XINSHIDAI QUNZHONG TIYU GAIGE YU FAZHAN

出版发行：北京体育大学出版社
地　　址：北京市海淀区农大南路 1 号院 2 号楼 2 层办公 B-212
邮　　编：100084
网　　址：http://cbs.bsu.edu.cn
发 行 部：010-62989320
邮 购 部：北京体育大学出版社读者服务部 010-62989432
印　　刷：唐山玺诚印务有限公司
开　　本：710mm×1000mm　1/16
成品尺寸：170mm×240mm
印　　张：13
字　　数：245 千字
版　　次：2025 年 5 月第 1 版
印　　次：2025 年 5 月第 1 次印刷
定　　价：98.00 元

前言

2008 年北京奥运会后，党中央站在实现中华民族伟大复兴的中国梦的高度，提出了我国由体育大国向体育强国迈进的战略部署和奋斗目标。党的十八大以来，习近平总书记多次阐述了体育强国与健康中国、中国梦和中华民族伟大复兴的紧密关系，将体育事业的发展与国家兴衰的关联提升到新的战略高度，指出“体育承载着国家强盛、民族振兴的梦想”“体育强则中国强，国运兴则体育兴”“体育是社会发展和人类进步的重要标志，是综合国力和社会文明程度的重要体现”“体育是提高人民健康水平的重要手段，也是实现中国梦的重要内容，能为中华民族伟大复兴提供凝心聚气的强大精神力量”“体育代表着青春、健康、活力，关乎人民幸福，关乎民族未来”“要把发展体育工作摆上重要日程，精心谋划，狠抓落实，不断开创我国体育事业发展新局面，加快把我国建设成为体育强国”“加快建设体育强国，就要把握体育强国梦与中国梦息息相关的定位，把体育事业融入实现‘两个一百年’奋斗目标大格局中去谋划，深化体育改革，更新体育理念，推动群众体育、竞技体育、体育产业协调发展”。

基于特定时期我国社会历史背景，国家通过发挥“举国体制”优势实施奥运争光计划，竞技体育获得了巨大的发展。相反，群众体育、体育文化等其他领域的发展略显缓慢，导致竞技体育与群众体育之间的发展不平衡。群众体育基础的薄弱严重地阻碍了我国体育强国建设进程。提供群众体育服务的终极目标是不断满足人民群众日益增长的多样化、多层次的体育需求，因此深入探究新时代群众体育改革与发展对促进我国体育强国建设、健康中国建设、社会主义现代化强国建设、中华民族伟大复兴、人民美好生活达成均具有重要意义。

（1）新时代群众体育改革与发展是健康中国战略实施的需要。健康是人的基本权利，是人生最宝贵的财富；健康是生活质量的基础；健康是人类自我觉醒的重要方面；健康是生命存在的最佳状态，有着丰富的内涵。2017 年，习近平总书记在党的十九大报告中提出实施健康中国战略，并指出“人民健康是民族昌盛和国家富强的重要标志”。要完善国民健康政策，为人民群众提供全方位、全周期的健康服务。健康是指一个人在身体、精神和社会适应等方面都处于良好的状态。传统的健康观是“无病即健康”，现代人的健康观是整体健康。世界卫生组织提出：“健康不仅是躯体没有疾病，还要具备心理健康、社会适应良好和有道德。”因此，现代人的健康包括躯体健康、心理健康、社会健康、智力健康、道德健康和环境健康等。2016 年 10 月 25 日，中共中央、国务院印发《“健康中国 2030”规划纲要》，其第六章对提高全民身体素质进行了详细的阐述，包括完善全民健身公共服务体系、广泛开展全民健身运动、加强体医融合和非医疗健康干预、促进重点人群体育活动四部分内容。由此可见，健康中国战略目标的实现离不开全民健身，全民健身是健康中国建设的重要路径和核心环节，这对群众体育的发展提出了新要求。

（2）新时代群众体育改革与发展是加快推进体育强国建设的内在要求。中华人民共和国成立以来，我国体育事业取得了巨大成就，北京奥运会、残奥会的成功举办更是把我国体育事业发展推向新高度。我国体育事业虽取得巨大成绩，但其发展的短板仍比较明显，种种迹象表明我国仅仅是体育大国，与世界体育强国相比还有很大的差距，主要表现为“竞技体育结构不平衡，群众体育基础薄弱，体育市场化程度低，体育文化贫困”[①]。北京奥运会后，国家提出从体育大国向体育强国迈进，为我国体育事业发展指引了新的方向。党的十九大报告中提出：“广泛开展全民健身活动，加快推进体育强国建设，筹办好北京冬奥会、冬残奥会。”“体育强国建设”第一次出现在中国共产党全国代表大会的报告中，体现了党对体育强国建设的高度重视。

体育事业涵盖了竞技体育、群众体育、学校体育、体育产业、体育文化等方面，体育强国的重要标志就是体育事业在各个方面都得到充分发展。但在“举国体制”下，有限的人力、物力等各种资源集中于竞技体育，促进了我国竞技体育的超常规发展，在各类国际体育赛事中取得了骄人战绩，同时导致群众体育资源的投入不足、发展滞后，成为体育事业发展的薄弱环节，也是实现体育强国建设目标必须弥补的短板。

针对群众体育发展滞后问题，国家体育总局于 2014 年发布了《体育总局

① 董德龙，范安辉，梁建平. 中国作为体育强国的现实差距与路径选择[J]. 中国体育科技，2010，46（1）：38–39.

关于加强和改进群众体育工作的意见》，提出“加强和改进群众体育工作是建设体育强国的必然选择”“加强和改进群众体育工作是推动群众体育工作提档升级的迫切需要”。群众体育是体育强国建设的基础和重点，是亟待解决的重要议题。加快推进体育强国建设必须解决全民健身公共服务总量不足且无效供给、缺乏跨部门的联动机制、城乡差异、地区差异、政府越位缺位和社会力量参与不足等问题。

（3）新时代群众体育改革与发展是落实全民健身国家战略的需要。习近平总书记指出，全民健身是全体人民增强体魄、健康生活的基础和保障，人民身体健康是全面建成小康社会的重要内涵，是每一个人成长和实现幸福生活的重要基础。1952 年，毛泽东挥笔写下，“发展体育运动，增强人民体质”的题词，为新中国体育事业的发展指明了方向。2014 年 10 月，国务院印发的《国务院关于加快发展体育产业促进体育消费的若干意见》提出营造重视体育、支持体育、参与体育的社会氛围，将全民健身上升为国家战略。这是中华人民共和国成立以来首次在国家文件中明确将全民健身上升为国家战略。2015 年，党的十八届五中全会审议通过《中共中央关于制定国民经济和社会发展第十三个五年规划的建议》，将健康中国建设正式上升为国家战略，特别提出要“发展体育事业，推广全民健身，增强人民体质”。全民健身的价值主要表现在以下几方面：

① 个人价值。全民健身具有促进个人身心健康、增强人民身体素质、提升社会适应能力、缓解心理疾病等作用。因此，公民可以通过全民健身提高健康水平，加速个人能力的累积，实现人的全面发展，提高个人生活的满意度和幸福感，为个人价值的实现打下坚实基础。

② 社会价值。全民健身活动具有组织性与规则性特点，民众参与全民健身，需要服从组织安排、遵守活动规则。因此，参与全民健身可以培养公民的规则意识，提升公民的法治素养。同时，将全民健身上升为国家战略，有利于推进全民健身公共服务体系建设，有助于消除全民健身的城乡差异，践行公平正义原则，促进和谐社会的构建。此外，全民健身还具有弘扬体育人文精神、传播体育文化、提升文化软实力的价值。

③ 经济价值。世界各国体育产业的发展证明：凡是全民健身发展得好的国家，体育产业发展水平一般都比较高，而全民健身发展落后的国家，体育产

业通常也是落后的[①]。大力发展群众体育，推进全民健身计划，有助于拉动人民体育消费，释放人民消费潜力，推动体育产业发展。因此，群众体育是体育产业发展的根本，是体育产业发展的决定性因素。只有人民群众积极参与体育活动，愿意在全民健身中消费，获得健康，才能增加体育消费，体育产业才能充满活力，获得可持续发展的源泉。《国务院关于积极发挥新消费引领作用加快培育形成新供给新动力的指导意见》和《国务院办公厅关于加快发展生活性服务业促进消费结构升级的指导意见》均指出，全民健身对更好地满足居民消费需求、提高人民生活质量、加快推动产业转型升级、实现经济提质增效具有重要作用。除此之外，全民健身还有两个方面的隐性经济价值：一方面，通过全民健身提高健康水平，从而缩减自身因治疗疾病而产生的医疗费用，减轻个人和国家的负担；另一方面，通过健身增强体魄，使人的体力、智力、能力达到最佳状态，有效地提高公民的工作效率和质量，从而提高劳动生产率。

④ 政治价值。全民健身工程不仅是增进个人健康的工程，还是中华民族伟大复兴的民生工程，是功在当代、利在千秋的伟大工程。把全民健身上升为国家战略，满足人民日益增长的健身需求，是政府执政为民理念的重要体现，是党和国家对人民健康深切关注的集中体现，既展示了党和政府大力推动全民健身的决心，又有助于人民深切地感受到党和政府对人民的关怀，凝聚民心、同心同德。基于全民健身的价值和全民健身战略的确定，《“十四五”体育发展规划》提出将构建更高水平的全民健身公共服务体系，推动全民健身智慧化发展。

（4）新时代群众体育改革与发展是人民体育需求的及时回应。党的十一届三中全会后，党和国家的工作重心转移到经济建设上，特别是20世纪90年代社会主义市场经济发展方向的确立驱动了我国在经济、政治和社会等方面的变迁。市场经济建设推进了经济市场化，逐步建立了市场体系，培育了市场主体；生产要素市场和消费市场体系逐渐完备；非公有制经济迅速发展；市场配置资源的作用得到有效发挥。我国经济迅速发展，人均国内生产总值（gross domestic product，GDP）一路飙升，2011年突破5 000美元，达到5 432美元，人们的

① 周学荣，吴明. 全民健身上升为国家战略的时代背景及价值[J]. 体育学刊，2017，24（2）：42.

生活水平由温饱型向发展型转变，更加追求生活质量，对公共服务也提出了更高的要求。根据联合国贸易和发展会议的统计，当一国人均 GDP 突破 5 000 美元时，享受型、发展型消费需求会上升。联合国根据恩格尔系数（Engel's coefficient）的大小对世界各国的生活水平进行了划分，即一个国家平均家庭恩格尔系数大于 60%为贫穷，50%～60%为温饱，40%～50%为小康，30%～40%为相对富裕，20%～30%为富足，20%以下为极其富裕。2014 年，我国城镇居民恩格尔系数为 35.0%、农村居民恩格尔系数为 37.7%。依据马斯洛需求层次理论，我国居民的需求已经处于更高层次的健康和精神需求，对体育的需求日益旺盛。随着中国社会的全面转型和市场经济体制改革的不断深入，"社会分工、社会分层、社会分化的程度大大加深，社会交往、社会周转、社会流动的速度急剧加快"[①]。

中华人民共和国成立以来，我国人口持续增长，第七次全国人口普查的数据显示，我国大陆 31 个省、自治区、直辖市的人口规模约 14.1 亿，与 2010 年第六次全国人口普查数据相比，增加 5.38%，人口变迁呈现出人口基数大、类型结构变化大、分布不均衡且流动加速等特征。人口基数大产生的规模效应导致群众体育服务需求的总量增加，人口类型结构变化会带来群众体育服务需求类型的变化，人口分布不均衡且流动加速引起群众体育服务的供给数量及质量变化迅速，这些都给政府供给群众体育服务带来巨大的挑战。正如《体育事业发展"十二五"规划》指出"广大人民群众日益增长的体育需求和社会体育资源相对不足之间的矛盾，仍然是我国体育事业发展中的主要矛盾。特别是在群众体育领域，政府提供的公共体育服务不足……与广大人民群众的需求存在较大差距"。因此，《体育事业发展"十二五"规划》把"加快完善公共体育服务体系，提高公共体育服务水平，切实提高全民族的身体素质和健康水平，促进我国群众体育发展迈上新台阶"纳入其目标体系。《体育发展"十三五"规划》针对"十三五"时期"人民群众日益增长的多元化、多层次体育需求与体育有效供给不足的矛盾依然突出"的问题，提出了"群众体育发展达到新水平"的目标。

① 李友梅，等. 社会的生产：1978 年以来的中国社会变迁[M]. 上海：上海人民出版社，2008：45-46.

《“十四五”体育发展规划》针对全民健身公共服务还无法有效满足人民群众美好生活需要的现实问题，提出了“全民健身水平达到新高度”的目标。

综上所述，新时代大力发展群众体育是对健康中国建设、体育强国建设、全民健身国家战略落实、群众体育需求的及时回应。

卢文云

2024 年 11 月

目录

第一章 新时代群众体育的定位与价值

第一节 群众体育的概念

概念是反映事物的特有属性（固有属性或本质属性）的思维形式，是科学研究的基础和起点①。依据逻辑学和术语学关于种差和邻近属概念界定的方法，要界定群众体育的概念必须弄清楚群众体育的种差和邻近属。群众体育的种差是相对于竞技体育而言的，邻近属是体育。国家政策将体育归类于文化事业和文化产业，而部分学者认为体育是社会文化的组成部分，本书将体育视为社会文化的组成部分。

我国发布的许多政策、文件和政府工作报告等均将体育归类于文化领域，如党的十九大报告中与体育相关的两次论述均包含在文化论述中：一是在思想文化建设取得重大进展中提及“全民健身和竞技体育全面发展”；二是在推动文化事业和文化产业发展中提及“广泛开展全民健身活动，加快推进体育强国建设，筹办好北京冬奥会、冬残奥会”。《人大代表工作手册（增订版）》将体育界定为在人类社会发展，根据生产和生活的需要，遵循人体生长发育规律和身体活动规律，以身体练习为基本手段，结合日光、空气、水等自然因素和卫生措施，达到增强体质、提高运动技术水平、丰富社会文化娱乐生活目的的一种社会活动，是社会文化教育的组成部分②。

部分学者认为体育是一种文化活动。例如，鲁长芬和陈琦认为，体育的本

① 金岳霖. 形式逻辑[M]. 北京：人民出版社，1979：44.

②《人大代表工作手册》编委会. 人大代表工作手册[M]. 增订版. 广州：广东人民出版社，2013：505.

质是社会文化活动，并将体育定义为“以人体运动为基本手段，以促进人与社会及人类文明健康发展的社会文化活动”[①]。2005年，高等教育出版社出版的《体育概论》将体育界定为“以身体运动为基本手段促进身心发展的文化活动”[②]。姚颂平认为，体育是社会文化的有机组成部分，其特征是以合理的身体活动为基本手段，针对社会和个人生活需求，优化身体状况和身体发育，促进身心发展的活动[③]。

基于以上现实情况和竞技体育、群众体育的邻近属是体育的理解，足以认为群众体育与竞技体育的本质也是社会文化活动。

本书从群众体育和竞技体育的差异方面来探寻群众体育的种差。探寻竞技体育和群众体育的差异，需要从竞技体育和群众体育的概念中寻求答案。

许多学者对竞技体育进行了界定，如竞技体育是指全面发展身体，最大限度地挖掘和发挥人在体力、心理、智力等方面的潜力，以提高运动技术水平和创造优异运动成绩为目的的一种体育活动[④]。竞技体育是指最大限度地发挥个人或集体在体格、体能、心理和运动能力等方面的综合潜力，通过科学系统的训练，在竞赛中取得优异的成绩的体育运动[⑤]。竞技体育是指为了最大限度地发挥个人和集体在体格、体能、心理和运动能力等方面的潜力，以取得优异运动成绩而进行科学、系统的训练和竞赛。其特点是：具有高度的技艺性、很强的竞赛性；按照严格统一的规则进行竞赛，成绩得到社会的承认[⑥⑦]。竞技体育是指以取得优异成绩为目的，为了追求“更高、更快、更强”的竞技比赛目标，最大限度地挖掘人的体力、智力以及运动能力等方面的潜能而进行的科学训练和各种竞赛活动[⑧]。

关于群众体育的概念界定也是多视角的。首先，从目的视角来讲。《人大代表工作手册（增订版）》将群众体育界定为以健身、健美、康复和休闲娱乐为目的，运用体育锻炼、旅行、体育医疗和娱乐等多种形式开展的群众性体育活动。其内容丰富多彩，形式灵活，自愿参加，因人而异，讲究实

---

① 鲁长芬，陈琦. 从当代体育价值观的转变透视体育本质[J]. 体育文化导刊，2006（6）：28.

② 杨文轩，杨霆. 体育概论[M]. 北京：高等教育出版社，2005：22.

③ 姚颂平. 体育运动概论[M]. 北京：北京体育大学出版社，2006：5.

④ 周西宽. 体育基本理论教程[M]. 北京：人民体育出版社，2004：95.

⑤ 本书编写组. 体育与健康[M]. 上海：第二军医大学出版社，2014：27.

⑥《人大代表工作手册》编委会. 人大代表工作手册[M]. 增订版. 广州：广东人民出版社，2013：506.

⑦ 邹继豪，季克异，林志超，等. 面向21世纪中国学校体育[M]. 大连：大连理工大学出版社，2000：391.

⑧ 贾焕亮，李金勇. 体育与健康教程[M]. 武汉：武汉大学出版社，2009：3.

效[①]。邓玉[②]认为，群众体育是指以健身、健美、娱乐、保健、医疗、康复等为目的的人民大众的体育活动。何江海、张建伟、袁海军等[③]认为，群众体育是指以社会全体成员为对象，以增强体质、丰富余暇生活、调节社会情感为目的，形式多样的体育运动。孙江涛、朱丽华[④]认为，群众体育是指以健身、健美、医疗、娱乐为目的的，内容丰富、形式多样、因人而异的一种群众性的健身活动。这种活动一般是自愿参加的，其组织形式有集体的也有个人的，并特别追求自我教育、精神和情绪放松以及锻炼效果。其次，从内容和形式视角来讲。徐晓燕[⑤]认为，群众体育是指人民大众在自己可支配的闲暇时间之内自愿参加的活动，其内容极为广泛且形式也具有相当的多样性。它是一项涵盖了健身、健美、医疗、消遣、娱乐和社交等内容，并以此作为目的的体育活动。最后，从体育分类视角来讲。袁旦教授认为，群众体育有广义和狭义之分。广义的群众体育是指与竞技体育并存的现代体育的重要组成部分。狭义的群众体育是指除学校和武装力量（军、警部队）中开展的体育活动外，在社会一切其他行业和活动领域人们的余暇时间中开展的体育[⑥]。

根据上述学者们对竞技体育和群众体育的定义，本书认为群众体育与竞技体育的主要差别如下：竞技体育以多种手段来挖掘人的体力、智力、运动能力，目标指向为竞赛成绩；群众体育以多种手段和形式满足人健身、健美、医疗、娱乐的需求，目标指向为健康。据此本书认为群众体育与竞技体育的种差是健康。

依据逻辑学和术语学关于种差和邻近属概念界定的方法，本书认为群众体育是指以社会全体成员为对象，以身体活动为手段，满足群众健身、娱乐、休闲、社交等需求的社会文化活动。

第二节 群众体育的内涵

根据群众体育概念的界定，下文从群众体育的对象、目的及群众体育活动的参与方式、组织形式、内容和时间等方面来辨析群众体育的内涵。

---

① 《人大代表工作手册》编委会. 人大代表工作手册[M]. 增订版. 广州：广东人民出版社，2013：506.

② 邓玉. 大学体育与健康学程[M]. 合肥：合肥工业大学出版社，2013：168.

③ 何江海，张建伟，袁海军，等. 大学体育俱乐部理论与实践教程[M]. 北京：北京体育大学出版社，2012：68.

④ 孙江涛，朱丽华. 大学体育教程[M]. 武汉：华中科技大学出版社，2015：2.

⑤ 徐晓燕. 社会体育学[M]. 杭州：浙江大学出版社，2013：6.

⑥ 刘志敏，等. 促进体育强国与全民健身运动协调发展战略研究[M]. 北京：北京体育大学出版社，2014：1.

一、群众体育的对象

随着我国单位制社会生活的逐渐弱化，社区成为群众生活和休闲的重要载体，群众体育的对象是所有公民，从区域来看涵盖城市、农村或发达地区、欠发达地区、不发达地区；从年龄来看涵盖老人、青年、少年、儿童不同的年龄段。因此，群众体育的对象非常复杂，导致群众体育需求具有多样性、层次性和异质性的特征。一刀切的群众体育服务供给方式无法满足广大群众的多样化体育需求。群众体育服务的提供要体现地区、年龄、性别、职业、阶层等方面的差异。

二、群众体育的目的

随着经济、社会、文化和环境的变迁，我国经济取得了巨大的发展，广大人民群众已经从解决吃饱穿暖问题向追求高品质生活转变，群众的需求也从对物质和生理的底层需求向高层次精神需求转变。群众参与体育的目的呈现多元化趋势，包括健身健美、休闲娱乐、医疗保健、社会交往、情感体验等。

三、群众体育活动的参与方式

人们在社会生活中扮演着各种各样的角色，在工作单位是工作人员，在家里是家庭成员，在社会中是朋友、邻里、志愿者等。群众参与体育活动往往是自愿的，依据自己的兴趣、交往偏好等。因此，群众体育活动的参与方式包括个人参与、与家庭成员一起参与、与朋友一起参与、与同事一起参与、与社区成员一起参与、与地区成员一起参与等。

四、群众体育活动的组织形式

人们参与群众体育活动的形式包括参与单位组织的体育活动、参与体育俱乐部组织的体育活动、参与社区组织的体育活动、参与家庭组织的体育活动、参与志愿组织的体育活动、参与行业组织的体育活动、参与地区组织的体育活动、参与个人联络的体育活动等。

五、群众体育活动的内容

群众体育活动的内容呈现多样化趋势，包括奥运会项目、民族民间传统体育项目、休闲娱乐体育项目、新兴体育项目等。

六、群众体育活动的时间

群众体育活动的时间主要集中于余暇时间，具有活动时间的业余性特征，伴随着人民生活水平提升和余暇时间增多，群众体育发展迅猛。

第三节　体育强国辨析

一、体育强国的历史沿革

1964 年，国家体育运动委员会（现国家体育总局，以下简称国家体委）主办的内部刊物《体育参考》上转载的日本《朝日新闻》的一篇文章中指出："1952 年，苏联参加赫尔辛基奥运会后，美国和苏联成为世界两大体育强国。"[①]这是在我国首次出现了"体育强国"的概念。1979 年，在全国体育工作会议上出现"体育强国"的提法。1983 年 3 月，国家体委在向国务院报送的《关于进一步开创体育新局面的请示》中提到，20 世纪末要普及城乡体育运动，运动技术达到世界第一流水平，拥有现代化的体育设施，建设一支又红又专的体育队伍，成为世界体育强国之一。1983 年，结合《中国体育年鉴（2000）》的体育发展战略课题研究，作为国家体育行政部门的国家体委第一次正式提出"20 世纪末成为世界体育强国之一"的战略目标。1984 年 10 月 5 日，中共中央发出的《关于进一步发展体育运动的通知》指出，我国体育事业的发展规模和发展水平同世界先进水平相比，还有很大的差距，并提出争取在 20 世纪内把我国建设成体育强国。1985 年 8 月，在青海省西宁市举办的体育发展战略讨论会上通过论证确定了"在本世纪（20 世纪）内把我国建设成为体育强国"的战略目标。

依据当时国际环境和国内环境的具体情况，将体育强国的评价标准定位为在奥运会等国际大赛中争金夺银，目标是在金牌奖牌榜上位于世界前列。

2008 年 9 月，在北京奥运会、残奥会总结表彰大会上，胡锦涛代表党中央明确提出"推动我国由体育大国向体育强国迈进"的战略目标。习近平总书记

① 曹守和，赵玉梅."体育大国"与"体育强国"提出的由来与涵义的演进[J]. 中国体育科技，2010，46（1）：15–18.

也多次强调建设体育强国的重要意义。2014 年，在索契冬奥会期间，习近平接受俄罗斯电视台专访时明确指出：“中国体育事业不断发展，中国政府高度重视体育事业，我们的目标是建设体育强国。”习近平同国际奥委会主席巴赫交谈时指出：“我们要分类指导，从娃娃抓起，扎扎实实提高竞技体育水平，持之以恒开展群众体育，不断由体育大国向体育强国迈进。”习近平看望索契冬奥会中国体育代表团时指出：“我们成功举办了北京奥运会，实现了全国人民的百年奥运梦。现在，我们比以往任何时候都接近实现中华民族伟大复兴的目标。我们每个人的梦想、体育强国梦都与中国梦紧密相连。”2014 年南京青年奥林匹克运动会期间，习近平总书记指出：“‘三大球’要搞上去，这是一个体育强国的标志。”党的十九大报告将“广泛开展全民健身活动，加快推进体育强国建设，筹办好北京冬奥会、冬残奥会”作为推动文化事业和文化产业发展的重要内容。“对于中国体育来说，这是最好的发展时代：这里有最澎湃的发展动力，这里有最宽广的发展平台，此时此刻，体育界和相关各界需要做的就是抢抓机遇、乘势而上、奋发有为，开拓属于中国体育的全新篇章。机遇在招手，使命在呼唤，相信加快推进体育强国建设带来的不仅仅是体育发展面貌的直接改观，更重要的则会是体育发展理念的根本性转变。”

二、体育强国的界定

徐本力[①]认为，“体育强国是指以社会体育为基础、竞技体育为先导的体育事业发展各个领域的总体发展水平在世界上处于一流和前列的国家。这些领域不仅包括竞技体育和大众体育，还包括体育科技、体育教育、体育文化、体育场地、体育产业等方面”。肖焕禹、邵雪梅[②]提出了体育强国的 7 个标志：国民体质强；竞技体育项目均衡发展，国际大赛金牌数量处于领先地位，后备人才可持续发展；大众体育普及，体育人口达到经济发达国家中上水平；体育科技水平高；体育公共服务体系完善；体育文化繁荣；体育产业发达。熊晓正[③]提出，“建设体育强国要围绕增强国际竞争力来考虑：第一，在国际大赛中成绩要名列前茅；第二，在国际大赛和国际体坛主要事务中，有组织、承担的能力；第三，在国际体育市场具有很强的市场竞争力；第四，在国际体坛、国际体育

① 徐本力. 体育强国、竞技体育强国、大众体育强国内涵的诠释与评析[J]. 天津体育学院学报，2009，24（2）：93.

② 肖焕禹，邵雪梅. 体育强国内涵的阐释[J]. 体育科研，2009，30（4）：2-5.

③ 熊晓正. 关于体育理论与实践几个问题的思考[J]. 体育文化导刊，2009（10）：13.

组织中，要有很强的话语权”。田麦久、孙大光、田雨普等[①]提出竞技体育均衡发展、全民健身蓬勃开展、体育产业兴旺发达、体育文化独具魅力4个体育强国特征。刘一民、赵溢洋、刘翔[②]认为体育强国的指标体系包括竞技体育、群众体育、学校体育、体育产业和体育软实力5个指标。黄莉[③]认为，“所谓体育强国，是指在国民体质、运动竞技、科学教育、产业经营、竞技文化等方面显现出强劲综合实力，整体发展水平位于世界前列的国家。体育强国的内涵主要涉及大众体育、竞技体育、体育科教、体育产业、体育文化5个领域”。

2009年底，在中国体育发展战略研讨会上，时任国家体育总局局长刘鹏指出，体育强国必定有丰富的内涵、鲜明的特征，涉及体育事业的方方面面，如群众体育、竞技体育、体育产业、体育文化、国际交流、体育法治、体育科技、体育教育等方面。2010年，刘鹏在全国体育局长会议上阐述了体育强国的主要特征表现：群众体育、竞技体育、体育产业、体育文化、国际交往、体育法治、体育科技和体育教育等领域均在国际上达到先进水平。

三、体育强国建设的短板

我国是否是体育强国？专家和学者们一致认为我国是体育大国，不是体育强国，与体育强国目标还有很大的差距。我国也不是竞技体育强国，即便我国发展较好的竞技体育项目在国际体育赛事中争金夺银，其短板也非常明显。我国体育发展与体育强国建设的短板有：竞技体育规模、结构、效益不均衡问题突出；全民健身国家战略统筹推进面临严峻挑战；青少年体育体系不系统、不完善、不健全；体育产业整体质量不高；人力资本支撑薄弱，科技创新能力不足；体育立法、执法、守法链条不畅；体育文化传播力和国际影响力不足[④]。

---

① 田麦久，孙大光，田雨普，等. 中国体育：体育强国的辨析与建设：中国科协新观点新学说学术沙龙观点摘编[J]. 体育文化导刊，2009（8）：4.

② 刘一民，赵溢洋，刘翔. 关于体育强国战略若干问题的思考[J]. 中国体育科技，2010，46（1）：35.

③ 黄莉. 从体育强国内涵探究体育综合实力构成[J]. 上海体育学院学报，2010，34（4）：16.

④ 钟秉枢，何俊，郝晓岑，等. 基于“补短板”视野下的新时代中国体育强国发展道路探索[J]. 首都体育学院学报，2018，30（1）：5.

第四节　群众体育在体育强国中的定位

群众体育作为体育系统的重要元素，是体育强国建设的基础，其发展将直接关系到体育强国建设目标的实现。下面将从四个方面对此进行阐述。

一、群众体育与竞技体育的关系

群众体育与竞技体育是同属于体育系统的两个子元素，有其各自运行的规律、价值、目的和特点。按照系统论的观点，系统内的元素之间相互影响。关于群众体育与竞技体育的关系，有普及与提高、相对独立、互补和相互取予四种观点。

持普及与提高观点者认为，群众体育与竞技体育统一于我国体育事业，普及是提高的基础，没有普及就没有提高；提高是指导，没有提高，普及就不会经常和持久，提高可以带动普及。

持相对独立观点者认为，群众体育与竞技体育是完全不同的。体育是教育的组成部分，本质上是增强体质的教育①；而竞技体育是一种具有规则性、娱乐性、竞争性或挑战性以及不确定性的身体活动②。由于群众体育与竞技体育的本质差异，持这种观点者认为群众体育与竞技体育不能融合。

基于竞技体育与群众体育具有相同的手段——身体活动，以及相同的目标——人的全面发展，持互补观点者认为两者是体育高度分化的结果，两者同质异形、相互依存、功能互补，主要体现在以下方面：（1）体育发展的互补；（2）体育需要的互补；（3）体育教育的互补；（4）体育道德的互补③。

持相互取予观点者既认同竞技体育与群众体育的差异，也认同二者相互融合的可能性。其主要内容有：（1）群众体育可以在组织方式、场地设施以及活动的内容、方法等方面吸收竞技体育的内容。同时，任何有益于强身、健心和乐群的活动手段、组织方式都可以被群众体育批判地继承和发扬。（2）易于被群众体育领域广泛采用和吸收的运动项目的水平的提高，可以在运动价值观念和态度层面上给群众体育的发展带来影响。（3）被群众体育领域广泛采用的竞技体育

---

① 王学峰. 真义体育思想对中国体育发展的贡献[J]. 体育学刊，2004（4）：8.

② 周爱光. 竞技运动概念的发展演变、本质属性及其划分的研究[J]. 体育学刊，1998（4）：47.

③ 任海. 论大众体育与高水平竞技运动的相互关系[J]. 体育文化导刊，2005（3）：11–12.

活动项目的普及，又为该项竞技体育项目的发展提供了观众市场，从而促进该项竞技体育项目的繁荣和发展①。

具体来讲，群众体育可以给竞技体育的发展创造良好的社会文化环境，提供后备人才、爱好者和支持者；竞技体育可为群众体育的发展提供示范、技术指导和服务，增强吸引力等。这一认识的基础是将群众体育与竞技体育归为体育系统的两个子元素，两者不是机械地拼合，而是相互作用的耦合关系，功能互补②。

纵观上述，关于群众体育与竞技体育关系的观点，两者的关系表现为相辅相成、相互促进、相互影响。同时，上述四种观点均认同了群众体育与竞技体育在活动时间、活动地点、参加对象、参与动机、组织设计、技能要求、体力消耗、精神状态、胜负的重要性等方面存在差异。虽然我国的竞技体育在世界各类大赛中均有良好的表现，但大多数是普及率不高、群众很少触及的项目，因此竞技体育引领群众体育发展的作用还未能凸显。为此，必须坚持群众体育与竞技体育全面发展、协调发展方针，以群众体育夯实竞技体育发展的基础，以竞技体育推动群众体育的广泛开展。

二、群众体育与体育产业的关系

群众体育与体育产业在目的、手段等方面存在差异，但两者是紧密联系的。体育产业的目的之一是获得经济利益的回报，群众体育是广大人民群众通过参与群众体育活动达到健身、娱乐、康复等目的。虽然两者目的不同，但是体育产业所提供的产品只有到消费者手里才能产生价值，体育消费将体育产业和群众体育连接起来，使两者不可分割。

群众体育的参与者是体育产品和体育服务的消费者。群众体育的发展能有效地促进更多人参与体育活动，消费体育产品和获得体育服务是体育产业发展的原动力。因此，体育产业价值的实现最终是要依靠广大群众进行体育消费来完成的，否则，体育产业就会成为无源之水、无本之木。2014 年国务院印发的《关于加快发展体育产业促进体育消费的若干意见》提到“将全民健身上升为国家战略”，这凸显了群众体育对体育产业发展的基础性作用。随着经济发展，广

---

① 裴立新，黄炜，佟强. 从“普及提高”到“相对独立”再到“相互取予”：竞技体育与群众体育关系的研究[J]. 体育与科学，2008，29（1）：69-70.

② 陈融. 建国以来认识和处理群众体育与竞技体育关系的历史启示[J]. 上海体育学院学报，1998，22（4）：11.

大人民群众的健身意识逐渐增强，群众参与体育活动的积极性提高，以健身、娱乐为主的体育消费将赢得巨大的发展空间。根据供给侧理论，体育产业应提供更好、更多的产品满足群众多样化、层次化的体育需求，激发群众的体育消费欲望和参与体育活动的行为，从而促进群众体育的发展。

综上所述，群众体育是体育产业发展的基础，同时体育产业能促进群众体育的发展。

三、群众体育与体育文化的关系

体育文化是指体育运动本身所蕴含的、围绕体育运动所形成的一切物质文明和精神文明的总和，是人类特有的社会文化现象和文明成果。传播和传承是体育文化经久不衰、持续发展的途径。

群众体育的产生者既是体育文化的体验者，也是体育文化的传播者和受益者。群众作为体育文化的体验者，能够感知体育文化对自身的影响，及时发现存在的问题。群众作为体育文化的传播者，能把自己最真实的想法、感受等传播出去，能够促进体育文化的发展。群众作为体育文化最大的受益者，接受体育文化，加深了对体育的功能、价值等的认识，甚至转变了体育观念，让体育文化在群众中生根发芽、发展壮大，从而促进群众体育的发展。因此，体育文化的繁荣将有助于创造良好的体育氛围，帮助群众更好地理解体育文化，激发群众参与体育活动的积极性和主动性，引导群众体育的发展。

体育文化的受体是人，其价值最终要在人的身体和精神上体现。要使体育文化的价值得到充分体现，人们必须参与其中，去体验和感知。大力发展群众体育是帮助人们参与其中、实现体育文化价值的必由之路。

群众体育是体育文化广泛传播和体育文化价值达成的重要途径，是体育文化得以继承和发扬光大的基石。

四、群众体育在体育强国建设中的具体定位

体育强国不仅是群众体育、竞技体育、体育产业、体育文化等领域均达到国际先进水平，更重要的是群众体育、竞技体育、体育产业、体育文化等方面协调发展，充分发挥它们相互促进的作用。

从上文的分析可见，群众体育与竞技体育、体育产业、体育文化之间是相辅相成、相互促进、相互影响的关系。群众体育为竞技体育的发展提供广阔的

平台，为竞技体育提供丰富的人才资源，是提高竞技运动水平的源泉和基础。但由于我国群众体育的发展落后于竞技体育，群众体育的基础作用未能得到充分体现。发展体育产业、促进我国经济发展目的的达成，依赖于全民的体育消费，只有群众积极参与体育活动，体育消费的行为才能发生。大力发展群众体育，促进群众消费性体育参与是推动体育产业成为国民经济支柱性产业的关键，由此可见群众体育是体育产业的基石。体育文化价值的达成最终要靠群众体育参与；大力发展群众体育是激发群众参与体育活动的突破口，为体育文化的传播、传承和发展提供了平台，因此群众体育是体育文化的基础。

当前，全民健身国家战略统筹推进面临严峻挑战。这些挑战包括：顶层设计和战略部署不够完善，相关政策的融合度不够，执行阻滞严重；公共体育设施供给不足且建设与管理不完善，群众体育服务供给主体联动合力不足，体育健身活动根基薄弱，基层体育社会组织发育不充分；社会体育指导员不足，专业化能力低；群众体育项目发展缺乏助力；等等。短板效应认为，决定系统整体实力的并不是系统中的最强要素，而是最薄弱环节①。群众体育是我国体育事业的短板，要避免短板效应对体育强国建设的影响，就必须大力发展群众体育，补齐短板。

基于群众体育与竞技体育、体育产业和体育文化的关系以及群众体育发展的短板，我们将群众体育定位为体育强国建设的基石。

第五节　群众体育的价值

一、助力中华民族伟大复兴

习近平总书记在党的十九大报告中提出实现中华民族伟大复兴的中国梦。中华民族伟大复兴的中国梦是以习近平同志为核心的党中央提出的重大战略思想，是党和国家面向未来的政治宣言。从国家层面来看，中国梦是强国梦；从民族层面来看，中国梦就是民族复兴梦；从人民层面来看，中国梦就是每个中国人的梦。以习近平同志为核心的党中央义无反顾地担当起率领全体中国人民

① 熊晓正，邹月辉，刘媛媛. 以科学发展观审视我国竞技体育发展的经验[J]. 武汉体育学院学报，2008，42（8）：5-9.

实现中华民族伟大复兴的历史使命。

体育强国建设是中华民族伟大复兴的中国梦的系统要素之一，必不可少。习近平总书记强调，“体育强则中国强”，就是要求新时代的体育工作不仅要按照建设现代化强国的整体标准建设好自身，还要通过高标准建设体育强国来促进和助力中华民族伟大复兴的中国梦的实现。因此，从根本上讲加快推进体育强国建设是实现中华民族伟大复兴的中国梦的内在呼唤，责任重大，使命光荣①。

群众体育作为体育强国建设的重要组成部分，其发展必须与中华民族伟大复兴的中国梦紧密相连，必须把群众体育发展融入中华民族伟大复兴的中国梦中整体布局、规划。

二、助力健康中国建设

2016 年 8 月 19 日至 20 日，习近平总书记在全国卫生与健康大会上强调，“没有全民健康，就没有全面小康。要把人民健康放在优先发展的战略地位，以普及健康生活、优化健康服务、完善健康保障、建设健康环境、发展健康产业为重点，加快推进健康中国建设，努力全方位、全周期保障人民健康，为实现‘两个一百年’奋斗目标、实现中华民族伟大复兴的中国梦打下坚实健康基础”。

2016 年 10 月 25 日，中共中央、国务院印发了《“健康中国 2030”规划纲要》（以下简称《纲要》）。《纲要》中“身体素质”一词出现 3 次，“健身”一词出现 34 次，“体育”一词出现 34 次。特别是把“提高全民身体素质”单列在第六章，并从完善全民健身公共服务体系、广泛开展全民健身运动、加强体医融合和非医疗健康干预、促进重点人群体育活动四个方面提出要求。由此可见，体育对健康中国建设具有重要意义。

体育具有增强身体素质、提高社会适应能力、调适心理、提高自然环境适应能力等功能，能有效地促进人体健康。体育促进人体健康体现在两个方面：一是用作疾病患者的康复手段；二是预防或减少健康问题的出现，是提高健康水平的重要途径。因此，健康中国建设应成为体育强国建设的应有之义，是体育强国建设的立足点和原动力。

竞技体育的目标是追求运动成绩，挖掘人体最大潜能，在此过程中，往往会发生体育异化行为，带来健康方面的负面影响。此外，竞技体育参与面窄，项目数量较少，与健康中国建设的全民健康目标有很大的差距。反观，群众体

---

① 鲍明晓. 新时代体育强国建设六大战略意义[J]. 体育学研究，2018（3）：2.

育则面向全体公民，参与面广，项目数量远远大于竞技体育，与健康中国建设的全民健康目标一致。这一点在《纲要》中得到了很好的体现，《纲要》中“全民健身”一词出现了13次。由此可见，健康中国建设不能没有群众体育，大力发展群众体育能够助力健康中国建设目标的达成。

《纲要》的战略主题中提及“推行健康生活方式”，而群众体育的发展可推动全体国民养成积极健康的生活方式，推动健康关口前移，使健康促进模式从以医疗为中心向以健康为中心转变。群众体育是一条改进国民生活方式，帮助国民养成健康生活理念和健康生活习惯的重要途径。

综上所述，群众体育与全民健康高度契合，大力发展群众体育是助力健康中国建设的必然要求，是增进人民健康的重要途径。通过助力健康中国建设，群众体育的价值得到充分体现，增强了人民群众对群众体育的认同。同时，健康中国建设成为群众体育发展的原动力，为群众体育的发展提供良好的机遇，助推群众体育朝着良性且可持续的方向快速发展。

三、助力人民美好生活的达成

随着我国社会主义市场经济体制的确立和改革开放的不断深入，人民的需求已经由解决温饱的物质文化需求转向更高层次的健康和精神文化的需求。我国社会主要矛盾也由人民日益增长的物质文化需要同落后的社会生产之间的矛盾转化为人民日益增长的美好生活需要和不平衡不充分的发展之间的矛盾。我国社会主要矛盾转化在党的十九大报告中得到充分展现，报告中14次提及“美好生活”。党的十九大报告指出，“永远把人民对美好生活的向往作为奋斗目标”“带领人民创造美好生活，是我们党始终不渝的奋斗目标”，并指出“人民美好生活需要日益广泛，不仅对物质文化生活提出了更高要求，而且在民主、法治、公平、正义、安全、环境等方面的要求日益增长”。美好生活的指向是必须坚持以人民为中心的发展思想，不断促进人的全面发展、全体人民共同富裕。

人民日益增长的美好生活需要是一个多层面、多维度的结构体系。第一，从中华民族伟大复兴的层面来看，人民美好生活需要是国家富强、民族振兴和人民幸福的社会表征。满足人民美好生活需要是国家富强、民族振兴的内在要求。只有国家富强了、民族振兴了，人民日益增长的美好生活需要才有基础保障。正如习近平总书记所说，“每个人的前途命运都与国家和民族的前途命运紧密相连。国家好，民族好，大家才会好”。第二，从社会全面发展的维度来看，人民日益增长的美好生活需要主要体现为对经济、政治、文化、社会、生态文明全面发展的要求。新时代，不仅人民的需求由原来的基本生活满足型转向综合发展型、富裕提升型，而且人民在政治生活上对民主法治的需求、在文化生活上对精神文明的需求、在社会生活上对公平正义的需求、在生态文明方面对优美环境的需求也更加迫切。人的全面发展与社会全面进步是协调共进的。满足人民在民主、法治、公平、正义、安全、环境等方面日益增长的要求，需要统筹推进经济建设、政治建设、文化建设、社会建设和生态文明建设。第三，从人们现实生活的维度来看，人民日益增长的美好生活需要重点体现在对良好教育、就业、医疗、社会保障、居住条件等方面的迫切需求。社会是多层面的，人们的生活也是多方位的。新时代，人民对美好生活的需要和向往越来越广泛、越来越丰富。正如习近平总书记指出的那样，人民生活显著改善，对美好生活的向往更加强烈，人民群众的需要呈现多样化多层次多方面的特点，期盼有更好的教育、更稳定的工作、更满意的收入、更可靠的社会保障、更高水平的医疗卫生服务、更舒适的居住条件、更优美的环境、更丰富的精神文化生活。这八个方面的“更”，突出体现了人民群众对解决那些直接关系自身现实生活需要问题的渴望[①]。综上所述，人民美好生活需要的实现与国家富强、民族振兴紧密相关，与经济、政治、文化、社会和生态文明紧密相关，与教育、工作、收入、社会保障、医疗服务、居住条件、环境和精神文化生活紧密相关。

群众体育对人民美好生活需要的达成具有重要价值。第一，从个人方面来看，群众体育具有促进身心健康发展、增强体质、提高社会适应能力、缓解心理疾病等作用。公民通过参与群众体育活动获得健康，实现全面发展，提升个人生活的满意度和幸福感，为美好生活奠定坚实基础。第二，从社会方面来看，群众参与体育活动不仅可以提升规则意识，增强法治精神，培养公平正义，促进社会的和谐，还能够传播体育文化，弘扬体育文化精神，提高社会文化软实力。群众体育能够促进和谐社会的构建、满足人民向往美好生活的文化需求，有助于美好生活目标的达成。第三，从经济方面来看，群众体育有助于拉动体育消费，释放公民消费潜力，助推体育产业发展，助力

① 韩振峰. 多维度分析 多视角审视 新知新觉：全面把握人民日益增长的美好生活需要[N]. 人民日报，2018-03-30（7）.

我国产业升级。此外，通过群众体育提高人民健康水平，可大大缩减医疗费用，减轻个人和国家的负担；通过群众体育促进人民在体力、智力、能力等方面达到最佳状态，可有效提高公民的工作效率和质量，提高劳动生产率，从而促进经济发展。群众体育的显性和隐性经济价值有助于推动我国经济发展，推进实现国家富强、民族振兴，为人民美好生活提供物质保障。综上所述，群众体育在个人、社会和经济方面的价值，有助于推动人民美好生活目标的达成。

四、助力体育强国建设

体育强国的标志是群众体育、竞技体育、体育产业、体育文化、体育法治、体育科技和体育教育等领域均在国际上达到先进水平。目前，我国体育除竞技体育的部分项目在国际上达到先进水平外，群众体育、体育产业、体育文化、体育法治、体育科技和体育教育等领域还有很大的发展空间。

从自身来说，大力发展群众体育是体育强国建设的必然要求。群众体育是我国体育强国建设的重要基础，必须花大力气来寻求突破。群众体育属于体育的系统要素之一，其发展会影响其他要素的发展。第一，在体育产业方面，大力发展群众体育能促进公民的体育参与，不断满足群众的体育需求。参与体育活动能带动群众在体育装备、体育公共服务、体育技术指导等方面的消费。同时，大力发展群众体育需要修建大量的体育场馆，而体育场馆的修建能带动体育产业甚至是相关产业的发展。第二，在体育文化方面，人既是文化的创造者，也是文化的传播者和发展者。群众体育的主体是人，大力发展群众体育，吸引更多的人参与体育活动，有助于体育文化在群众中的传播和传承。作为体育文化创造者，群众能创新体育文化。因此，大力发展群众体育，引导更多的人参与体育活动，能助力体育文化的发展。第三，在体育法治方面，群众体育的发展需要有法律制度的保障，群众体育法律制度的制定可以借鉴其他领域的治理制度，是践行体育法治的试验田。群众体育涉及的人群广、内容多，使得治理主体、方式多元化，因此必须精细和创新地制定群众体育法律制度，确保群众的体育需求得到满足。群众体育制度的制定思路、操作方式等能为其他领域的体育制度的制定和实施提供借鉴与参照，有助于完善体育制度。第四，在体育教育方面，大力发展群众体育能够在社会和家庭中形成良好的体育氛围，能改变学校领导、教师、家长和学生对体育的认识，有利于体育教育的发展。学校、社会、家庭体育一体化的发展思路，能推动群众体育、学校体育和家庭体育有效结合，形成社会、家庭、学校相互影响、相互促进的体育态势。

总而言之，大力发展群众体育能有效促进竞技体育、体育文化、体育产业、体育法治、体育教育、体育科技等的发展，推动我国体育事业尽快达到国际领先水平，为体育强国建设添砖加瓦。

第二章 我国群众体育发展的历史演进

第一节 群众体育的起步发展（1949—1976 年）

中华人民共和国成立初期，百废待兴。1949—1952 年，经过三年多的艰苦奋斗，国民经济全面恢复，并有了初步发展，人民生活水平有所提高。1953—1956 年，国家进行社会主义三大改造，极大地促进了农业、手工业和资本主义工商业的社会变革和整个国民经济的发展。1956 年，社会主义改造基本完成，我国社会主义政治制度和经济制度都已确立。1956—1966 年，中华人民共和国进行了曲折的社会主义道路的探索。1966—1976 年，群众体育经历了曲折发展的起步阶段，其发展轨迹与我们国家的曲折历程具有高度的同步性。

一、群众体育任务与方针政策的确定和调整

中华人民共和国成立后的国民经济恢复期，在保持经济稳步增长的同时，也重视群众性体育运动的发展。1949 年 9 月 29 日，中国人民政治协商会议通过的《中国人民政治协商会议共同纲领》第四十八条规定“提倡国民体育”，这是在中华人民共和国成立之初，国家层面第一次在文件中提出发展群众性体育运动。随后经过积极准备，1952 年 6 月 10 日，毛泽东同志为中华全国体育总会成立题词“发展体育运动，增强人民体质”[①]。广大人民群众成为体育主角，极大地激发

① 国家体委. 中国体育年鉴 1949—1991 精华本（上册）[M]. 北京：人民体育出版社，1993：4.

了人们发展群众性体育运动的积极性和主动性，促使群众体育进入一个高潮发展阶段。1956 年 1 月中下旬，国家体委在北京召开会议，着重讨论“多快好省”地发展体育运动的问题，确定 1956 年加速开展群众性体育运动，在广泛的群众运动基础上，争取两三年内在若干项目上接近甚至赶上世界水平。

1960 年 4 月 25 日，国家体委下达了《关于贯彻中共中央关于卫生工作的指示精神，大力开展群众体育活动的意见》，要求各级体委认真学习并坚决贯彻这一指示，掀起一个轰轰烈烈的群众体育运动高潮，以更大的成果向全国文教战线群英会献礼。

1960—1962 年，国家体委提出了新的群众体育的原则，“业余、自愿、小型、多样，因时、因地、因人制宜”，群众体育发展势头重新出现。由于经济基础逐渐扎实，群众体育经过调整后在曲折中前进，并以 1965 年中华人民共和国全国运动会（以下简称全运会）为契机，形成了一个高潮。

在《国家体委党委关于 1966 年全国体育工作会议的报告（摘录）》中指出，群众体育方面，要重点抓好青少年，必须抓好学校（包括城乡学校）的体育。配合教育部门继续搞好每周两节体育课，至少两次课外体育活动，坚持早操、课间操，开展业余训练和竞赛活动，认真地积极地试行“青少年体育锻炼标准”，使学生每天平均有 1 小时的锻炼[①]。1969 年后，各地群众为调节业余生活，自发开展小范围的集体性的体育活动，1970 年部分地区开展了群众性体育竞赛，群众性体育活动开始慢慢复苏。

《1973 年全国体育工作会议纪要（摘录）》指出，进一步开展群众体育活动，重点是工农兵体育活动。1975 年后，群众要求参加群众性体育活动的呼声日益强烈。

二、群众体育的组织机构和制度逐步建立

群众体育的组织机构和制度的逐步建立与完善，保障了群众体育管理工作的规范有序开展，对促进我国社会主义体育事业健康发展起到了重要作用。

1952 年 6 月，中华全国体育总会在北京举行成立大会（以下简称第二次全国代表大会），这次会议具有重大意义。在会后教育部、卫生部等联合发出的《关于贯彻中华全国体育总会成立大会体育运动方针任务的联合通知》中指出：“今后在中国共产党和中央人民政府的领导下，中华全国体育总会必将推动体育运

① 国家体委. 中国体育年鉴 1949—1991 精华本 上册[M]. 北京：人民体育出版社，1993：219.

动在全国进一步有组织有领导地发展。”[①]在党的领导下，有关团体和各级各类体育工作者精诚合作，体育运动逐渐发展起来：（1）体育组织体系得以健全。中华全国体育总会筹备期间，全国各地就已经开始建立中华全国体育总会各地分会，但是未与总会建立联系。其他各地体育组织也都有发展。（2）中华全国体育总会成立后，通过举办各种学习会、培训班等，培养了大批体育干部和体育骨干。据 1952 年 5 月的统计，当时全国专业体育干部很少，不超过 4 000 人，加上当时正在培训的也不过 5 000 人左右，远远无法满足全国体育形势发展的需要。开展短期培训班是最合理的方式，既不费很多时间，也不需要大笔经费，不受场地设施影响，效果最好，收益最大。（3）组织各种体育比赛，参与国际体育赛事。

中华人民共和国成立初期，中国共产主义青年团受党中央委托具体管理体育事务。为了加强对体育工作的领导，1952 年 11 月，国家体委成立，由贺龙担任主任。国家体委负责统一领导、协调、监督全国的体育工作。国务院其他部委分别主管本系统的体育工作，并与国家体委配合。1956 年，各省、自治区、直辖市及其所属地、市、区县等也都建立了体委机构。国务院于 1956 年 3 月 23 日发布的《体育运动委员会组织简则》指出，中华人民共和国体育运动委员会在国务院领导下负责统一领导和监督全国的体育事业，发展体育运动。

除中华全国体育总会、国家体委外，中国新民主主义青年团（1957 年统称中国共产主义青年团）等组织也为新中国体育事业的发展贡献了自己的力量。中华人民共和国成立后，中共中央和中央人民政府委托中国新民主主义青年团负责全国体育事务的组织和管理工作，为从组织上保证体育工作的落实，青年团中央要求区县级及以上各级团组织设立军事体育部，区县级以下各级团组织设军事体育委员会，作为各级团组织开展群众性的军事和体育工作中的助手。中华人民共和国成立初期，教育部体育处在政治思想上和组织活动中领导全国学校体育工作。中华全国总工会等国家行政系统在组织构建和部门分工时，兼顾全国体育事业的发展需要，设置了专门的体育部门或者兼职管理部门来发展本系统内部的体育活动或者处理与其他系统的体育交流事务。他们都为新中国的体育事业的发展贡献了重要的力量[②]。

---

① 中华全国体育总会. 关于贯彻中华全国体育总会成立大会体育运动方针任务的联合通知[J]. 新体育，1952（21）：8.

② 熊晓正，钟秉枢. 新中国体育 60 年[M]. 北京：北京体育大学出版社，2010：19，21.

1951 年 11 月 24 日，中华全国体育总会公布和推行第一套广播体操[①]。同年，中华全国体育总会筹备委员会、教育部、中国新民主主义青年团中央委员会、中华全国民主妇女联合会等 9 单位联合发出《关于推行广播操活动的联合通知》，随后国家先后推行 24 套各个年龄段的广播体操，发布一系列推广广播体操的文件，为推广广播体操活动注入了活力，广播体操成为群众性体育运动的重要组成部分延续至今，是具有中国特色的体育活动。

1951 年，国家提出“准备劳动与卫国”体育制度[②]。1954 年 5 月 4 日，国家体委颁布《准备劳动与卫国体育制度暂行条例、暂行项目标准》，并于 1955 年正式在全国推行。其推行目的在于激励人民参与体育锻炼，促进体育运动的广泛开展，提高运动技术水平，更好地为社会主义建设和保卫祖国服务。

三、群众性体育活动的专业人才队伍逐渐壮大

在群众体育事业发展过程中，体育人才是不可或缺、起决定性作用的，培养足够数量的体育事业专业人才，是发展新中国体育事业迫在眉睫的任务。

国家体委成立后，致力于“发展体育运动，增强人民体质”，在普及群众体育的同时，大力发展竞技体育，大大提高了我国运动技术水平，推动了我国体育事业的蓬勃发展。国家培训了大批体育骨干，修建了许多体育场、体育馆。1950 年 7 月中下旬，中华全国体育总会在北京举行全国体育工作者暑期学习会，参会学习的有 271 人。1951 年 7 月 10 日，中华全国体育总会发出关于各地体育分会在暑假举办体育工作者学习会和业余体育干部训练班的通知[③]。1954 年 6 月中下旬，国家体委在北京召开体育干部短期训练工作会议。1955 年 3 月中旬，国家体委发出关于体育干部短期训练工作的指示。1956 年 7 月中下旬，国家体委在北京召开全国体育干部短期训练和青少年业余体育学校工作会议。

1976 年以后，体育领域的人才培养迫在眉睫。这一时期参加培训的体育工作者在后来都成为各地各级体育部门的专业人才，为体育事业发展贡献了力量。

四、群众性体育活动的场馆设施开始兴建

体育场馆是人民群众进行体育健身活动的基本物质条件。中华人民共和国

① 国家体委. 中国体育年鉴 1949—1991 精华本 上册[M]. 北京：人民体育出版社，1993：4.

② 同①：7.

③ 同①：4.

成立初期，全国只有 4 982 个体育场地，人均体育场地面积仅为 0.05 m^2，极大地制约了群众的体育参与度。为了改变这一状况，国家开始投资兴建体育场馆。

1949—1952 年底，我国建成各类体育场地 10 271 个，初步满足了当时群众的体育需要。在第一个五年计划时期，体育场（馆）建设得到了很好的发展。1953—1957 年，全国共建成体育场地 18 191 个，仅 1956 年一年就建成 5 494 个，超过了中华人民共和国成立前体育场地数目的总和①。1958—1965 年，我国共新建各类体育场地 49 900 个②。

中华人民共和国成立初期到 1976 年，我国共建成各级各类体育场馆 241 599 个，涉及很多种类的运动项目，但主要集中在篮球、排球、足球运动项目上，而且体育场馆容量小、质量不高。

第二节 群众体育的恢复发展（1977—1994 年）

1976 年 10 月，我国的社会主义建设事业进入了一个新的历史阶段，群众体育的发展也进入恢复和发展的新阶段。1978 年，党的十一届三中全会召开，开启了改革开放，经济恢复发展，人民生活水平逐渐提高，为我国群众体育的恢复和发展提供了基础保证。

一、群众体育政策的恢复与调整

1978 年全国体育工作会议在北京召开，这是中华人民共和国成立以来规模最大、代表性最广的一次体育工作会议。会议主要内容有：（1）批判了“四人帮”及其党羽的错误体育路线，明确了体育工作的指导方针和发展方向；（2）明确提出了体育改革与发展的目标、任务和措施。这次会议正本清源，解除了全国广大体育工作者的沉重精神枷锁，激发了全国体育工作者投身社会主义体育事业的积极性。有组织地开展基层单位的体育竞赛和职工医疗体育活动，成为 20 世纪 80 年代初期增强职工体质、改善职工健康的群众体育活动的典型表现。

---

① 浙江省体育场地普查办公室. 浙江省第四次体育场地普查分析报告[J]. 浙江体育科学，1997（2）：20－27.

② 孙葆丽，孙葆洁，潘建林. 我国群众体育发展的历史回顾[J]. 体育科学，2000，20（1）：14.

1982 年《中华人民共和国宪法》的颁布，使得群众体育事业发展迈上了新的台阶。《中华人民共和国宪法》第一章第二十一条第二款规定："国家发展体育事业，开展群众性的体育活动，增强人民体质。"这是"群众性的体育活动"第一次明确出现在中华人民共和国的根本大法中，从而使得发展群众体育事业、增强人民体质成为党和政府的根本性任务之一。1982 年 4 月 30 日，《中华人民共和国国家统计局关于一九八一年国民经济计划执行结果的公报》指出："一九八一年，体育运动取得大面积丰收，群众体育运动有了进一步发展""全年有一千万人达到了《国家体育锻炼标准》"。1983 年 2 月，国务院下发的《国务院批转国家体委、文化部、共青团中央关于全国农村体育工作会议纪要的通知》指出："积极开展农村文化体育活动，满足农民日益增长的文化生活的需要""各级人民政府要加强领导，从实际出发，采取措施，积极地逐步地把农村文化体育活动开展起来"[①]。1984 年 10 月，第一届全国残疾人运动会在安徽省合肥市举行。各级政府将开展残疾人体育活动纳入自己的职责范围，不仅提供了必要的指导，而且提供了必要的条件。一些城市社区和基层单位经常开展各类小型残疾人体育竞赛活动，带动群众性残疾人体育活动的开展。1986 年 9 月，经国务院批准，中国农民体育协会在北京正式成立，对进一步加强农村体育的领导，调动广大农村体育工作者和体育积极分子，发挥农村办体育的优势，促进县、乡体育建设起到了积极的作用。1987 年 4 月，全国农村体育工作会议在北京召开，78 个县被授予"全国体育先进县"，为农村体育的发展树立了榜样。

1985 年，全国举办地市级运动会 8 741 次，平均每个地市举办 26.7 次，1990 年增加到 32.3 次。1990 年，参加地市级运动会的运动员增加到 121 448 人。1990 年，国家体委发布《关于在 1990 年广泛开展群众性体育活动的通知》，带动体育竞赛活动次数和参赛运动员人数逐年增加，大大推动了城市群众体育的发展。1992 年 10 月，党的十四大明确提出中国经济体制改革的目标是建立社会主义市场经济体制。1993 年，国家体委群体司和中国体育科学学会在江苏省南京市共同举办了第一届全国职工体育论文报告会[②]。社会体育指导员是发展群众体育，增进居民身心健康，提高生活质量，建设社会主义精神文明的一支重要力量。1993 年 12 月 4 日，国家体委颁布了《社会体育指导员技术等级制度》，从组织上更好地保证了群众体育的健康发展。

---

① 国家体育总局. 改革开放 30 年的中国体育[M]. 北京：人民体育出版社，2008：66.

② 李相如，鹿志海. 我国职工体育协会发展的历史回望与研究[J]. 中国学校体育（高等教育），2015，2（7）：4.

二、群众体育的组织机构和制度恢复

社会体育指导中心是国家体委直属事业单位，它是众多运动项目协会的办事机构，致力于普及和提高群众性体育运动项目的规模和水平，组织国家级社会体育指导员培训和大型群众性体育活动。在各地社会体育指导中心的支持下，社会体育指导中心组织了世界龙舟锦标赛、亚洲轮滑锦标赛、国际舞龙舞狮邀请赛等一系列知名赛事。截至2005年底，河北、辽宁、吉林、安徽等34个省级行政区，成立了省级社会体育指导（管理）中心。

行业体育协会（以下简称行业体协）是我国群众体育组织体系中的重要组成部分。行业体协在开展本行业职工体育活动、提高本行业职工体质与健康水平方面发挥着独特作用。在20世纪80年代前期，中华人民共和国成立初期的一些行业体协逐步恢复。行业体协恢复和建立后，组织建设和队伍建设逐步加强，各项设施逐步完善，活动内容逐步丰富，如建设基础设施，组织基层单位活动，组织评比表彰、体育交流、体育培训、体育竞赛等活动。截至1989年，全国各地各级行业体协有4 000个，基层体协有68 000多个，有专职体育干部4 100人，兼职体育干部22 700人[①]。改革开放后，各行业体协根据自身特点，结合生产实际，深入开展活动，提高了本行业劳动者及其家属的身体素质，促进了行业生产活动。

除社会体育指导中心、行业体协等组织外，还有群众性体育协会，如中国农民体育协会，中国老年人体育协会，中国残疾人体育协会（现中国残奥委员会），中国聋人体育协会，中国大学生体育协会等。这些广泛而全面的群众性体育协会，从各个方面保障了各个群体都能参与群众性体育活动。

国家体育锻炼标准是我国群众体育的一项基本制度。1982年8月，国家体委公布了在原《国家体育锻炼标准》基础上修订的新《国家体育锻炼标准》。1990年，国家体委发布了国务院于1989年批准发布的《国家体育锻炼标准施行办法》；同年2月，国家体委公布了《国家体育锻炼标准测验规则和评分表》；同年12月9日，国家体委又公布了新修订的《国家体育锻炼标准》。

为改善学校体育现状，增强学生体质，在教育部、国家体委、卫生部共同颁布的关于学校体育工作的《中、小学体育工作暂行规定》和《中、小学卫生工作暂行规定（草案）》的基础上，1990年2月，经国务院批准颁布《学校体

① 国家体育总局.改革开放30年的中国体育[M]. 北京：人民体育出版社，2008：46.

育工作条例》。1993 年 12 月 4 日，国家体委颁布了《社会体育指导员技术等级制度》。

改革开放后，群众体育组织机构和制度日益完善，使群众体育的发展更加组织化和规范化，大大促进了群众体育的发展，对进一步推动群众体育工作的开展具有重要意义。

三、群众体育场地设施建设取得新成就

群众体育设施是人民群众进行体育健身活动的基本物质条件。改革开放以后，随着人民群众物质和文化需要的不断增长，人民群众的体育意识不断提高，对体育健身活动设施的需求越来越强烈，但群众体育场馆设施供给不足，这一矛盾引起各级政府高度重视。

在中华人民共和国成立初期，体育场馆只有 4 969 个，平均 9 万人才有 1 个场馆，其中体育场 14 个，平均 3 200 多万人 1 个；体育馆 9 个，平均 5 000 万人 1 个，还有许多场地遭到严重破坏，无法使用，极大地制约了群众体育的参与度[①]。根据第五次全国体育场地普查结果，1949—1978 年这 30 年间，全国共建设非标准体育场 22 802 个。截至 2000 年初，全国共建设非标准体育场 272 987 个，相当于前 30 年建设数量的 12 倍。1979—1995 年，平均每年建设非标准体育场地 5 043.8 个，相当于 1949—1978 年平均每年建设数量的 6.6 倍[②]。

1984 年，社会主义市场经济体制的建立打破了原有的体育场馆的计划模式，从政府建、政府管转变成政府和社会共同承担的新模式。社会资金的注入让体育场馆的数量有了明显的增加。

四、群众体育活动如火如荼开展

国民经济平稳发展，人民生活水平提高，人们不只满足于解决温饱，更加注重健康，参加体育锻炼成了人们的普遍选择。

1978 年 11 月，为了使农村体育快速发展，国家体委在湖北省黄陂县（今黄陂区）召开了全国县的体育工作调查会，明确提出县的体育工作必须面向农村，面向基层，为广大农民服务。会后国家体委下发了《关于做好县的体育工

---

① 杨桦，王凯珍，熊晓正，等. 改革开放以来我国群众体育的发展演进与思考[J]. 北京体育大学学报，2005，28（6）：721－726.

② 国家体育总局. 改革开放 30 年的中国体育[M]. 北京：人民体育出版社，2008：33.

作的指导意见》，引起一些县的高度重视，农村体育工作得到加强。1979 年，全国举办县以上体育竞赛活动 2.9 万余次，参与人数达到 659 万多人，加快了农村体育活动恢复和发展的步伐。

1981 年 8 月 8 日，国务院发出《国务院办公厅关于重申一九五四年政务院关于在政府机关中开展工间操和其它体育运动的通知》，推动了 20 世纪 80 年代初期全国职工体育热潮的形成。城市社区体育活动兴起，体育走进千家万户，社区体育出现全新的局面，参与体育锻炼成为城市居民的健康生活方式。20 世纪 80 年代中后期，随着企业实行经营承包责任制，职工体育面临着许多新情况、新问题，职工体育的管理方法和活动方式也面临着调整。将职工体育纳入企业的目标管理，推动职工体育的制度化、规范化，保障了职工体育的顺利开展。改革开放引起职工体育思想观念的变化：一方面，田径、球类、广播体操等传统的体育活动在一些地方、在部分职工的体育活动中仍占据重要的地位；另一方面，职工追求体育活动“新、美、健、乐”的愿望日益增强，促使职工体育活动内容向娱乐化、趣味化方向转变。

1985 年，全国 9 万多个乡镇中，6 万多个乡镇文化中心或文化站开展体育活动，举办综合运动会 6.2 万多次，参与人数达 980 万人。1986 年，全国 817 个县举办农民比赛，其中 314 个县举办综合性运动会[①]。

1985 年 3 月，中国应邀派观察团参加了在美国帕克城举行的世界冬季特殊奥林匹克运动会；同年 6 月，中国特奥会在北京成立并于 7 月 6 日加入国际特殊奥林匹克委员会。改革开放以后，特殊教育作为我国教育事业的组成部分，陆续走上了法治化轨道，体育在特殊教育事业中也发挥了重要作用。

① 国家体育总局. 改革开放 30 年的中国体育[M]. 北京：人民体育出版社，2008：66.

第三节　群众体育的快速发展（1995—2008年）

自改革开放以来，我国一直在探索国家经济能力有限的条件下，如何使竞技体育与群众体育协调发展，特别是社会主义市场经济体制改革方向确立后，如何探索一条适应社会主义市场经济体制要求的体育发展道路，成为体育事业改革的主要任务。1995年6月20日，国务院颁布了《全民健身计划纲要》，极大地推动了全民健身事业的发展，进一步增强了全体国民的体质。推行全民健身计划是中国开展群众体育工作的伟大创举，受到广大群众和社会各界的热烈欢迎和普遍支持。《全民健身计划纲要》实施以来，在党和国家的高度重视和直接领导下，在全社会的大力支持和各族人民的共同努力下，我国的全民健身事业取得了令人瞩目的成就。城乡居民的体育与健康意识普遍提高，参加体育健身活动的人数大幅度增加，群众性的体育健身活动广泛开展，国民体质状况逐步改善，群众健身的环境和条件有了较大改善，具有中国特色的全民健身体系逐渐形成。

一、全民健身工作受到政府高度重视

“国家发展体育事业，开展群众性的体育活动，增强人民体质”是《中华人民共和国宪法》确定的体育工作的根本任务，是我国政府长期坚持的体育工作基本方针[①]。作为亿万群众参加的体育活动，群众体育是体育事业发展的基础和重要内容，其发展规模和水平是体育事业发展的重要标志。

全民健身计划是一项国家宏观领导、社会多方支持、全民共同参与的体育健身计划，是在总结我国群众体育发展成功经验的基础上，在深化体育改革的实践中提出来的一项提高中华民族整体素质的重大举措。《全民健身计划纲要》以构建具有中国特色的全民健身体系为主要目标，基本上满足全体国民多样化的体育健身需求，是使全体国民的健康素质得到明显提高的服务和保障系统。该系统主要内容包括：由体育场地设施、体育活动指导、体育健身组织、体育

① 国家体育总局. 改革开放30年的中国体育[M]. 北京：人民体育出版社，2008：29.

消费市场、体育信息供给等组成的体育服务系统；由体育法治、体育资金、体育科技、体育管理等组成的体育保障系统；由体育理论知识、体育教育人才、体育宣传、体育监测评价等组成的体育支持系统。

1995 年 3 月 5 日，第八届全国人民代表大会第三次会议《政府工作报告》中指出："体育工作要坚持群众体育和竞技体育协调发展的方针，把发展群众体育，推行全民健身计划，普遍增强国民体质作为重点。" 1995 年 8 月 29 日，第八届全国人民代表大会常务委员会第十五次会议通过的《中华人民共和国体育法》明确规定，国家推行全民健身计划。这进一步使全民健身计划的实施受到法律确认和保护。

《中华人民共和国体育法》明确规定，县级以上人民政府应当将体育事业经费列入本级预算，建立与国民经济和社会发展相适应的投入机制。

1996 年 3 月，第八届全国人民代表大会第四次会议通过的《关于国民经济和社会发展"九五"计划和 2010 年远景目标纲要的报告》中提出："实施全民健身计划，增强人民体质"。在其后的历次国家五年发展规划和年度计划中，都包含推行全民健身计划和开展全民健身活动的内容。政府在加强全民健身组织领导工作的同时，不断加大资金投入，为群众体育发展提供了必要的资金保证。

二、全民健身计划的整体推进与分步实施

全民健身计划是一个全面加强群众体育工作的系统工程，既要在时间上分步推进，又要在全国范围内的各地区、各行业系统、不同人群中普遍开展，有计划、有步骤地整体推进，逐步实施。

根据《全民健身计划纲要》的部署，将全民健身计划从 1995—2010 年分为两期工程实施。第一期工程（1995—2000 年）的目标是到 20 世纪末建立具有中国特色的全民健身体系的基本框架。第二期工程（2001—2010 年）的目标是再经过 10 年的努力，基本建成具有中国特色的全民健身体系。

在第一期工程的第一阶段（1995—1996 年），国家体委实施了"全民健身一二一工程"。"一二一"借用了体育队列操练中的指挥口令，既预示着全民健身计划启动，又形象地提出第一阶段的主要任务，即宣传发动和改革试点，要形成"家喻户晓，人人参与"的舆论氛围和社会环境，唤起人民群众的体育健身热情；推行二项制度——《社会体育指导员技术等级制度》和《中国成年人体质测定标准》，加强全民健身工作，必须建立体质评价和监督的科学标准，建设一支为群众体育健身服务的骨干队伍；掀起一个热潮——全民健身活动的热

潮，积极采取切实有效的措施和多种多样的形式，动员和组织广大群众经常参加体育健身活动，形成全民健身活动蓬勃开展的局面①。《全民健身计划纲要》第一期工程第二阶段的工作是通过重点实施、逐步推进，形成崇尚健身、参与健身的社会环境和社会风气，进一步掀起全民建身的热潮。在《全民健身计划纲要》第一期工程第三阶段，全民健身计划的各项工作得以全面展开并普遍取得成效，建立起具有中国特色的全民健身体系的基本框架。

2001 年，全民健身计划的实施进入了第二期工程。国家体育总局制定了《〈全民健身计划纲要〉第二期工程（2001—2010 年）规划》，提出了 10 年努力的总体目标和任务：实现全民健身事业与国民经济和社会事业的协调发展，全面提高国民身体素质，基本建成具有中国特色的全民健身体系和面向大众的体育服务体系。该规划将《全民健身计划纲要》第二期工程分为两个阶段：2001—2005 年为第一阶段，2006—2010 年为第二阶段。在此之后，国家体育总局下发了《〈全民健身计划纲要〉第二期工程第一阶段（2001—2005 年）实施计划》及《〈全民健身计划纲要〉第二期工程第二阶段（2006—2010 年）实施计划》，在此指导下，我国的全民健身工作继续坚持活动与建设并举、重在建设的工作原则，积极推进全民健身事业的各项工作，群众体育的基础建设和制度建设有了进一步的加强。

三、全民健身活动广泛开展

《全民健身计划纲要》颁布以来，全国各地普遍将开展各种群众性体育活动作为全民健身工作的基本内容和重要形式。政府加强了对全民健身活动的开展，坚持“业余、自愿、小型多样、因地制宜、科学文明”的原则，促进健身活动的经常化、普遍化、社会化、科学化、制度化和多样化；突出健身活动的民族性、传统性、趣味性和健身性，创造了生动活泼、内容丰富、形式多样的群众体育活动；推广各种科学的健身方法、大众健身活动项目、普通人群锻炼标准，开展体质监测与测试，建立多种多样的全民健身活动制度，有效地吸引和推动了广大群众积极参与体育锻炼。

坚持以开展城市社区基层活动和群众身边的活动为主，注重群众参与的广泛性和面向群众的服务性。其中，以社区为重点的城市体育活动在迅速发展，居民参加各种晨晚练体育活动点和其他体育场所的锻炼活动日趋活跃。1996

---

① 国家体育总局. 改革开放 30 年的中国体育[M]. 北京：人民体育出版社，2008：56.

年，全国20个省市已成立了2 247个街道社区体协，占街道办事处总数的54.5%。同年11月，国家体委在湖北省武汉市召开了第一次全国社区体育工作会议。会上对城市社区体育的概念、发展方向、现状特点进行了深入的探讨和定位。城市群众体育发展的主要形式是依靠街道社区体协和晨晚练体育活动点。街道体协属于上位管理型组织，晨晚练体育活动点是下位活动性组织，通过居民委员会、街道办事处和基层体育协会等社区组织积极开展健身宣传，进行体育培训，组织各种健身和竞赛活动，发挥其重要的作用。截至1996年，全国20个省（自治区、直辖市）已建立晨晚练体育活动点21 754个，平均每个街道5.34个，极大地促进了城市群众体育的发展。

国家高度重视农村全民健身活动的开展，将体育工作作为农村社会主义精神文明建设的重要内容。在村民委员会、乡镇人民政府和基层农民体育协会等组织的带领下，农村体育活动坚持与生产劳动、文化活动结合，充分利用传统节日和农闲时间，积极开展群众喜闻乐见的民族、民间传统体育健身活动。2004年，国家体育总局确定“农村体育年”，在全国开展以体育场地设施、体育健身指导和体育科普知识为内容的“体育三下乡”活动。这些活动极大地促进了农村体育事业的发展，形成了长远发展、造福农民的长效机制。

青少年是《全民健身计划纲要》实施的重点，学校体育在全民健身工作中具有重要的战略地位。全国各类各级学校不仅坚持贯彻德、智、体、美、劳全面发展的体育方针，还积极开展《国家体育锻炼标准》的达标活动和《国家学生体质健康标准》的测试活动，保证每个学生每天1小时的活动时间，并通过学校、业余体校和青少年体育俱乐部等组织形式开展体育传统项目，促进了学校体育与社会体育、竞技体育的结合。从2001年开始，国家体育总局、教育部每年在全国开展“亿万青少年儿童体育健身活动”，产生了较大的社会影响。

全国各地定期和经常性地组织开展各种大型的全民健身活动，以此来产生更好的宣传轰动效应和示范作用。从1995年起，在每年的6月1日所在的周举办全国统一的“全民健身宣传周”活动，2001年开始改为“全民健身周”活动，并且在一些省级地方定期举办各种体育节、全民健身节、体育文化节、体育健身旅游节等活动。每次全国运动会、城市运动会等大型运动会的举办，都会举行数十万乃至数百万群众参与的大型火炬接力长跑活动。2008年北京奥运会的成功举办促进了各种群众健身活动的进一步开展，不断掀起宣传与活动的热潮。

四、全民健身组织与队伍建设日益加强

国家实施《全民健身计划纲要》的过程中，高度重视群众体育组织和队伍建设，不断发展和加强全民健身服务的组织力量，初步形成了政府领导、依托社会、覆盖面广且具有中国特色的全民健身组织网络和队伍体系。

随着体育体制改革的不断深化，体育社会化的程度不断提高，逐渐形成了社会化的群众体育组织网络。《全民健身计划纲要》实施以来，各级体育行政部门转化职能，管办分离，建立群众体育工作管理事业单位（如社会体育指导中心、全民健身活动中心等），非政府的群众体育社会组织也不断建立健全，发展壮大。截至 2004 年底，我国有省级以下各级各类体育社团 50 272 个，团体会员 109 877 个，个人会员达到 2 330 多万人，基本形成了国家、省、地市、区县、乡镇级别的体育社团层次结构，基本覆盖全国城市广大地区。体育社团的类型包括了各级体育总会、各类人群体育协会、行业体协、单项体育协会等。另外，在许多机关、企事业单位内部，活跃着一些群众体育基层社团组织。截至 2004 年底，全国城市和乡镇共有体育指导站 201 457 个。各地的体育行政部门加强对体育活动站点工作的组织、管理和指导，促进其健康发展。同时，在全国和各省、自治区、直辖市相继建立了一批运动项目管理中心，具有管理该项目普及与提高的任务和职能，组织开展各运动项目的宣传培训和普及推广工作。

在加强社区体育基层组织建设方面，国家体育总局从 2004 年开始在部分省、自治区、直辖市和有关单位，开展由体育彩票公益金扶持创建社区体育健身俱乐部的试点工作。在农村群众体育组织工作方面，进一步完善农民体育协会组织结构。1987 年 1 月，农牧渔业部[①]决定在宣传司设立体育处（对外称中国农民体育协会办公室）。1996 年 6 月，农业部决定将中国农民体育协会的办事机构规格确定为正局级。2001 年 8 月，经民政部批准，中国农民体育协会业务主管单位由国家体育总局变为农业部，由此看出国家对农民体育协会的重视。中国农民体育协会成立以来，坚持面向农村，服务“三农”，广泛开展群众性体育活动，最大规模地发动农民参加体育锻炼，以开展“亿万农民健身活动”和举办全国农民运动会为重点，以农民体育健身为主要目标，一手抓群众性体育活动普及，不断增强农民的身体素质；一手抓农民体育运动水平提高，

① 1988 年更名为农业部，2018 年农业部整合为农业农村部。

指导和推动基层农民体育活动不断迈向新的高度。随着其内部机构建设的逐步完善、规章制度的逐步健全，基本形成了工作的制度化、规范化、经常化，有力推动了农民体育活动的普及与提高，为社会主义新农村建设做出了应有的贡献。

在青少年体育工作方面，体育传统项目学校和青少年体育俱乐部是重要的组织形式。截至 2005 年，全国共有国家、省、地市、区县四级体育传统项目学校 2.5 万余所，其中国家级 100 所、省级 2 500 所、地市级 7 000 多所、区县级 15 500 所，在训学生人数超过 60 万人。体育传统项目学校在推行全民健身计划中发挥了积极作用。为向广大青少年提供更多的活动场所，从 2000 年开始，国家体育总局开始创建青少年体育俱乐部，到 2004 年底共使用体育彩票公益金 2 亿多元，加上各级体育行政部门的配套资金近 5 亿元，在全国依托各级学校、体校、体育场馆、拥有固定场馆的单项运动协会和社区共创建俱乐部 2 134 所，每年参加俱乐部活动的学生达到数亿人次[①]。

在加强各类群众体育组织机构建设的同时，对与之相应的全民健身工作队伍建设同样予以高度重视，取得了不错的效果，形成了包括体育管理队伍、体育工作队伍、业余体育骨干队伍在内的全民健身工作队伍体系。其中，社会体育指导员是伴随全民健身计划的推行而发展起来的一支工作队伍，《全民健身计划纲要》和《中华人民共和国体育法》都明确了实行社会体育指导员制度。各级体育行政部门和有关组织高度重视社会体育指导员的建设，根据《社会体育指导员技术等级制度》的规定，积极组织各技术等级的培训和评审，使得我国的社会体育指导员队伍迅速壮大，广大社会体育指导员在全民健身的各项工作中发挥着重要的作用。近年来，随着体育产业和体育市场的蓬勃发展，体育经营场所的从业人员也大幅增加。

五、全民健身场地设施明显改善

随着人民文化需要的不断增长，人民群众的体育意识不断提升，对体育健身活动设施的需求越来越旺盛。面对群众体育设施供给严重不足的问题，党和政府高度重视，为人民群众建设了大量的、安全近便的群众体育设施。

根据第五次全国体育场地普查数据，截至 2003 年底，中国近 10 年来体育

---

① 国家体育总局群众体育司，国家体育总局体育文化发展中心. 群众体育工作手册[M]. 北京：人民体育出版社，2014：16.

场地的数量和规模有了较大的提高，主要表现在：全国范围（不含香港、澳门、台湾地区）各系统、各行业、各种所有制形式共有各类体育场地 850 080 个，其中标准体育场地 547 178 个，非标准体育场地 302 902 个，占地面积为 22.5 亿 m^2，建筑面积为 7 527.2 万 m^2，场地面积为 13.3 亿 m^2。历年累计投入体育场地建设资金为 1 914.5 亿元。以 2003 年底全国总人口 129 227 万人（不含香港、澳门、台湾地区）计算，平均每万人拥有体育场地 6.58 个，人均体育场地面积为 1.03m^2，人均投入体育场地建设资金为 148.15 元。

在不断增加的体育场地设施中，“全民健身工程”是主要的建设方式。为解决人们身边场地设施不足的问题，从 1997 年开始，各级政府利用体育彩票公益金，在城市社区、农村乡镇的居民区、广场、公园、街心花园等地开展“全民健身工程”，包括健身路径、体质测定器材、篮球架、乒乓球台等。截至 2004 年底，“全民健身工程”建设总面积达到 36 646 323m^2，已建成健身路径 33 314 条，配置小篮板 16 456 副，修建乒乓球台 60 645 个，购置体质测定器材 2 461 套。

在“全民健身工程”的基础上，为了给广大群众创造更好的健身条件，从 2001 年起，国家体育总局以体育彩票公益金作为引导资金，扶持并探索性建设以综合性室内场地设施为主的“中国体育彩票全民健身活动中心”。截至 2005 年底，已在全国建设了 59 个项目。这些项目的建设坚持高标准，体现公益性，面向大众，服务百姓，深受群众欢迎，代表了城市广大群众的健身需求和发展方向。2001 年，国家体育总局开始利用体育彩票公益金，分期、分批在经济欠发达的西部地区建设经济实用的小型公共体育设施，称为“雪炭工程”。到 2005 年，“雪炭工程”已经实施四期，在县级建设了 141 个小型、经济、适用的体育场馆。有些地方还充分利用和整合区域体育资源，探索群众健身场地设施建设的新路子。从 2002 年起，国家体育总局开始引导各地利用山川、江河湖海、沙漠、森林、绿地等自然资源和城市广场、园林，发展各具特色的全民健身活动基地。此外，全国各地还利用城市园林资源，积极推进园林体育化，大力倡导体育设施与园林相融合，让广大人民群众在优美的自然环境中享受健身的乐趣[①]。

---

① 国家体育总局群众体育司，国家体育总局体育文化发展中心. 群众体育工作手册[M]. 北京：人民体育出版社，2014：17-18.

六、全民健身配套法规逐步完善

《全民健身计划纲要》颁布实施后，党和国家就明确提出了“依法治国，建设社会主义法治国家”的基本方略，我国社会主义法治建设进入一个新的发展阶段。近年来，我国体育事业的发展进一步加快了我国体育法治建设的步伐，使全民健身计划工作置于日益加强的法治系统中。在依法实施《全民健身计划纲要》时，除《中华人民共和国体育法》的法律保障和分阶段实施的法规外，政府还不断加强全民健身相关法律的制定，逐步形成比较完善的全民健身法规体系。

国家体育总局2000年制定的《2001—2010年体育改革与发展纲要》明确提出：“充分重视群众体育工作，全面落实全民健身计划。切实把工作重点放在增强人民体质这项基本任务上。”中共中央、国务院2002年发布的《中共中央国务院关于进一步加强和改进新时期体育工作的意见》明确提出“大力推进全民健身计划，构建多元体育服务体系”的任务要求，提出“继续实施《全民健身计划纲要》。开展全民健身活动，增强人民体质，是体育工作的根本任务”。

在促进城市、农村体育事业发展方面，《全民健身计划纲要》提出发挥基层体育组织作用是做好社区体育工作的基础。国家体育行政部门和有关部委于1997年4月联合发布了《关于加强城市社区体育工作的意见》，明确市、区人民政府要把发展社区体育作为贯彻《中华人民共和国体育法》、实施《全民健身计划纲要》的一项具体措施，纳入城市社会发展的总体规划；之后国家体委制定了《全国城市体育先进社区评定办法（试行）》；2002年4月，国家体育总局、农业部发布了《农村体育工作暂行规定》，对发展农村体育的各个方面进行了全面规范，强调要将农村体育纳入当地国民经济和社会发展整体规划，纳入社会主义精神文明建设和小康建设内容。

在开展社会弱势人群体育工作方面，党和国家高度重视残障人群体育事业。政府根据需要，针对某些特殊人群的体育工作制定了一些法规或规范性的文件，如《中华人民共和国残疾人保障法》，2000年8月，民政部、国家体育总局等有关部门共同制定的《关于加强社区残疾人工作的意见》等对残障人群体育事业逐步走上正规化、制度化和法律化起到了积极的推动作用。

在全民健身基本制度方面，《中华人民共和国体育法》和《全民健身计划纲要》明确规定了国家实施体育锻炼标准、体质监测、社会体育指导员制度等，并分别制定了关于这些体育制度的单项法规。为了进一步完善《国家体育锻炼标准施行办法》，教育部和国家体育总局于2002年制定了《学生体质健康标准（试行方案）》，国家体育总局等8部委于2003年联合发布了《〈普通人群体育锻炼标准〉施行办法（试行）》。为建立国民体质测定与监测制度，1996年国家体委制定了《中国成年人体质测定标准施行办法（试行）》；2001年国家体育总局会同其他部委联合发布了《国民体质监测工作规定》；2003年国家体育总局又与有关部委联合发布了《国民体质测定标准施行办法》，这使得无论是国民了解个体体质情况，还是国家系统掌握国民的体质状况，都有了明确的保障。同时，为适应社会体育指导工作职业化的需要，国家体育总局、国家劳动和社会保障部发布的《社会体育指导员国家职业标准》于2001年8月实施，建立起中国社会体育指导员职业资格证书制度。

在全民健身场地设施保障方面，《中华人民共和国体育法》和《全民健身计划纲要》对体育资金、体育物资、体育场地设施等内容都有着非常明确的规定，包括对违法或侵权追究法律责任的规定。国务院于2003年6月通过了《公共文化体育设施条例》。为了加强对体育彩票及其援建设施的管理和监督，国家体育总局于1999—2003年先后发布了《体育彩票财务管理暂行规定》《中国体育彩票全民健身工程管理暂行规定》《关于加强体育彩票公益金援建项目监督管理的意见》和《“雪炭工程”实施办法》。

七、全民健身产业和服务业不断繁荣发展

1995年6月，国家体委出台《体育产业发展纲要》，制定了一系列关于促进体育产业发展和加强体育市场经营管理方面的内容，规范和引导全民健身产业健康发展，取得了可喜的成绩。

体育健身休闲业作为中国全民健身的主导产业，从20世纪80年代起步，伴随着《全民健身计划纲要》和《体育产业发展纲要》的颁布，在20世纪90年代中后期得到了迅速的发展。2006年以来，各地社会健身机构迅速增加，体育健身休闲业逐渐形成规模，成为体育产业中最具活力的部分，许多健身娱乐性体育项目成为社会投资热点。2008年，全国专门从事体育健身休闲业的法人单位达800家，其中经营收入达500万元的有93家，实现收入19亿元。近年来，由于人们生活水平的提高和体育与消费观念的变化，针对不同群体消费特点的各类健身组织和经营服务活动在很多城市迅速发展，涌现出一大批全民健身服务业的体育经营实体。很多地方还开发了富有地方特色的多种户外旅游体育项目，以满足人民群众的健身需求。

中国的体育用品业发展迅速。截至 2008 年，全国体育用品从业人员为 234.13 万人，实现增加值 1 088.31 元，年增长超过 13%，拉动了国内体育用品消费，促进了全民健身市场的繁荣发展。中国发行的体育彩票成为“取之于社会、用之于体育、服务于大众”的全民健身筹资手段。截至 2004 年底，中国体育彩票累计销售 917 亿多元，筹集公益金 303 亿多元。在中央级支配的体育彩票公益金中，60%以上用于支持群众体育健身场地设施和器材建设、青少年与社区体育组织建设，开展各种群众体育活动和全民健身科研宣传等，有力地促进了全民健身事业的发展①。

八、全民健身的宣传与科研工作成效显著

《全民健身计划纲要》明确提出了加强宣传工作，形成全民健身的舆论导向，增强全民体育健身意识，加强人民体质与健康的科学研究和技术开发。可见，我国政府高度重视宣传和科研工作在全民健身中的作用，组织社会力量和专业队伍，加强全民健身的宣传和科研工作。

1995 年 5 月，国家体委等 11 部门联合决定，《全民健身计划纲要》一经颁布即开展“全民健身宣传周”活动。2001 年，“全民健身宣传周”活动改为“全民健身周”活动，但国家仍将加大宣传工作力度作为“全民健身周”活动的重要内容和要求。在中央和各地开展的历次全民健身大型活动上都要举行新闻发布会来扩大宣传全民健身运动，如征集体育健身方法、颁布广播体操、公布体质监测结果、公布群众体育调查结果、表彰群众体育先进等活动。群众体育活动的有关部门和组织，通过编印、出版大量有关全民健身的工作资料、知识介绍、手册、画册、宣传品，在社会和单位内部进行全民健身知识与信息的广泛传播，全民健身的环境和氛围日益改善。

国家体育总局分别于 1997 年、2001 年和 2007 年进行了三次群众体育状况调查。1997 年的调查是中国体育领域内规模最大的首次社会科学调查研究，弥补了中国群众体育缺乏统计资料的空白，为群众体育发展研究提供了基础条件。2001 年国家体育总局对中国群众体育的发展现状进行了第二次调查，获取了具有比较意义的动态状况，表明中国全民健身取得巨大的进步和成果，构建起更加规范的群众体育调查信息库。2005 年，大多数省（自治区、直辖市）同时开

① 国家体育总局群众体育司，国家体育总局体育文化发展中心. 群众体育工作手册[M]. 北京：人民体育出版社，2014：31.

展本地的体质监测工作。同时，投入有关科研课题，完成了《国家学生体质健康标准》《普通人群体育锻炼标准》的研制。2008 年 1 月至 4 月国家体育总局在全国开展了 2007 年中国城乡居民参加体育锻炼现状调查。此次调查抽取了 2 249 个村委会，采用“入户方式”进行调查。此次调查作为群众体育领域内迄今为止规模最大、调查方法最科学、调查结果最全面的一项社会调查，为建立城乡居民参加体育锻炼状况数据库做了准备。

第四节　迈向体育强国十年的群众体育发展（2009—2018 年）

北京奥运会后，我国群众体育工作高举中国特色社会主义伟大旗帜，紧紧围绕建设体育强国的奋斗目标，充分利用和延伸奥运会推动全民健身的综合和持久效应，通过“全民健身日”的设立、《全民健身条例》的颁布和《全民健身计划》的实施，使我国群众体育工作进入一个新的发展阶段。特别是党的十八大以来，新一届中央领导集体对群众体育工作高度重视，把体育作为实现中国梦的重要内容，把全民健身作为人民追求幸福生活的重要举措，全民健身上升为国家战略，为群众体育的发展提供了新动力。全国群众体育工作以此为契机，以贯彻落实《全民健身条例》和《全民健身计划》为主线，以构建全民健身公共服务体系为核心，坚持改革创新、务实推进，坚持强基层、打基础、保基本，着力推动各级政府履行公共体育服务职责，持续推进群众体育治理体系和治理能力现代化，取得了新的、令人瞩目的发展和进步。

一、全民健身上升为国家战略

（一）全民健身上升为国家战略是北京奥运会遗产充分利用和延伸的结果

北京奥运会的筹备和举办给群众体育事业发展带来了前所未有的机遇，“全民健身与奥运同行”群众性主题活动的开展更是极大地激发了广大人民群众的体育参与热情。在北京奥运会筹备和举办期间，各级体育部门、单项体育协会、行业体协、其他社会体育团体和各部门、各单位，结合本地区、本单位实际，广泛组织开展了贴近群众、有影响、有规模、形式多样的全民健身活动，

极大地激发了广大人民群众的体育参与热情，增强了科学健身意识，直接参加活动的群众达数十亿人次。生动活泼、丰富多彩的全民健身活动的广泛开展，不仅为北京奥运会的成功举办营造了浓郁的全民健身氛围，更提升了全民健身活动的社会价值和综合影响力。

2008 年 9 月 29 日，胡锦涛在北京奥运会、残奥会总结表彰大会上强调："要继续发展群众体育事业。体育是人民的事业。要坚持以人为本，把北京奥运会、残奥会激发的群众体育热情保持下去，增强广大人民群众特别是青少年体育健身意识，培养人民健身习惯，开展丰富多彩的群众体育活动和全民健身运动。"

经国务院正式批准，自 2009 年起，每年的 8 月 8 日为全国的"全民健身日"。"全民健身日"是我国第一个全国性体育节日，其设立是体育事业发展中的一件大事、喜事，表明了党和国家对全民健身事业的高度重视，是北京奥运会遗产社会化、全民化的重要成果。

2009 年 8 月 30 日，国务院颁布《全民健身条例》，于 2009 年 10 月 1 日起施行。《全民健身条例》从保障人民群众在全民健身活动中的合法权益，促进全民健身活动开展，提高人民身体素质的角度出发，对全民健身涉及的各个方面进行了规范，特别在与人民群众参与健身活动密切相关的体育设施、健身指导、安全要求等方面提出了明确要求，充分体现了党和政府全心全意为人民服务的宗旨和以人为本的执政理念。《全民健身条例》的颁布实施，为保障人民群众在全民健身活动中的合法权益、促进全民健身活动的开展提供了坚实的法律保障。

2014 年 10 月，国务院正式印发的《国务院关于加快发展体育产业促进体育消费的若干意见》明确提出，将全民健身上升为国家战略。2014 年底的中央经济工作会议把体育健身作为新的经济增长点，将其列入六大消费增长点。

从"全民健身与奥运同行"的唱响，到"全民健身日"的确立、《全民健身条例》的颁布，再到全民健身国家战略的确立，是北京奥运会持久效应发挥的结果，为世界奥运遗产的充分利用提供了典范。

（二）全民健身上升为国家战略体现了党中央、国务院对群众体育工作的高度重视

党的十八大以来，党中央、国务院对于群众体育工作的重视前所未有，把群众体育作为实现中国梦的重要内容，以习近平同志为核心的党中央谋划和推动体育事业发展，提出了一系列新思想、新论断、新认识，做出了一系列新决

策、新部署、新要求。习近平总书记十分关心体育工作，多次接见体育工作者，发表重要讲话，做出重要指示批示，提出明确要求，多次在不同场合强调全民健身的重要意义。

2013 年 8 月 31 日，习近平总书记在会见参加全国群众体育先进单位和先进个人表彰会、全国体育系统先进集体和先进工作者表彰会的代表时强调，全民健身是全体人民增强体魄、健康生活的基础和保障，人民身体健康是全面建成小康社会的重要内涵，是每一个人成长和实现幸福生活的重要基础。2016 年 8 月 19 日，习近平总书记在全国卫生与健康大会上强调，要倡导健康文明的生活方式，树立大卫生、大健康的观念，把以治病为中心转变为以人民健康为中心，建立健全健康教育体系，提升全民健康素养，推动全民健身和全民健康深度融合。2016 年 8 月 25 日，习近平总书记在会见第 31 届奥林匹克运动会中国体育代表团全体成员时指出："希望同志们充分认识体育对提高人民健康水平的积极意义，落实全民健身国家战略，普及全民健身运动，促进健康中国建设"。2017 年 8 月 27 日，习近平总书记在天津会见全国群众体育先进单位、先进个人代表等时强调，加快建设体育强国，就要坚持以人民为中心的发展思想，把人民作为发展体育事业的主体，把满足人民健身需求、促进人的全面发展作为体育工作的出发点和落脚点，落实全民健身国家战略，不断提高人民健康水平。

国家战略，是综合一国之力而行的方略，是运用国家各方面的实力和人力、为实现国家总目标而制定的总体性战略。全民健身上升为国家战略充分体现了党和国家对群众体育工作的高度重视和殷切期望，是以人民为中心的发展思想的充分体现。

（三）全民健身上升为国家战略，把群众体育工作提升到新高度

全民健身上升为国家战略为群众体育的改革发展注入了强大的力量，也把群众体育工作提升到新高度。在战略价值方面，全民健身从体育系统价值上升为国家战略价值，跳出了以往单纯从个体和局部的角度看待全民健身价值的局限，从推动人的全面发展和社会的全面进步的角度充分挖掘全民健身的社会价值和综合作用。将全民健身确定为国家战略后的第一个国民经济和社会发展五年规划体现了上述趋势。

《中华人民共和国国民经济和社会发展第十三个五年规划纲要》在多个领域涉及全民健身多元化价值的发挥，提出："推进健康中国建设""深化医药卫生体制改革，坚持预防为主的方针，建立健全基本医疗卫生制度，实现人人享

有基本医疗卫生服务，推广全民健身，提高人民健康水平”“广泛开展全民健身运动”“实施全民健身战略。发展体育事业，加强群众健身活动场地和设施建设，推行公共体育设施免费或低收费开放。实施青少年体育活动促进计划，培育青少年体育爱好和运动技能，推广普及足球、篮球、排球、冰雪等运动，完善青少年体质健康监测体系。发展群众健身休闲项目，鼓励实行工间健身制度，实行科学健身指导。促进群众体育与竞技体育全面协调发展。鼓励社会力量发展体育产业。做好北京2022年冬季奥运会筹办工作”“满足多样化公共服务需求”“积极推动医疗、养老、文化、体育等领域非基本公共服务加快发展，丰富服务产品，提高服务质量，提供个性化服务方案”“构建现代公共文化服务体系”“繁荣发展文学艺术、新闻出版、广播影视和体育事业”“加快发展现代文化产业”“推进文化业态创新，大力发展创意文化产业，促进文化与科技、信息、旅游、体育、金融等产业融合发展”“提高生活性服务业品质”“加快教育培训、健康养老、文化娱乐、体育健身等领域发展”“完善服务业发展体制和政策”“清理各类歧视性规定，完善各类社会资本公平参与医疗、教育、托幼、养老、体育等领域发展的政策”“推进‘一带一路’建设”“广泛开展教育、科技、文化、体育、旅游、环保、卫生及中医药等领域合作”。

《中华人民共和国国民经济和社会发展第十三个五年规划纲要》第六十章“推进健康中国建设”将“广泛开展全民健身运动”列为第七节，这也凸显了全民健身发展的重要性。在“十三五”期间，全民健身发展的工作主线就是落实全民健身国家战略，总体任务是发挥全民健身的核心功能、多元功能和价值。

在战略格局方面，把全民健身从体育系统格局上升为国家战略格局，有利于推动建立更高层次的全民健身领导协调机制，实现跨界整合，融合发展。在推动建立更高层次的全民健身领导协调机制方面，国务院于2016年底批复成立全民健身工作部际联席会议制度，2017年4月14日，全民健身工作部际联席会议制度正式建立。联席会议由体育总局、国务院办公厅、中宣部等29个部门组成，办公室设在体育总局，主要职能是贯彻落实党中央、国务院关于实施全民健身国家战略的决策部署，系统研究落实《全民健身条例》、实施全民健身计划的政策措施，强化各级政府主导全民健身事业发展的主体责任，协调有关部门和单位抓好全民健身计划相关任务措施的落实，推动完善政府主导、部门协同、全社会共同参与的全民健身事业发展格局，加强对全民健身计划实施情况的督导检查，及时按程序向党中央、国务院报告工作情况。随后，一些省（自治区、直辖市）逐级建立联席会议制度，建立和完善政府层面的全民健身工作协调机制。全民健身工作部际联席会议制度的建立意味着全民健身不再是体育系统的“单线作战”，而是上升为政府主体工作，有利于各部门的力量集中统一起来推动全民健身。在推动跨界整合、融合发展方面，利用国家制定“十三五”规划，参与文化体制改革和落实健康、卫生、养老、文化、旅游服务业和体育产业新政的机会，参与制定构建现代公共文化服务体系和基本公共文化服务标准的文件，通过制定相关配套文件和实施细则，切实把全民健身列入各级政府和相关部门的工作内容，实现群众体育与各项社会事业的融合发展。

在落实战略部署方面，全民健身从体育系统部署上升为国家战略部署。“十三五”时期，结合国家服务型政府建设，围绕公共服务体系的战略部署，大力构建覆盖城乡、比较健全的全民健身公共服务体系，极大地提升了我国基本公共体育服务水平。围绕党的十八届三中全会提出的全面深化改革的战略部署，加快转变政府职能，转变事业发展方式，改革事业发展的体制机制，实施了创新驱动发展战略，如与地方政府共建全民健身公共服务体系示范区、项目协会制改革、科技助力全民健身、全民健身计划实施情况第三方评估等。围绕党的十八届四中全会提出的全面推进依法治国的战略部署，深入推进依法治体，依法行政，完善法律法规建设，运用法治思维推进群众体育的改革和决策；对群体工作的决策，始终将以人为本、问需于民、专家论证、集体讨论等作为法定程序，确保各项群体决策科学规范、程序正当、过程公开、责任明确、合法合规；成立了全民健身专家咨询委员会，就群体工作的重点、热点问题以及重大工作征询专家意见，提高决策科学化水平；对群体政策的贯彻落实，联合全国人大、国家发展和改革委员会（以下简称国家发展改革委）、财政部、教育部和国务院法制办公室（以下简称国务院法制办），开展《全民健身条例》和《全民健身计划》贯彻落实情况检查调研。围绕中央专项巡视反馈意见的整改落实，2014 年 12 月 25 日，国家体育总局发布《体育总局关于加强和改进群众体育工作的意见》，努力推动群众体育事业改革创新。

二、群众体育发展的内生动力增强

人民不断增长的体育需求是我国群众体育改革发展的强大内生动力。过去的 10 年（2008—2017 年）是我国全面建设小康社会的关键时期，也是我国经济、社会快速发展的时期，国民生产总值（gross national product，GNP）和国内生产总值均逐年增长，分别从 2008 年的 321 500.5 亿元、319 515.5 亿元增长

到 2016 年的 741 140.4 亿元、744 127.2 亿元，城乡居民人均收入分别从 2008 年的 15 780.8 元（城镇）、4 760.6 元（乡村）增长到 2015 年的 31 790.3 元（城镇）、10 772 元（乡村），居民消费水平从 2008 年的 8 707 元增长到 2016 年的 21 228 元。在国家精准扶贫政策支持下，农村贫困人口和贫困发生率分别从 2010 年的 16 564 万人、17.2%下降到 2016 年的 4 336 万人、4.5%[①]。

生活奔小康，身体要健康，随着人们生活的富裕、闲暇时间的增多，广大人民群众对体育产生了内在需求，活跃在城乡大街小巷的广场舞成为我国城乡居民生活的亮点和风景线，更是我国民众体育需求增长的真实写照。

近年来的马拉松热也反映了我国群众体育发展的强劲内在动力。出于健康、交流、旅游等方面的需求，从 2012 年开始，民众对路跑运动的热衷开始显现，并从 2015 年开始呈现爆发之势。截至 2017 年，全国马拉松 A 类认证赛事有 214 场，B 类认证赛事有 33 场，注册的各类跑步赛事超过 500 场，加上一些未注册的赛事，全国跑步赛事总量超 2 000 场。在参与人数方面，按照 2017 年最低注册赛事（500 场）计算，2017 我国路跑赛事的参赛人次约为 420 万。从各大马拉松的报名情况看，2011 年北京马拉松的 3 万个名额用了 6 天报满，2012 年只用了 3 天，2013 年仅用了 13 个小时；而上海马拉松的 15 000 个网上报名名额在 4 个多小时内就被一抢而空。截至 2014 年，参加北京马拉松的选手还要通过抽签摇号的方式获得参赛资格。2017 年北京马拉松报名人数为 98 687 人，B 类选手的中签比例仅为 10%。尽管如此，参赛热情依旧不减，甚至出现网上高价转让参赛资格的现象。

从全国城乡居民参与体育锻炼的情况看，2014 年全国共有 4.1 亿 20 岁及以上的城乡居民参加过体育锻炼，比 2007 年增加 0.7 亿人。2014 年全国经常参加体育锻炼的人数百分比为 33.9%（含儿童和青少年），比 2007 年增加了 5.7 个百分点；与 2007 年相比，城镇 20 岁及以上经常参加体育锻炼的人数有所增加，增幅为 48.0%，乡村增幅为 154.0%，乡村经常参加体育锻炼的人数增长幅度高于城镇；在 20 岁及以上的人群中，有 39.9%的人有过体育消费行为，全年人均消费 926 元。2017 年，全国经常参加体育锻炼的人数达到 5.5 亿人。以上数据表明，我国城乡居民体育锻炼的意识增强，参加体育锻炼的积极性提高，

---

① 中华人民共和国国家统计局. 中国统计年鉴（2017）[M]. 北京：中国统计出版社，2017：58，78，171，196.

人均体育消费水平大幅度提高，“花钱买健康”已经得到越来越多人的认可。此外，体育健身类应用程序的用户规模和总使用时长也稳步增加，越来越多人选择使用互联网运动服务工具辅助自己的体育锻炼，其每天的体育健身类应用程序启动次数和使用时长增加，运动锻炼更频繁，锻炼时间更长了。

三、覆盖城乡、比较健全的全民健身公共服务体系基本形成

2010 年，有中国特色的全民健身体系基本建成，实现了 1995 年《全民健身计划纲要》提出的目标。党的十七届五中全会提出：“着力保障和改善民生，必须逐步完善符合国情、比较完整、覆盖城乡、可持续的基本公共服务体系，提高政府保障能力，推进基本公共服务均等化。”2011 年，《政府工作报告》明确提出“大力开展全民健身活动，促进群众体育和竞技体育协调发展”。国家“十二五”规划也提出建立健全基本公共服务体系，并把大力发展包括公共体育事业在内的各项社会事业作为重要内容。在此背景下，加快完善公共体育服务体系，提高公共体育服务水平，成为我国体育事业发展的中心工作。例如，《体育事业发展“十二五”规划》明确提出“以建立完善符合国情、比较完整、覆盖城乡、可持续的公共体育服务体系为重点”的体育事业发展指导思想，以及“加快完善公共体育服务体系，提高公共体育服务水平，切实提高全民族的身体素质和健康水平，促进我国群众体育发展迈上新台阶”的体育事业发展总体目标。国家体育总局进行了创新建设多层次基本公共体育服务体系的实践探索，如国家体育总局与江苏省共建公共体育服务体系示范区，江苏省办公厅印发了《关于推进公共体育服务体系示范区建设的实施意见》，并制定了《公共体育服务体系示范区创建办法》和《公共体育服务体系示范区指标体系》，明确了公共体育服务体系示范区概念、内涵、内容和指标体系，并组织编制了《国家体育总局与江苏省人民政府共建公共体育服务体系示范区全民健身场地设施建设成果汇编》；国家体育总局试点探索“三县、一区”立体化的全民健身公共服务体系示范区建设模式，指导宁夏回族自治区中卫市、彭阳县，江西省崇义县开展基本公共体育服务体系示范县创建工作；国家体育总局在北京市东城区“体育生活化社区”成果的基础上，指导其上升为社区级全民健身公共服务示范区。

各地方也在建设公共服务体系方面进行实践探索，如山东省探索用全球定位系统（global positioning system，GPS）技术监管公共体育设施；陕西省围绕构建体育基本公共服务体系，推进基本公共服务均等化，强力推动体育惠民

工程建设等。从全民健身体系到全民健身公共服务体系，虽然建设的具体内容没有变化，但是全民健身公共服务体系更加强调政府基本公共服务职责的履行。通过实践探索及不断加大公共体育经费投入，以公共体育场地设施、全民健身组织网络、群众性体育活动系统、公益社会体育指导员队伍、科学健身指导及信息宣传服务系统为基本框架的、覆盖城乡的、比较健全的全民健身公共服务体系基本形成。

（一）公共体育的经费投入大幅度增加

2016 年国家财政资金投入群众体育达到 29.067 228 亿元，体育彩票公益金投入群众体育达到 53.243 963 亿元，两者合计 82.311 191 亿元，仅比改革开放初期科学、教育、文化、卫生、体育 5 年经费的总和少 11.988 809 亿元①。

（二）公共体育场地设施大幅增加

1978 年我国全年建设体育场地仅 1 824 个、场地面积 3 738 283m^2、经费投入 44 659 万元，到 2013 年全年建设体育场地达到 190 971 个、场地面积 185 656 033m^2、经费投入 13 703 497 万元，分别增长了 103.7 倍、48.7 倍、305.8 倍。1978 年底，我国共有体育场地 21 675 个，1995 年实施《全民健身计划纲要》时人均体育场地面积仅 0.65m^2，截至 2016 年底，我国体育场地已超过 195.7 万个，人均体育场地面积达到 1.63m^{2}②。

（三）全民健身组织网络日益完善

在群众体育社会化的发展思路下，通过改革创新，培育发展群众体育组织的体制、机制，制定体育社会组织改革相关政策，大力引导、培育、扶持体育社团、体育民办非企业单位、体育基金会等体育社会组织发展，促进了全民健身组织的发展。截至 2016 年，全国共有体育社会组织 47 280 个，其中体育社团 35 876 个、体育基金会 335 个、民办非企业单位 11 069 个；从层级分布看，国家级 96 个、省级 2 394 个、地市级 14 875 个、区县级 29 915 个③。

---

① 中华人民共和国国家统计局. 中国统计年鉴（2017）[M]. 北京：中国统计出版社，2017.

② 刘国永. 对新时代群众体育发展的若干思考[J]. 体育科学，2018，38（1）：4－8.

③ 国家体育总局经济司. 体育事业统计年鉴（2017）[DS]. 北京：国家体育总局，2017：237.

（四）打造了全民健身“品牌”活动体系

利用各种节日开展专题健身活动，利用重大事件组织全民健身系列活动，鼓励和支持各地开展“一地一品”“一行一品”全民健身活动等[①]。

（五）全民健身工作队伍壮大

通过建立健全社会体育指导员组织体系、加强和改进社会体育指导员培训工作等，社会体育指导员队伍发展迅速。截至 2016 年，我国公益性社会体育指导员总数达到 2 699 323 人（其中国家级 10 447 人、一级 194 147 人、二级 739 656 人、三级 1 755 073 人），职业社会体育指导员总数达到 126 246 人（其中高级 1 556 人、中级 32 370 人、初级 92 320 人）[②]，形成了以社会体育指导员为主体，教练员、优秀运动员、体育教师等组成的全民健身志愿服务队伍。

（六）科学健身指导服务水平不断提升

截至 2016 年，全国累计建立国民体质监测站点 8 036 个，年体测人数达 4 432 041 人；科学健身指导活动深入全国各地，至 2017 年 8 月已覆盖 45 个地市，惠及了 22 万余人。

（七）信息宣传服务力度加大

从国家到地方建立了专门的全民健身公共服务信息平台；各类媒体加大了对全民健身的宣传，增加了全民健身活动报道、科学健身方法推介、体育养生休闲方式集锦、社会体育指导员风采等栏目和内容。

四、实施全民健身国家战略的政策法规体系逐步完善

（一）《全民健身条例》的颁布

自《全民健身计划纲要》实施以来，我国始终高度重视政策法规对全民健身事业发展的保障作用。《中华人民共和国宪法》第二十一条规定：“国家发展

① 姚颂平. 体育运动概论[M]. 2 版. 北京：高等教育出版社，2020：105.

② 国家体育总局经济司. 体育事业统计年鉴（2017）[DS]. 北京：国家体育总局，2017：242.

体育事业，开展群众性的体育活动，增强人民体质。”该条款明确说明了我国体育事业的性质，确立了群众体育在整个体育事业中的重要地位，是各级政府开展全民健身活动的重要法律依据。《中华人民共和国体育法》《学校体育工作条例》《公共文化体育设施条例》《国家体育锻炼标准施行办法》《全民健身计划纲要》等有关全民健身的法律、法规，从不同角度对与全民健身事业相关的政府投入、学校体育、公共体育设施等方面做出了规定，从不同层面对全民健身工作提出了要求，彼此互为补充，对全民健身事业发展发挥了重要的作用。在此基础上，2009 年国务院颁布实施《全民健身条例》，以行政法规的形式确立了全民健身工作的法律地位。当时 31 个省（自治区、直辖市）（不含香港、澳门、台湾地区）中，17 个制定了地方性全民健身条例，占 54.8%。4 个直辖市，除重庆外，上海、北京、天津均已制定条例，占 75%；5 个自治区中，内蒙古自治区制定了《内蒙古自治区全民健身条例》，占 20%；22 个省（不含台湾地区）中 13 个省制定了地方性全民健身条例，占 59.1%[①]。《全民健身条例》着重解决影响我国全民健身事业的实际问题，明确了政府及全民健身体系中各相关主体的责任，建立了全民健身活动状况调查、学校体育场地开放、高危险性体育项目经营许可等制度，进一步确立了全民健身的法律地位，丰富和完善了全民健身的法规体系，为全民健身事业的发展提供了重要依据和保障。

（二）全民健身计划的相继发布

为明确全民健身事业奋斗的目标和主要任务，继续有计划、有步骤地推动全民健身事业全面、协调、持续发展，更好地为国家经济建设和社会发展服务，2011 年 2 月，国务院发布了《全民健身计划（2011—2015 年）》，随后全国 31 个省（自治区、直辖市）（不含香港、澳门、台湾地区）全部制定了省级《全民健身实施计划》，绝大部分地（市）和大部分区（县）制定印发了本地区的《全民健身实施计划》；一些省印发了《全民健身实施计划》任务分解文件、评估评价标准和检查方案，建立了明确的责任分工、组织保障和评估检查机制，确定了“十二五”时期各级政府的目标任务和举措保障。2016 年 6 月，国务院发布了《全民健身计划（2016—2020 年）》，就“十三五”时期深化体育改革、发展群众体育、倡导全民健身新时尚、推进健康中国建设做了系统规划和部署。截至 2017 年 10 月底，全国 100%的省（自治区、直辖市）、99.8%的地市、98.6%

① 陈华荣. 实施全民健身国家战略的政策法规体系研究[J]. 体育科学，2017，37（4）：79.

的区县级政府也相继出台了《全民健身实施计划》[①]。

（三）配套立法和专项法规的制定

为了更好地促进城市、农村体育发展，推动城乡体育组织建设，国家体育总局修订完善了《国家级社区体育健身俱乐部创建办法和标准》，并在2010年6月，联合文化部、农业部印发了《关于发挥乡镇综合文化站的功能进一步加强农村体育工作的意见》。为推进全民健身走进家庭，2017年，国家体育总局、民政部、文化部、中华全国妇女联合会（以下简称全国妇联）、中国残疾人联合会（以下简称中国残联）印发了《关于加快推进全民健身进家庭的指导意见》。

在针对不同人群的体育工作方面，国家体育总局联合相关部委下发了系列实施意见。2010年5月，国家体育总局联合中华全国总工会印发了《关于进一步加强职工体育工作的意见》；2017年12月，农业部与国家体育总局联合发布了《农业部 国家体育总局关于进一步加强农民体育工作的指导意见》；2017年11月，国家体育总局等7部门联合印发了《青少年体育活动促进计划》；2018年1月，国家体育总局联合国家民族事务委员会印发了《关于进一步加强少数民族传统体育工作的指导意见》。

在全民健身物质条件保障方面，2012年，《国家基本公共服务体系“十二五”规划》将体育基本公共服务建设工程纳入其中，国家发展改革委、国家体育总局联合下发了《“十二五”公共体育设施建设规划》《“十三五”公共体育普及工程实施方案》。为保证场地设施规范化建设，国家体育总局下发了《公共体育健身场地设施基本配建标准》，对健身场地设施建设模式、标准、项目设置等内容进行了规范，为各地公共体育设施体系建设提供了标准；修订下发了《全民健身活动中心命名资助办法》，研制了《室外健身器材配建及管理办法》，分类指导场地设施的规范建设和服务管理工作。在加强标准制定方面，国家体育总局研制了体育公园、体育健身广场、户外体育活动营地、县级公共体育场、登山步道、城市健身步道等12项健身设施建设技术标准和服务规范方案，按程序开展国家标准立项申报工作，其中《全民健身活动中心分类配置要求》（GB/T 34281—2017）、《全民健身活动中心管理服务要求》（GB/T 34280—2017）、《城市社区多功能公共运动场配置要求》（GB/T 34419—2017）等3项列入了国家标准。为加强体育场地设施的使用，2013年，国家体育总局等8部门联合印发了

① 曹彧. 体育事业在改革中取得新成就[N]. 中国体育报，2017－12－25.

《关于加强大型体育场馆运营管理改革创新 提高公共服务水平的意见》；2015 年，国家体育总局印发了《体育场馆运营管理办法》；2017 年，教育部与国家体育总局联合印发了《教育部 国家体育总局关于推进学校体育场馆向社会开放的实施意见》。

在全民健身活动与赛事法规方面，2013 年，国家体育总局印发了新修订的《国家体育锻炼标准》；为拓宽群众体育竞赛渠道，2014 年，国家体育总局发布了《体育总局关于推进体育赛事审批制度改革的若干意见》，明确包括商业性和群众性体育赛事在内的全国性体育赛事审批一律取消，降低了社会力量参与群众性体育赛事的门槛；2017 年，国家发展改革委会同国家体育总局等部门印发了《支持社会力量举办马拉松、自行车等大型群众性体育赛事行动方案（2017 年）》，积极引导社会力量办比赛。

在全民健身工作队伍方面，2010 年 7 月，国家体育总局出台了《全国优秀社会体育指导员评选表彰办法》；2011 年 4 月，国家体育总局印发了《社会体育指导员发展规划（2011—2015 年）》，又在同年 10 月发布了《社会体育指导员管理办法》，修订出台了新的《社会体育指导员技术等级制度》。为促进全民健身志愿服务队伍发展，2009 年，国家体育总局等 6 部门联合印发了《关于广泛开展全民健身志愿服务活动的通知》，2010 年年底，国家体育总局印发了《建立全民健身志愿服务长效化机制工作方案》；2012 年，国家体育总局印发了《优秀运动员全民健身志愿服务实施办法（试行）》。

在全民健身组织制度方面，地方政府积极探索扶持体育社会组织发展的机制，出台了培育和发展体育社会组织方面的政策。例如，上海市民体育大联赛办公室出台《2014 年上海市民体育大联赛赛事项目绩效评价实施办法》，从社会合作深度、社会动员力度、社会宣传广度、社会满意程度和社会化运作模式 5 个方面，对承办市民体育联赛的各级社会组织和协会进行综合考核评价，从而增强了体育社会组织的规范化运作意识和竞争能力。广东省从顶层设计着手，出台《广东省社会体育指导员服务站评估资助试行办法》《广东省省级体育彩票公益金资助省级体育社团开展全民健身公共服务暂行办法》等，为支持全省体育社会组织发展提供政策支持。

为推动全民健身法规的执行和宣传，促进《全民健身条例》的贯彻落实，2009 年，国家体育总局、中央文明办等 20 部门下发了《关于贯彻落实〈全民健身条例〉的通知》，随后又下发了《关于贯彻落实〈全民健身条例〉推动各级政府依法履行职责的通知》。为在体育行业开展法治宣传教育，建立体育系统普法的长效机制，国家体育总局制定了《全国体育系统法治宣传教育第七个五年规划（2016—2020年）》。

此外，地方性政策法规不断完善，截至2013年底，31个省（自治区、直辖市）（不含香港、澳门、台湾地区）共制定地方性体育法规超过359件，其中省级人大制定的涉及全民健身相关政策的地方性法规共48件、地方政府体育规章49件、体育规范性文件212件；有立法权的自治州和较大的市制定了地方性体育法规和规章50余件。

第五节　我国群众体育发展的历史经验

一、坚持以人民为中心是群众体育发展的价值追求

群众体育发展的价值追求决定着群众体育实践的方向。中华人民共和国成立以来，党和国家高度重视群众体育发展，把群众体育作为“两个一百年”奋斗目标的重要内容，始终把满足人民群众不断增长的体育健身需求作为群众体育发展的逻辑起点，受到了群众的高度认可和欢迎，得到了全社会的关注和支持。

党的历代中央领导集体都高度重视群众体育的发展，特别是党的十八大以来，以习近平同志为核心的党中央更是亲自谋划和推动体育事业的发展，提出了一系列新思想、新论断、新认识，做出了一系列新决策、新部署、新要求。将全民健身上升为国家战略是以习近平同志为核心的党中央谋划、重视的结果，充分体现了党和国家对群众体育工作的高度重视和殷切期望，是以人民为中心的体育发展的充分体现。

新时代的群众体育必须继续坚持以人民为中心的发展价值取向，做好三个坚持：一是坚持群众体育发展为了人民，把满足人民日益增长的体育健身需求、促进人的全面发展作为群众体育工作的出发点和落脚点。二是坚持群众体育发展依靠人民，充分发挥人民的主体作用，密切联系群众；做到群众体育决策问需于民，寻求群众体育发展中的问题听取人民意见，落实群众体育发展的具体任务依靠人民努力，衡量群众体育发展的成效由人民评价；最大限度地集中人民的智慧和力量，使群众体育的发展获得最广泛、最可靠的群众基础和最深厚的力量源泉。三是坚持群众体育的发展成果由人民共享，把群众体育发展的成果体现在不断提高人民体育参与的水平和质量上，体现在不断提高人民生活质

量和健康水平上，体现在充分保障人民享有的基本体育权益上。

二、坚持融合发展是群众体育发展的基本方向

融合发展是指事物之间相互联系、相互渗透、相互促进的发展过程。群众体育作为随动系统，其发展必须立足于我国的基本国情和时代需要，只有紧密围绕党和国家的中心工作，与国家经济、社会相融合，才能不断获得外部系统的支持，充分利用和借助群众体育的功能，克服与解决国家发展中的政治、经济、社会和文化问题。此外，群众体育发展涉及的领域、部门和单位众多，服务的对象也很广泛，如体育场地设施建设涉及规划、住建、国土，体育活动组织涉及安保、消防、交通，体育社会组织发展涉及民政、税务等；促进群众的体育参与也需要从全生命周期、全人群、全地域进行综合考虑。这些都要求群众体育融入不同领域和部门的政策，以实现共建共享，催生群众体育发展新模式，提高群众体育发展的水平和效率。中华人民共和国成立以来，我国各级政府根据不同时期经济、社会发展的需要，确立群众体育发展的目标、任务，提出了相应的发展措施。尽管不同时期的侧重点有所不同，但都实现了与国民经济、社会的融合发展，如改革开放初期，在国家财力有限、竞技体育发展任务迫切的形势下，虽然群众体育发展的整体水平较低，但是群众体育围绕国家物质文明和精神文明建设两个中心工作，提出社会化的发展思路，以恢复和建立体育组织、组织体育活动、健全制度为抓手，较好地发挥了群众体育丰富人民精神生活的作用。在群众体育与其他领域融合方面，随着《全民健身计划》的深入推进，从新建小区配套体育设施的“同步设计、同步建设、同步投入使用”融入住房和城乡建设政策，到全民健身和全民健康深度融合战略的实施，都极大地促进了群众体育的发展。新时代，必须坚持群众体育融合发展的基本方向，大力推进“体育+”“+体育”，促进群众体育与卫生医疗、养老、旅游、教育、互联网等融合发展。

三、坚持改革创新是群众体育发展的不竭动力

坚持以改革促发展，不断创新群众体育发展的思想观念、体制机制、模式、方法、手段，是推动群众体育发展的不竭动力。中华人民共和国成立以来群众体育的发展体现了与时俱进的时代风貌和不断进行改革创新的实践探索。

在模式创新方面，经历了体育先进县评选到全民运动健身模范县的创建。

在群众体育的组织管理方面，经历了依靠单位办和社会办，到政府主导、

部门协同、全社会广泛参与的多元治理格局的创新。

在服务体系的建设方面，经历了全民健身体系、多元化全民健身服务体系，到全民健身公共服务体系的创新。

在建设多层次基本公共体育服务体系方面，更是不乏创新的案例，如国家体育总局与江苏省共建公共体育服务体系示范区；试点探索“三县、一区”立体化的全民健身公共服务体系示范区建设模式，开展基本公共体育服务体系示范县创建工作等。

在创新群众体育办赛方式方面，拓展群众体育竞赛渠道，发挥群众体育的多元化功能，如创新全国体育大会举办形式；积极引导社会力量举办世界行走日、全民健身挑战日和城市乐跑赛等全民健身赛事和活动；打造“我要上全运”群众体育品牌活动等。

在创新激励机制方面，建立业余运动等级制度、推行健身卡等。

在引导社会力量办体育方面，采用政府购买创新全民健身公共服务的方式。这些都极大地促进了群众体育的发展。

新时代的群众体育发展必须解放思想，用改革创新的精神，着力在影响和制约群众体育发展的深层次矛盾和问题上实现突破。重点要创新群众体育发展的理念，从体力活动的视角重新认识群众体育，把提升群众工作中的体力活动水平、生活中的体力活动水平和休闲中的体力活动水平作为群众体育工作的重要内容；从提高公民身体素质的视角重新审视群众体育发展中存在的问题，创新群众体育发展模式；加强群众体育行为干预模式创新，不断提高群众体育参与的水平和质量；不断创新群众体育体制机制，增强群众体育各治理主体的微观活力，促进群众体育资源在不同系统、不同层次之间的有效整合。

四、坚持统筹兼顾是群众体育发展的根本方式

坚持统筹兼顾，就是要从全局出发，妥善处理涉及群众体育发展的各种关系，实现群众体育内外良性互动和协调发展；就是要从人民的体育需求和利益出发，正确反映和兼顾不同阶层、不同群体的体育利益，充分挖掘和利用各种体育资源，调动全社会的积极性、主动性和创造性，为推动群众体育发展凝聚共识、聚集强大力量。中华人民共和国成立以来，我国把群众体育作为社会主义事业的一个整体，以系统的方法统筹规划，以系列工程的方式全面推进（从

“三边工程”①到“六边工程”②)，注重统筹城乡、区域和人群发展，着力提高农村地区、中西部欠发达地区和社会弱势群体的体育服务水平，如支持中西部欠发达地区的“雪炭工程”，支持农村地区的“体育三下乡”“农民体育健身工程”等；统筹各方面力量，努力形成政府主导、部门协同、全社会共同参与的群众体育发展格局，把群众体育各项目标任务真正落到实处。新时代，面对人民日益增长的体育健身需求和群众体育发展不平衡、不充分的矛盾，必须进一步坚持统筹兼顾的根本方式，统筹区域、城乡和人群发展，加大对农村地区、中西部欠发达地区和社会弱势群体的支持力度；统筹群众体育事业与产业发展，一方面努力促进全民健身基本公共服务的均等化，满足群众的基本体育需求，保障群众的体育基本权利；另一方面推动健身休闲产业的发展，健全健身休闲市场体系，满足群众的多样化体育需求，为推进供给侧结构性改革提质增效；统筹国内、国际两个大局，大力推动群众体育的对外交流与合作，借鉴群众体育发展的国际经验，努力形成群众体育的中国理念、中国标准、中国方法、中国模式，使之成为世界大众体育发展的标杆。

五、坚持依法治体是群众体育发展的根本保障

依法治体是社会主义法治建设的重要组成部分，从 1978 年党的十一届三中全会提出，为了保障人民民主，必须加强社会主义法治，到 2014 年党的十八届四中全会审议通过《中共中央关于全面推进依法治国若干重大问题的决定》，我国社会主义法治建设取得了历史性的飞跃。在此背景下，我国高度重视法治对群众体育的保障作用，不断完善中国特色社会主义体育法律体系。《中华人民共和国宪法》第二十一条规定：“国家发展体育事业，开展群众性的体育活动，

① “三边工程”指的是在群众体育工作中，要着重抓好“三个环节”，构建群众性体育服务体系。“三个环节”主要是指建设好群众身边的健身场地，方便群众就地、就近参加体育活动；健全群众自己的体育活动组织，建立社会体育指导员队伍和社会化群众体育网络；举办经常性方便群众就近参与的体育活动。在全民健身工作中，我们通常把“三个环节”叫作“三边工程”，主要内容就是“建设群众身边的体育设施、开展群众身边的体育活动、建设群众身边的体育社会组织”。它是群众体育工作中亲民、便民、利民最形象和最直接的体现，是对群众体育工作的精辟总结和高度概括，抓住了群众体育工作中带有共性和普遍性的问题。

② “六边工程”是对“三边工程”的拓展，由 2017 年时任国家体育总局副局长赵勇提出，其主要内容为：健全群众身边的体育健身组织、建设群众身边的体育健身设施、丰富群众身边的体育健身活动、支持群众身边的体育健身赛事、加强群众身边的体育健身指导、弘扬群众身边的体育健身文化，这“六个身边”是群众体育的四梁八柱，是践行以人民为中心的发展思想的具体体现。

增强人民体质。”这明确了我国体育事业的性质，确立了群众体育在体育事业中的重要地位，是各级政府开展全民健身活动的重要法律依据。《中华人民共和国体育法》《全民健身条例》《学校体育工作条例》《公共文化体育设施条例》《中华人民共和国公共文化服务保障法》《全民健身计划纲要》等有关群众体育的法律、法规，从不同角度对群众体育事业发展做出了规定，在不同层次对群众体育工作提出了要求，互为补充，保障了群众体育事业的发展。各个时期《全民健身计划》的颁布，使我们明确了群众体育发展的阶段性目标任务、主要措施，为有计划、有步骤地推动全民健身事业发展提供了指南。各种配套立法和专项法规的制定，为我们针对不同区域、不同人群全民健身活动的开展以及促进群众体育的不同要素发展提供了依据。特别是党的十八届四中全会以来，围绕全面推进依法治国的战略部署，群众体育领域深入推进依法治体，完善群众体育法规法治建设，运用法治思维推进群众体育的改革和决策；对群众体育政策的贯彻落实，联合全国人大、国家发展改革委、财政部、教育部和国务院法制办，开展《全民健身条例》和《全民健身计划》贯彻落实情况检查调研；围绕中央专项巡视反馈意见的整改落实，专门印发了《体育总局关于加强和改进群众体育工作的意见》，努力推动群众体育事业改革创新，促进了群众体育持续、健康、快速发展，充分彰显了法治对促进群众体育发展的保障作用。新时代，面对广泛开展全民健身运动、加快推进体育强国建设的新任务，面对体育改革不断深入的新形势，应始终坚持依法治体，不断提升群众体育治理主体的法治观念，大力推进群众体育法律条例的完善，加大群众体育执法的力度及其监督，优化群众体育法治化的环境，使法治在群众体育发展中发挥引领、推动、规范、保障、制约作用。

群众体育发展的国际经验借鉴

第一节　美国群众体育发展的经验借鉴

美国是全球最早实施健康战略计划的国家，从 1980 年《健康公民 1990》（Healthy People 1990）计划发布到《健康公民 2020》（Healthy People 2020），已持续推行了 4 代，每代“健康公民”都重视体力活动与健康促进的联系，注重通过体力活动来建立良好的生活方式，把体力活动与健康促进作为国家健康战略的重要内容。在宏观的决策层注重“健康公民”、《国民体力活动计划》（National Physical Activity Plan）等战略规划的融合，在中观的管理层强调医疗卫生服务与体育健身服务的体医融合、计划实施的跨部门协同、运动健康指导服务平台的构建，在微观的操作层强调临床诊断和治疗中健身手段、方法与医疗手段、方法的融合，形成了独具特色的运动与健康促进服务模式，发挥了科学健身对全民健康的促进价值，其主要做法可为推进我国全民健身和全民健康深度融合工作提供借鉴。

一、全民健身计划与国家健康战略的融合

“健康公民”计划是美国一系列健康促进和疾病预防计划，是实现全民健康的重要政策文件。美国的国家健康战略主要通过不同时期的“健康公民”计划来体现。每一代“健康公民”计划都把运动与健康促进纳入其中，并放到了重要位置，注重通过体力活动实现健康促进和疾病预防，并对体力活动健康指导做出了明确规定。例如，《健康公民 1990》针对生活中体力活动缺乏现象，

首次把体力活动纳入健康生活方式，成为美国实施健康促进计划的起点[①]。《健康公民 2000》（Healthy People 2000）提出通过体力活动降低国民超重比例，对体力活动的实施强调多方合作，分担健康责任，减少社会不利因素造成的健康差异，让所有公民获得预防性的健康服务。《健康公民 2010》（Healthy People 2010）进一步明晰了运动促进健康的评价指标，强调个人健康与群体健康的不可分割性，首次把健康指标引入健康计划，并把体力活动作为十大健康指标的首要内容，旨在利用体力活动促进健康[②]。《健康公民 2020》把体力活动作为建立良好生活方式、实现健康促进的重要途径。在健康指标中，针对不同的人群，设置了与体力活动相关的多项量化指标，并将其应用于健康目标的测量与评估。为了更有效地执行体力活动目标，还制订了针对性的长期行动计划和短期行动计划[③]。另外，从美国颁布的一系列全民健身计划来看，也是以健康为导向，把提高体力活动水平作为预防和治疗疾病的重要举措。例如，2008 年，美国卫生与公共服务部出台的《美国体力活动指南》（Physical Activity Guidelines for Americans）是《国民体力活动计划》的重要组成部分，主要为人们日常体育活动锻炼提供指导，为各个年龄段公民和一些特殊人群的体育活动设计科学的标准。《美国体力活动指南》以“运动、健康和幸福”为主题，其宗旨是科学地引导人们利用适当的体力活动增进健康，这突破了以往只提供一般性的运动、卫生和膳食指导的策略，针对青少年、成年人、残疾人、孕妇及慢性病患者提出了更为专业和细化的个性化指导方案，为各类人群提供包括运动负荷、运动量、运动方式等在内的更为详尽的健康指导策略。2010 年，美国卫生与公共服务部颁布的《国民体力活动计划》主旨是把体力活动作为健康促进的重要内容，让所有的美国人动起来。《国民体力活动计划》根据运动负荷的不同，把体力活动分为基本体力活动和健康促进体力活动。将运动过程作为健康促进价值的体现，启动了“动起来”项目认为只要“动起来”，运动的价值就能体现。并且，把国民健康视为一个处于动态联系的系统，而非若干要素组成的机械体，注重不同健康要素之间的联系，强调《国民体力活动计划》与《健康公民》计划之

① U. S. Department of Health and Human Services. Promoting health preventing disease：objectives for the nation[R]. Washington D. C.：U. S. Government Printing Office，1980.

② U. S. Department of Health and Human Services. Healthy people 2000：national health promotion and disease prevention objectives and full report[R]. Washington D. C.：U.S.Government Printing Office，1990.

③ 徐士韦，肖焕禹，谭小勇. 体力活动：美国国家健康政策之要素：基于美国健康公民战略的考察[J]. 上海体育学院学报，2014，38（1）：25-30.

间的协同[①]。

二、医疗卫生服务与体育健身服务的体医融合

卫生和体育两大部门是实施健康服务的主体，通过卫生和体育部门协作，实现医疗卫生与运动健身相结合是打造体医融合健康促进的重要方式。美国作为体医融合健康促进的先行者，倡导以“运动”这一非医疗手段促进健康，发挥医疗卫生和体育系统的共同作用，提倡医务部门把运动处方作为健康诊疗的重要方式，凸显出以“运动促进健康”的服务宗旨[②]。以《国民体力活动计划》的实施为例，公共健康和医疗保健都把促进国民体力活动融入各自的领域，并有详细的推广策略。

（一）公共健康领域的策略

（1）建立和维系一支包含不同种族、文化和性别的公共健康团队，并保证团队人员在体力活动和健康方面有专业的知识和能力。加强体育活动调查，确定其在促进健康和预防与缓解慢性病方面的价值。州政府与地方公共健康机构提供与控制烟草和营养资源相匹配的各种资源；鼓励疾病预防与控制中心及国家的公共健康部门为州及地方的公共健康部门提供持续的资金，使公共健康领域的专家们能够主动地采取各种措施推动体育活动的发展。在各州的公共健康部门建立体育活动与健康促进的组织，与慢性病预防组织合作形成综合防治途径；组织雇用的员工应是体育活动和公共健康方面的专家；鼓励公共健康的专业团体宣传公共健康组织成员在公共健康领域的核心竞争力，增加体育活动与公共健康方面的专家人数；支持与增加对专业人员及其助手关于核心竞争力的培训机会（如体育活动与公共健康课程），确保各学科的培训。鼓励少数族裔和残疾人组织相关人员参加公共健康、医疗及相关学科专业培训；加强与体育活动有关的大学课程体系建设，将从业者的核心竞争力嵌入公共健康等学科课程（如医疗保健）；增加公共健康方面的硕士人数，提供体育活动及其推广方面的培训。增加公共健康领域的大学毕业生人数；鼓励疾病预防与控制中心和美国卫生部门支持公共健康硕士与博士培养，研究中心及其他机构继续开展关于体

① 彭国强，舒盛芳. 美国运动健康促进服务体系及其对健康中国的启示[J]. 体育与科学，2016，37（5）：116.

② 同①：112－120.

育活动和公共健康的医学教育、短期课程及远距离课程培训；鼓励少数族裔学生、有残疾的学生及体育活动不足且有特殊风险的学生参加体育活动。鼓励国家及州的公共健康组织与其他组织成立体育活动部门。

（2）建立和维持不同领域的合作，共同贯彻促进体力活动的有效策略。鼓励公共健康专业人士和其他合作者相互学习与教育，从而加强合作关系及提高成果的有效性；检验跨部门的合作关系是否成功，并借鉴和吸收其成功的主要经验；与代表残疾人士的组织及有不同程度健康问题的群体联系；与“非传统”合作者联系，从而增加干预与鼓励社会资本。为增加目标受众的人数，向各层级的公共健康机构提供可持续的资源，支持体育活动的从业者作为多部门合作的召集人，为合作者提供领导机制及策略；鼓励地方及州级的卫生部门和科研工作者的学术或私人合作关系，指导社区参与调查，以推进基于科学循环的运动与健康促进实践，并进行宣传和推广。

（3）加强政策宣传，提高体力活动在公共健康领域、政策制定和科学研究方面的优先地位。鼓励各层级的卫生健康部门积极协作，参与到政策的制定与宣传中，为不同的人群提供不同的政策信息；确定并吸引未得到充分服务的人群，为不同的群体、部门和不同背景的人设置目标政策；建立有时效性的长期及短期的宣传交流计划表；增加公共健康专业人士的宣传培训机会；与不同研究机构的宣传团队合作，强调关键的政策；鼓励提供资金的决策者研究政策发展，并且评估与体育活动相关的政策成果；建立交叉学科政策和宣传中心，支持公共健康机构的有关体育活动的宣传成果和政策发展；鼓励公共健康机构进行基于体育活动的信息宣传，特别是通过网络宣传；建立国家体育活动报告卡，记录追踪相关证据及美国缺乏运动导致残疾的人数下降方面所取得的进步；鼓励社区组织负责代表当地群众参与政策制定和活动的宣传；鼓励基层群众展示在公共健康等领域取得的成功（如控制烟草），为培训和参加体育人口活动推广提供奖励；为体育活动提供资金的机构提供宣传策略和合适的合作方案。

（4）宣传促进体力活动的有效工具和资源。创建适用于支持和推进体育活动从业者与调查人员工作的工具和资源；支持专业组织作为公共健康实践、工具和资源信息的智囊团和资料交换中心，包括基于证据的、有前景的体育活动干预实践；鼓励疾病预防与控制中心及专业团体推广现有工具和资源的使用，特别针对未得到充分服务的群体进行推广使用；推广疾病预防与控制中心、专业团体和学术研究机构的成果并提供培训，加强体育活动干预，提高基于证据的评估能力建设；为公共健康专业团体、公共健康机构、公共健康相关的学校

及学术组织提供资金，使其积极参与体育活动的调查，从而为政策制定者和从业人员提供能在社区推广体育活动的工具和资源，确保疾病预防与控制中心对社区预防服务中的体育活动干预进行定期更新；向专业团体以外的公共健康宣传推广体育活动和政策，利用社区资产为少数族裔、残疾人和其他未得到充分服务的群体建立体育活动推广方案。

（5）在社区范围内扩大基于体力活动水平的政策和环境因素的监控。增加体育活动从业人员、调查人员、社区组织和倡导者间的合作与交流；确定并推广一套措施，使得疾病预防与控制中心能够在不同人群中运用及追踪其在州级和国家层面取得的进步；鼓励疾病预防与控制中心和体育活动政策研究网络中心建立一套通用的框架用于评估政策和环境变化过程、成果及影响；推广疾病预防与控制中心和专业团体的成果，提高体育工作者对其所采取的干预措施的效果的监管能力；增加对疾病预防与控制中心、预防研究中心、体育活动政策研究网络中心和美国国家健康研究所的资金支持，组织体育活动政策发展及其影响的研究；定期对体育活动的增加及减少进行评估和报告（如国家报告卡）；提高并扩大体育活动参与的监督，包括久坐时间、轻微活动和健身活动等；加强对体育活动环境和政策决定因素的状态及其与资源使用的不一致性的监督；加强包含体育活动的系统评估、儿童及青少年的健康水平以及那些未得到充分服务的社区评估；加强地方政策与环境变化、州级和国家数据收集系统的联系；建立并扩大与地方相关的监管体系或其他体育活动数据收集体系；提高公共健康机构及其体系的能力，获取社区因为没有为社区人员提供体育活动机会所产生的健康问题数据，并且采取适当的措施在当地增加体育活动。

（二）医疗保健领域的策略

（1）高度重视体力活动对病人的影响，并保证医疗保健从业者与病人的接触和沟通。确保所有的医疗保健专业组织鼓励其工作人员评估病人的体育活动，并且讨论每一个人达到推荐活动量的各种方法；通过电子医学记录和电子健康记录等追踪病人的体育活动；建立一套有效的医疗保健数据信息体系来评估体育活动；鼓励医疗保健的专业人士为病人树立积极健康生活的榜样。

（2）把缺乏体力活动作为影响健康的重要因素并进行预防。采用疾病国际分类法和当代操作术语集为代码，为缺乏体育活动的人群建立诊断及治疗的付费体系；与医疗保障和医疗补助中心发展新的服务代码。确保为每一个病人提供足够、合适的体育活动服务。鼓励其他服务主体参与基于社区的体育活动项目和资源。

（3）通过医疗的方法来促进体力活动，并进行缺乏体力活动的行为干预。鼓励医疗保健体系及支付人将体育活动按优先顺序排列，并且发展推进体育活动的综合途径。以地区的成功项目为基础，确立体育活动的中心角色。评估体育活动的有效性，并促进其与保险公司合作的时间和项目。扩大在医疗保健领域中关于最佳体育活动实践评估调查，特别是针对缺乏体育活动的高风险人群的调查。建立一个包括不同项目和提供者的国家网络，将体育活动作为国家健康服务体系的重要组成部分。医疗保健从业者为病人提供广泛的、可利用的、低成本的、基于科学循证的体育认知和行为干预方案，包括高科技方法，如网络资源和微型电话的应用。在高风险亚健康人群中宣传当前促进体育活动的最佳实践指导，包括相关的一级、二级及三级预防方法。

（4）确保体力活动服务的公平性。为患慢性病的高风险人群以及缺乏运动的群体创造与普通病人群体同等的或是更好的体育活动参与环境；支持医疗保健组织提示相关群体关于参与体育活动的重要性，以及追踪其体力活动缺乏的状况。

（5）对所有医疗保健从业者进行体力活动相关教育。在评审准则、职业资格考试和专业人员的继续教育发展计划中加入体力活动教育相关内容，并使用《美国体力活动指南》的推荐内容；在体育活动推广不充分及未得到充分服务的人群中培养更多的指导员和教练员，从而加强该类人群体育活动的有效性；为供应商参加“积极生活”推广计划提供奖励。

（6）呼吁地方和机构协同促进体力活动。鼓励社会中医疗保健从业者不断努力，支持各层级的体育活动政策和项目；支持医疗保健从业者在其工作的社区及周边推广体育活动。

三、全民健身计划实施的跨部门协同

（一）与教育部门协同

（1）在学龄前儿童至二年级学生课程中，提高体育课程的综合性和质量。采取的策略主要包括以下方面：提倡增加联邦政府对重大项目的资金支持，包括最高的资助标准、综合体育活动项目及实验项目的展示以及对这些项目的有效评估；开展体育教育和体育活动，保障大量体育活动优先进行；广泛宣传成功的范例、实验项目和基于实践的研究案例；与国家协作，确定资源缺乏社区

的需求和优先资助项目；为科学研究及其他教育方面的策略提供充足的资金；要求体育教育工作者参与继续教育，提供高质量的体育教育和体育活动项目；为拥有较高水平的儿童体育活动教师提供继续深造的机会，为残疾儿童提供可参与的体育活动的信息；鼓励高水平的研究机构为未来的教师及学校人事工作者提供学术方面的培训活动。

（2）各州和地区的学校应严格要求体育教育课程的教学质量和体力活动的实施质量。提倡为学龄前儿童至二年级学生设置体育教育课程，强调培养与国家标准、课程时间、课堂规模相符的体育教师；各级政府制定相关标准，强调体育活动在体育教育中的重要性；加强联邦立法，如儿童健康相关法律；要求学校提供高质量的体育教育和体育活动项目；为各级政府相关部门提供资金，以确保学校拥有足够的资源（如设备、器材以及合格的培训人员），从而确保高质量的体育教育课程和体育活动的实施；为资源不足的学校提供足够的资金资助，与国家协作确定优先投入地区；制定并实施国家层面的政策，要求学校报告体育教育和体育活动中的质量问题；建立一套监测和报告系统，以确定体育教育和体育活动方面取得的成效以及对残疾儿童所采取的必要措施，要求学校每年都收集、监督和追踪与学生健康相关的数据，包括身体质量指数等。

（3）与其他部门建立合作关系，共同实现学校、社区青少年体力活动目标。采取的措施主要包括：与当地各部门建立合作关系，制定并发展地方政策，尤其是与体育活动设施使用相关的政策，如学校体育馆和社区休闲中心的充分利用；与国家协作，考虑社区与学校的体育教育和体育活动成果，确定优先发展地区；发展与各组织的合作关系，鼓励市民参与社区动员以及与可持续的社区体育活动相关的志愿服务。

（4）确保 0～5 岁学龄前儿童的体育活动参与。为相关儿童项目的提供者制定内容明确的体育活动政策；为学龄前儿童项目建立国家标准，要求提供安全和适当的体育活动项目；与社区的大学合作，将儿童保健和学龄前儿童培训项目作为体育活动培训的一部分；强调儿童体育活动项目要注重所有儿童发展的需要，包括残疾儿童、肥胖儿童以及患病风险较高和缺乏运动的儿童。

（5）为学生提供上学前和放学后的体力活动参与机会。为学生上下学提供安全的交通途径，为残疾学生参与体力活动提供住宿；鼓励州政府采纳课外体育活动标准；要求各州都有各自的体力活动内容，联邦政府资助课外活动，包括 21 世纪社区学习中心；与社区大学合作，将体力活动作为学龄前儿童和学龄儿童保健项目的一部分；地方、州和国家应提供交通补助并资助课外活动项目；为课外活动实验项目的改革提供资源；鼓励各州遵循国家的课外活动评价标准，将体育教育付诸实践，并且提出与这些标准相一致的州级许可要求。

（6）鼓励高职高专院校[①]为学生提供体力活动参与机会，包括体力活动课程、健身俱乐部和参与计划，并保证活动基础设施完善；提倡州和国家提供资金，保障高职高专院校拥有资源（如设施、器材、人员），从而提供高质量的体力活动项目；制定和实施地方政策，允许高职高专院校学生使用各类体育活动设施（如学校体育馆和社区休闲中心的体育活动设施）；鼓励美国教育部和高等教育认证委员会评审机构将工作重点放在缺乏体力活动的影响、体力活动资源和机会以及学生的健康行为方面。

（7）鼓励高职高专院校开设针对特定人群的体力活动促进课程并颁发专业证书；资助基于人群的体育活动推广实验项目及相关学科的发展，将基于人群的体育活动纳入考试。

（二）与工商业领域协同

（1）评选和宣传工作场所中体力活动最佳实践案例和榜样。建立工作场所的“最佳运动”指导方针，并且在工商业领域建立一个最佳体力活动实践模式；成立一个适用于工商业领域的、含有最佳实践案例和其他资源的公司；评选含有最佳实践案例的组织，最佳实践包括对体力活动认知上和行为上的干预；建设参与体力活动的配套设施（如淋浴设施）；鼓励上班族多参与体力活动（如在午休时间散步）；召集工商业领域的重要领导，使其在体力活动参与方面起到带头作用；采取措施，吸引大量低收入和少数族裔上班人员参与运动；提高体力活动的环境评估标准，改善工作场所的体育设施，帮助营造积极、健康的工作及运动环境。

（2）鼓励工商业领域与其他领域的合作，在工作场所内促进体力活动。在工商业领域确定一个领导组织，与其他领域相互作用；在工作场所乃至全社会范围内树立体力活动合作的典型，同时使相关合作信息得到宣传和利用；鼓励扩大产品市场和拓宽赞助商的渠道，以促进体力活动；认可和奖励体力活动促进典型行为与革新行为。

（3）对工商业领域的从业人员进行体力活动教育，将他们视为促进体力

① 这里的高职高专指向“Community College”（社区学院）或“Technical College”（技术学院）。

活动、造就健康生活方式的重要力量，同时考虑到其他人群的目标设定。为员工建造在工作场所能够开展体力活动的设施；制定并推进在工作场所促进体力活动和健康的议程，特别关注经济条件较差、受教育水平较低和未获得充分服务的人群；强调促进高患病风险员工的体力活动参与；与员工一起制定体力活动的实践方案，如活动时间、地点，并充分进行宣传。

（4）通过立法和制定政策，促进雇主赞助体力活动项目，保障员工参与体力活动的权利；为宣传活动确定资金来源；针对体力活动的实施制订一套计划，并就在工作场所进行体力运动的好处制定一套宣传议程。

（5）制订用于监控和评价工作场所体力活动促进情况的专门计划；采取简便的评估措施，用于评估工作场所的健康促进项目、实践情况和成果并了解员工健康情况。

（三）与大众传媒协同

（1）鼓励公共健康机构与其他领域合作，通过共享资源促进体力活动。在各个层级确立大众传媒参与和体力活动的主要任务，关注潜在的合作者和指导咨询者，并将大众传媒的参与作为体力活动计划的一部分；使各个机构和部门间的体育竞赛一体化，并共享资源；确定当地的社区组织和沟通渠道，共同合作，为未得到充分服务的社区提供服务。

（2）颁布联邦法律，以支持可持续的体力活动的宣传。根据大众传媒的参与及体力活动的主要任务，制定并实施一项为大众传媒社会市场竞争提供国家基金的计划（每 10 年 1 亿美元），从而促进体力活动的参与。

（3）创造促进体力活动的“品牌”，使各个层级不同领域的公共组织和私人组织参与到“大众传媒和体力活动的主要任务”中，并予以资金保障，建立随处可见的品牌标识并发布体力活动信息，使各个层级不同领域的实体充分获得相关信息。

（4）确保体力活动计划在州级及以下地区实施，与不同领域的利益相关者相联系。确保州级及以下地区的媒体努力推广的体力活动与国家发布的信息相一致，同时考虑到受众群体的相关情况，提供多样的角色和活动类型；发布利益相关者使用大众传媒的相关信息与品牌指南。

（5）策划体力活动参与方案，以社区为单位支持运动项目的开展，并争取政策的支持。将大众传媒的持续参与整合到体力活动的长期（5～10 年）计划中；确保资源创新并鼓励大众传媒不断努力；与社区合作，宣传大众传媒的努力成果。

（6）鼓励大众传媒从业者明确体力活动的重要性，并使其成为促进体力活动的主要力量。创立大众传媒体力活动资源中心；开发可持续的途径，鼓励大众传媒从业者参与体力活动，落实“国民体力活动计划”，并与“国民体力活动计划”合作者相协作，例如，鼓励大众传媒从业者参与每年由美国疾病预防与控制中心和南加利福尼亚大学疾病预防研究中心提供的体力活动与公共健康课程；鼓励媒体拓宽渠道，发展多样化的受众群体；鼓励电子信息发布者和娱乐项目中发布与运动、健康促进有关的信息。

（7）鼓励各个层级的公共健康机构及其他领域的利益相关者将体力活动与网络和新媒体干预联合起来。检测媒体干预手段，确定其中最有可能被群众接受和影响群众的手段，应用这些干预手段，并在实践中对其进行优化。

（8）扩大媒体范围，投入资金，使用新兴的技术以促进体力活动参与，如将全球定位系统、视频游戏和其他技术用于媒体干预。鼓励实施技术竞争，研究并开发能够促进和追踪体力活动的产品与应用程序；支持健康相关网络调查，并进行最具潜力产品的展示。

（四）与公园、休闲、健身和运动部门协同

（1）在人们工作、学习、生活和娱乐的地方（如工作场所、学校、社区和非营利性的休闲场所）完善体力活动基础设施，提供便捷、安全和价格低廉的体力活动参与机会。采取提高公园、休闲场所的健身和运动设施安全使用率的社区策略，尤其是在资源匮乏和高犯罪率地区；提高社区中公共和私人休闲设施的利用率，降低各种项目或设施的使用成本；延长公园、休闲、健身和运动场所的运营时间；建设新的公园与路径。在公园、休闲、健身和运动场所设置适合不同性别、文化、能力的项目，展示积极体力活动成果；根据普遍设置原则配备和更新设施，从而确保体力活动的安全性和设施的优化利用；为积极运动的家庭设立基金，提供有利于家庭运动的项目，同时对社区的需求做出回应；资助关于运动安全的研究（如预防运动损伤），特别是针对青少年运动安全的研究，包括先进的运动设施、运动技巧以及人体运动损伤的影响的研究等；资助运动员的体育参与研究；为城市公园和休闲设施项目的修复和发展提供专门的联邦资金；与国家公园服务机构建立合作关系，制定政策；与州和联邦的休闲机构发展合作关系，促进体力活动的参与。

（2）对已有公园、休闲、健身和运动场所的基础设施进行管理，加强政策

宣传和环境干预，促进体力活动的参与。鼓励高职高专院校学生针对体力活动、休闲科学、公共健康和城市规划进行交叉学科的学习；为体力活动和公共健康领域的健身指导员、私人健身教练员和其他专业人士颁发职业资格证书，并鼓励他们参加继续教育；为健身指导员建立专注于训练与个人健康工作的实践模式，包括针对小型企业员工、非营利组织工作人员等的可行的、低成本的健身行为干预；利用志愿者和教育实体提高公园、休闲、健身和运动相关部门的体力活动促进能力。

（3）利用现有的专业的、业余的体育场馆和大学的体育场馆及体育基础设施来增加社区居民参与体力活动的机会。培训运动员和体育管理工作者，传递除个人干预外的环境和政策干预信息；将体育赛事场馆作为传递信息的场所，同时为参与体力活动创造机会；将社会场馆作为促进体力活动参与的渠道；在社区中招募体力活动促进工作人员并培训国家运动管理协会人员，其中包括专业人士、大学生、业余运动员和专注于该类协会的年轻人，为缺乏运动和资源不足的群体提供体力活动参与机会。

（4）增加对公园、休闲、健身和运动场所及设施的资金与资源的投入，以满足一定的需求。与公园、休闲、健身和运动部门协同，鼓励其成员向美国“体力活动计划”的各个部门宣传政策、环境和实践情况；对现有的公园、休闲、健身和运动场所及设施的维护及修复优先安排资金，从而为人们参与体力活动提供机会；鼓励社区成员制定资金标准，确保相关项目和设施的运行；建立税收奖励制度，促进公园、休闲、健身和运动场所及设施的使用和发展；为各个层次公共的、非营利性的及私有的公园、休闲、健身和运动场所及设施设立专项资金；鼓励利用非传统资金维护和修建公园、休闲、健身和运动场所及设施，包括社区中公私共有的设施；提高进入公园、休闲、健身和运动场所及使用设施（公共的、私有的和非营利性的）的公平性；把增加和拓宽服务作为投资目标，吸引和鼓励人们采用非传统的途径革新文化相关产品。

（5）通过改变对体力活动的监控标准来评估公园、休闲、健身和运动场所及设施使用的有效性。为项目的有效性建立可靠的、多样的、便捷的评估标准；为公共的或私有的公园、休闲、健身和运动场所及设施创建资产清单并进行宣传；成立国家清算公司，公布各机构的有效项目和设施的数据；通过全国人口体力活动参与状况监督评估公园、休闲、健身和运动场所及设施的使用情况，并宣传成功案例。

（6）利用市场的功能来促进休闲设施使用的最大化，通过增加社会管理和交通辅助，最大限度地使用现有的公园、休闲、健身和运动场所及设施，为缺乏运动的人群（如患病人群和低收入人群）增加体力活动参与机会；与交通运输部门合作，监督和促进以休闲出行为目的的道路利用；在受最小的环境影响和较少对机动交通工具依赖的情况下，鼓励在闲暇时间进行体力活动（如散步）；开发“绿色体育馆”等项目和相关合作，利用环境管理工作（如社区园艺、生态修复）推广体力活动。

（五）与交通、土地使用和社区协同

（1）增强设计和选择过程中的责任感，确保支持美国“体力活动计划”的交通基础设施和其他交通设施。交通运输机构和相关组织采取促进体力活动和健康的绩效措施，包括对远足活动的系统措施，各类出行标准的报告与意外和受伤情况的数据记录，支持所有的学校每年都报告其学生的出行方式，包括步行、骑行和其他出行方式。在各项活动计划中整合利用健康影响评估报告，从而获得良好的活动设计；增强责任感，重视不平等与不统一的问题，特别是对于资源匮乏的社区和弱势群体。

（2）通过社区设计、基础设施工程、制度和政策促进步行、骑行出行方式和体力活动，并优先提供资源和奖励。组织联邦和州级的“办公室出行活动”，设立标准与目标，分配资金，监督结果，管理出行活动设计并进行政策项目的创新与研究；为社区活动设计并建立国家技术援助中心，支持并增加社区项目的奖励，从而建立安全、可行的出行活动网络中心，不仅包括人行通道、自行车道和临时停放处，还包括绿色通道、山径和多用途小路；为符合“完整街道”标准的支持性政策以及发展交通运输网络的工作计划提供奖励；为积极采用“安全道路”的行为提供奖励，如“安全的上学路径”“骑车去工作”以及其他出行活动；为居民区增加有益于远距离行走的地方公共设施，如学校、公园、邮局等；为预计有积极影响的出行活动提供奖励基金，如有益健康并有助于降低拥挤度、提高空气质量的出行活动；建立竞争补助或奖励机制，要求实施健康影响评估计划，或将其与现有的许可措施（如交通运输和环境评价）交叉实施；为偏远、偏小社区优先设立基金，从而使土地使用、交通出行、社区规划和经济发展计划一体化，促进体力活动的参与和居民健康。

（3）将土地使用、交通出行、社区规划和经济发展计划与公共健康计划结合起来，以促进体力活动参与。建立各项标准，指导社区一体化发展，包括土地使用、交通出行、社区规划（如公园、山径、绿色通道等）；确定各项能够使社

区优先安排和实施的资源，展示一体化的各种途径，打造各种资源综合使用的社区环境；从而为健康影响评估建立标准；为偏远、偏小社区设立各项标准，从而指导土地使用、交通出行、社区规划和经济发展计划一体化，并促进体力活动的参与和居民健康；积极制定“最佳运动”的标准并进行鉴定，主动宣传和采用“安全道路”，如“安全上学路径”“骑车去工作”以及其他积极的交通出行方式。

（4）加强人们与社区基础设施之间的连接，促进积极出行方式的采用。鼓励各地采取“完整街道”和“宜居社区”的策略，指导环境友好型社区和出行系统的计划、设计和发展，以保障使用者的安全；积极扩大“安全道路”计划，使得安全的步行和骑行路径能够通往不同的目的地，尤其是学校；支持联邦和州级教育、交通出行和健康机构出台学校区域的积极出行方式和其他体力活动的政策；加强交通安全，使人们随时随地（如在学校、公园和休闲区域）都能更积极地运动；增加公共交通方式；为加强个人安全和促进体力活动确定目标和方法（如通过环境设计预防犯罪）。

（六）与志愿者和非营利组织协同

（1）各个层级的政策决策者呼吁《国民体力活动计划》对机构的要求应更加明确。确定优先顺序，从而使多个组织能够用强有力的声音说话；公开与体力活动相关的财务状况；为各个层级的政策决策者提供体力活动参与信息和促进政策有效性的方法；鼓励政策决策者通过立法实行与《国民体力活动计划》目标一致的举措，包括提供培训机会并促进观念的变化；增加体力活动相关研究的资金；优先满足社区需求，尤其对于最急需社区（低收入、未得到充分服务、少数族裔及残疾人社区），应积极联系社区和当地政府，从而最大限度地实现社区服务与项目益处。

（2）与各个层级多领域的利益相关者联合，实现《国民体力活动计划》的目标。在志愿者和各非营利组织之间建立一个分享平台，签署合作承诺，如“体力活动的同一声音”；推广“采取同一策略”的方法，鼓励不同组织在《国民体力活动计划》的每个小领域的合作中起领导作用；分享不同领域的体力活动最佳实践方法；支持其他部门在《国民体力活动计划》中承担工作；鼓励相关组织作为所有群体的代表，包括低收入群体、未得到充分服务的群体、少数族裔群体以及残疾人群体。

（3）呼吁非营利组织成员、志愿者改变自身的行为，倡导政策和系统的优化。使用基于证据的健身行为干预方法以满足所有成员，包括残疾人群体的健身需要；使用社区移动技术，召集和鼓励所有社区成员、志愿者与工作人员；采用工商业领域推荐的工作场所策略；利用可利用的所有沟通渠道，包括出版社、网站、广播媒体和实时通信，促进健身行为的推广和宣传；利用巩固策略以促进特殊群体，如低收入群体、未得到充分服务的群体和残疾人群体等的体力活动。

四、构建运动促进健康指导服务平台

从 1980 年实施国家健康战略开始，经过多年的实践，美国构建了政府主导、协会组织和研究机构辅助、体育健身服务和医疗卫生服务联动的运动促进健康指导服务平台。运动促进健康指导服务平台由 5 个部分构成，每个部分都根据自身的职能特征提供一系列健康服务。一是美国卫生与公共服务部主导的指导服务平台。它是管理美国卫生医疗和体育事业的最高行政机构，主要负责各类体力活动标准和国民健康计划的制定，如《美国体力活动指南》（Physical Activity Guidelines for Americans）、《健康公民》（Healthy People）计划、《美国居民膳食指南》（Dietary Guidelines for Americans）等[①]。美国卫生与公共服务部是国民科学运动的直接推行者，通过体医融合的管理机制，以运动这一非医疗手段促进健康，发挥医疗卫生和体育运动的共同作用，凸显以“运动促进健康”的服务宗旨。二是美国国立卫生研究院主导的基于科学研究的指导服务平台。它主要提供医学科研成果。该平台拥有美国国家老年研究所［National Institute on Aging（NIA）］，美国国家心脏、肺和血液研究所［National Heart, Lung, and Blood Institute（NHLBI）］，美国国家肌肉骨骼及皮肤病研究所［National Institute of Arthritis and Musculoskeletal and Skin Diseases（NIAMS）］等 27 个研究机构，通过卫生与运动促进健康研究，探索运动对于疾病预防和治疗的作用。该平台还设立了专门研究基金，广泛用于探索体力活动对癌症的预防、确定降低疾病风险的最佳体能等；同时，该平台还出版专门宣传运动促进健康的书籍，如《运动与心脏》《运动与骨骼健康》等，发挥普及健康理念、指导国民科学运动的作用。三是美国运动医学学会（American College of Sports Medicine，ACSM）。它是倡导“运动是良医”的指导服务平台，主要用体育教育、运动科

---

① VUORI I M，LAVIE C J，BLAIR S N. Physical activity promotion in the health care system [J]. Mayo clinic proceedings，2013，88（12）：1446－1461.

学、医学领域的先进成果推动健康指导服务。美国运动医学学会由体育教育工作者、体质健康专家、临床医生及对运动科学感兴趣的人士组成。“运动是良医”是美国运动医学学会的核心理念，它倡导医生作为体力活动的推行主体，通过出版《运动是良医：公民行动指南》（Exercise is Medicine® Public Action Guide）、制定个性化运动处方、开发职业认证体系、与社会机构合作、开展基层医务人员运动损伤培训等方式提供健康指导服务。四是以美国国家健康统计中心（National Center for Health Statistics）为主导，提供体质健康信息的指导服务平台。它的健康数据来源包括：全国健康和营养检查调查，主要通过标准化体检和个人问卷，获取体力活动、营养膳食、疾病、性行为、生长发育等信息，跟踪国民的健康状况；美国国家卫生情报局，主要调查国民的体力活动、健康保险、吸烟、损伤与中毒等情况，定期发布体力活动调查报告。此外，美国国家健康统计中心还向医生提供运动处方的建议，人们也可以从美国国家健康统计中心查询国民听取体力活动建议的情况。五是以美国体力活动指南咨询委员会（Physical Activity Guidelines Advisory Committee，PAGAC）为主导，提供体力活动指导的服务平台。它一般由熟悉政府健康政策并在体力活动领域有较高学术造诣的专家组成。体力活动咨询包含健康促进与慢性病预防、肥胖控制、骨骼关节与肌肉机能、肌肉损伤、特殊人群体力活动等方面的专业知识①。通常，美国体力活动指南咨询委员会（Physical Activity Guidelines Advisory Committee，PAGAC）与美国疾病预防与控制中心（Centers for Disease Control and Prevention，CDC）共同完成全因死亡、功能健康、能量平衡、心肺健康等 9 项健康指标的检查。另外，美国体力活动指南咨询委员会通过广泛收集文献，建立“美国体力活动科学数据库”，为人们进行体力活动提供科学依据②。

各类平台不仅从不同领域发挥了多样性的健康指导服务功能，而且平台之间相互联系、相互影响，形成了强大的推动力，其根本目的在于建立集医疗卫生与运动健身于一体的多方联动的健康指导服务体系，为国民科学健身、预防疾病保驾护航。

五、建立体力活动生命体征系统

生命体征是用来判断病人病情轻重和危急程度的指征，通常包括呼吸、体

① BULWER B E. Sedentary lifestyles，physical activity，and cardiovascular disease：from research to practice[J]. Critical pathways in cardiology，2004，3（4）：184-193.

② 彭国强，舒盛芳. 美国运动健康促进服务体系及其对健康中国的启示[J]. 体育与科学，2016，37（5）：114.

温、脉搏和血压四大体征。而体力活动生命体征是指将体力活动情况纳入临床诊断，与四大体征共同用于判断病人病情轻重和危急程度的指征，常用于临床3～4分钟的问诊与建议过程中，是全民健身和全民健康在微观层次上融合的基础。美国《国民体力活动计划》非常重视体力活动生命体征的应用与推广①。相关研究表明，各种用于临床的体力活动生命体征对于降低心脏病、脑卒中等疾病的发病率与死亡率有较好疗效②。虽然临床上用于评价体力活动情况的工具逐渐多样化，但是筛选一种效度与信度较高的体力活动评价工具仍是卫生医疗系统急需解决的问题。格拉斯哥（Glasgow）等人推荐的体力活动快速评估是成年人体力活动测评工具，但在实际应用中存在较大的难度③，美国主要将生命体征用于临床体力活动诊断。体力活动生命体征由美国英特蒙顿医疗股份有限公司（Intermountain Medical Group）推出，与其他生命体征一样，作为正式指标记录在患者电子健康档案中，通过专门的电子软件计算出患者每周中等及以上强度体力活动的时间，并与《美国体力活动指南》中规定的成年人中等及以上强度体力活动时长相对照，诊断患者的体力活动情况。美国凯撒医疗集团（Kaiser International Health Group，Inc.）与美国英特蒙顿医疗股份有限公司已经在各自的患者电子健康档案中将运动生命体征与体力活动生命体征进行了整合。同时，美国《国民体力活动计划》将向所有医疗系统持续推广体力活动生命体征，作为医生与患者交流病情的必要程序，这也为体医融合提供了重要的工具④。

六、在临床三级诊疗系统中融入体力活动

传统理念上，医疗是指诊断与治疗疾病、减轻病痛。随着医疗工作者对病症致因认识的逐渐深入，他们开始在疾病自然史的早期实施干预，这些干预包括免疫接种、药理干预、行为疗法、潜在疾病筛查等，经常分为3个诊疗阶段，即初级预防阶段、二级预防阶段和三级预防阶段，而体力活动正是通过生命体

---

① KRAUS W E，BITTNER V，APPEL L，et al. The national physical activity plan：a call to action from the American Heart Association: a science advisory from the American Heart Association[J]. Circulation，2015，131（21）：1932－1940.

② MARUTHUR N M，WANG N Y，APPEL L J. Lifestyle interventions reduce coronary heart disease risk: results from the premier trial[J]. Circulation，2009，119（15）：2026－2031.

③ GLASGOW R E，ORY M G，KLESGES L M，et al. Practical and relevant self-report measures of patient health behaviors for primary care research[J]. Annals of family medicine，2005，3（1）：73－81.

④ 岳建军. 美国《国民体力活动计划》中体育与卫生医疗业融合发展研究[J]. 体育科学，2017，37（4）：29－38.

征融入这 3 个诊疗阶段的。在初级预防阶段主要是针对脊髓灰质炎、流行性感冒等对人们进行疫苗接种。在此阶段，医生会建议那些体力活动不足的儿童和青少年减少观看视频时间，增加体育运动的量与强度，并向其讲解参与体力活动的益处，如减少脂肪堆积、降低心血管病患病风险等。二级预防阶段是指在疾病与生命体征明显异常出现前期，即疾病最佳治疗期筛查出病症。在此阶段，医生会对这类人群重点强调多运动、控制体重等，并给出相应的运动处方。三级预防阶段是指在患病期，医生需要指导患者进行相关体育锻炼，达到运动康复的目的，如对于膝骨关节炎患者，医生先指导进行运动康复，尝试取代人工关节置换术。与初级预防阶段相比，三级预防阶段在提高患者体力活动参与水平方面能够取得更好的效果，而在二级预防阶段与三级预防阶段之间的“地带”是医疗服务促进体力活动的重要阶段（图 3–1）[①]。

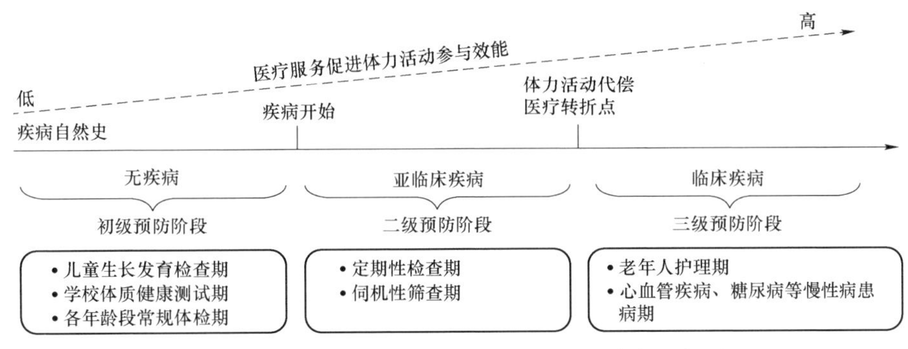

图 3–1　临床诊断护理与体力活动干预融合示意图

第二节　澳大利亚群众体育发展的经验借鉴

世界卫生组织于 2016 年 5 月公布的数据显示，澳大利亚人的平均寿命为 82.8 岁，居世界第 4 位。澳大利亚人长寿与政府的社区健康干预政策的制定和实施密不可分。澳大利亚推崇循证健康干预，即任何健康干预政策的制定和实施都讲求有证可循，澳大利亚的“运动促进国民健康”战略行动同样基于大量

① PATRICK K，PRATT M，SALLIS R E. The healthcare sector’s role in the U. S. national physical activity plan [J]. Journal of physical activity and health，2009，6（S2）：S211–219.

研究。20 世纪 90 年代中期至今是澳大利亚全民健身发展的黄金时期，澳大利亚政府出台了一系列政策来促进大众的体育参与，解决体力活动不足引起的慢性病和肥胖等问题。1996 年 9 月，澳大利亚体育部部长、国土部部长、地方政府相关部门部长和澳大利亚健康与家庭服务部部长共同启动了类似于我国《全民健身计划纲要》的《积极澳大利亚计划》。《积极澳大利亚计划》（Active Australia：a national Participation Framework）的愿景是所有澳大利亚人积极参与体育运动、社区休闲活动、户外休闲活动及其他体力活动。《积极澳大利亚计划》提出了三大目标：一是促进终身体育参与；二是实现体育参与对社会健康和经济利益的价值；三是兴建基础设施，为体育参与提供机会。2001 年，澳大利亚政府启动了《提高澳大利亚人的运动能力：一个更加活跃的澳大利亚》（Backing Australia's Sporting Ability：A more Active Australia）体育新政策，对学校、俱乐部、社团内的体育活动提供史无前例的支持。2009 年，澳大利亚心脏基金会（Heart Foundation of Australia）牵头颁布了《活跃澳大利亚蓝图（2010—2013）》（Key government and Community Actions Required to Increase population Levels of Physical Activity in Australia–2010 to 2013），这是提高澳大利亚人体力活动水平的核心计划，用于促进全社会的健康、环境的改善和经济的发展。分析这一时期澳大利亚的运动与健康促进手段和方法，可为我国全民健身和全民健康深度融合工作的推进提供借鉴。

一、政府重视部门协同

澳大利亚系列运动与健康促进政策的制定和实施是政府对运动与健康重视的具体体现。政府在运动与健康促进中的作用主要是“创设体力活动参与环境”。例如，《活跃澳大利亚蓝图（2010—2013）》对地方政府的作用做了明确规定，要求州和联邦政府对地方政府体力活动基础设施和计划提供支持，明确每一级政府应承担的责任。地方政府要实施健康城市规划政策，以促进体力活动的开展和积极生活环境的创建，澳大利亚地方政府在基础设施资助方面给予步行、骑行和休闲基础设施建设优先权。地方政府要以社区为基础，根据居民年龄制定体力活动发展计划，开发和改造公共空间，使其具备多种用途，提供林荫和优美的环境，确保地方政府基础设施建设的资金供给等。

在政府投入方面，提出要建立稳定和持续的筹资机制（大约每人每年 10 澳元），筹资主要通过财政资源来实现，如专门的税收收入、现有的税收比例的

调整、发行国家“活跃生活彩票”，重新调整关键政府部门的开支以支持体力活动，提倡政策决策者和财政部门围绕经济成本和效益，对体力活动的财政投入制定预防性战略。在部门合作方面，强调体育、卫生和教育部门的重要作用，特别强调卫生部门对运动与健康促进工作的深度参与。例如，澳大利亚历史上第一个全国体力活动干预项目——澳大利亚动起来，就是由澳大利亚运动委员会、卫生部、教育部共同参与的由全国体力活动促进专项工作组制定的项目。1999 年，澳大利亚卫生部牵头，与澳大利亚健康与社会福利事务部和澳大利亚运动委员会共同成立了体力活动与健康促进跨政府部门战略合作论坛，发布了《澳大利亚全民促进健康体力活动指南》（Physical Activity and Exercise Guidelines for All Australians），为全民促进健康体力活动提供了科学指导。在部门协作方面，澳大利亚政府成立了活力澳大利亚联盟，成员由多部门代表构成，包括澳大利亚运动委员会（Australian Sports Commission，ASC）、澳大利亚老年健康事务部（Department of Health and Aged Care，DHAC）、澳大利亚休闲运动委员会（Standing Committee on Recreation and Sport, SCORS）、澳大利亚体育联合会（Confederation of Australian Sport，CAS）、体力活动与健康促进跨政府部门战略合作论坛（The Strategic Inter-Governmental Forum on Physical Activity and Health，SIGPAH）、澳大利亚休闲体育产业协会（Australian Leisure Sports Industry Association，ALSIA）、澳大利亚心脏基金会（The National Heart Foundation of Australia）等，这些部门齐心协力为澳大利亚运动与健康促进工作的全面、协调、有序开展奠定了基础①。

二、增加交通性体力活动

很多澳大利亚居民都认为很难找到机会进行锻炼，而将体力活动融入每天的工作和生活是一个有效提高体力活动水平的途径。研究显示，生活在人行道健全、公共交通和生活设施都能通过步行到达的社区的居民，其体力活动水平显著高于去哪里都需要开车的居民；老年人、儿童及青少年的体力活动水平也能通过便捷的生活环境（如可以步行到休闲健身区域或步行上学等）得到保障和提高。因此，规划生活环境，使大众可以通过步行、骑车到达咖啡厅、便利店和休闲公共设施，从而显著地增加体力活动量，显得尤为重要。为达成上述

① 王晓波. 澳大利亚的群众体育政策及其启示[J]. 体育文化导刊，2014（5）：24－27.

目标，澳大利亚政府投入专项经费来改善公共交通设施，调整各项公共服务设施与社区居民的配比和距离，并修整人行道和自行车道，规定在该路段行车速度不能超过 30 公里/小时，保证步行和骑自行车的居民，尤其是老人、儿童及青少年的运动安全。另外，政府通过对公共交通服务进行补助、提高私家车停车费用等措施，鼓励居民少开车，多使用公共交通工具，从而提高社区居民体力活动水平①。

三、减少工作场所久坐行为

研究表明，在过去的 50 年中，由于电脑和自动化设备的广泛使用，澳大利亚上班族在工作环境中的体力活动水平显著下降。超过 1100 万澳大利亚人每天平均工作 8 小时，而他们在 2/3 的工作时间内处于久坐少动的状态，严重影响身体健康。澳大利亚本土和国际的研究都表明，提高在工作场所的体力活动水平，可以有效控制体重指数、改善生殖健康和缓解工作压力。因此，在工作场所促进体力活动策略的实施显得尤为重要。这些策略包括上班、下班和工作过程中的行为干预，比如公司为员工提供免费的自行车作为上班、下班和参加会议的代步工具，并为员工提供更衣和洗浴设施，用于骑车出汗后的清洁；为增加员工体力活动量，鼓励使用楼梯；等等。另外，澳大利亚相关部门还发布了体力活动指导手册，明确给出了不同年龄阶段人员每天允许的久坐时间，并提倡在没有办法避免坐姿工作时，尽可能多起身活动②。

四、基础医疗支持体力活动

澳大利亚的基础医疗体系包括家庭医生、物理治疗师以及运动生理学家等健康辅助人员。研究显示，82%的澳大利亚居民每年至少看一次家庭医生，加上物理治疗师等健康辅助人员，这些人员就成为能够向病人最广泛地宣传增加体力活动的群体。更重要的是，这些增加体力活动的宣传和鼓励是不用花费额外的费用的。因此，澳大利亚已将增加体力活动宣传作为慢性病患者管理的一个必要组成部分，并为健康辅助人员提供专业培训，使之具有风险评估和开具运动处方的能力。同时，建立健康辅助人员之间的互相推荐机制，家庭医生一

---

① EWING R，CERVERO R. Travel and the built environment[J]. Journal of the American Planning Association，2010，76（3）：265–294.

② PLOTNIKOFF R，HEALY G，MORGAN P，et al. Blueprint for an active Australia [M]. 2nd ed. Melbourne：National Heart Foundation of Australia，2014：20–25.

旦筛查出具有慢性病患病风险的人，则立即将其推荐给物理治疗师或运动生理学家进行评估和循证物理治疗干预，从而提高此人的体力活动水平和自我健康管理能力①。

五、增加休闲性体力活动

在澳大利亚，参与休闲性体力活动是提高国民体力活动水平的重要途径之一。《柳叶刀》医学杂志发表的研究表明，与没有参与运动的成年人相比，参与运动能降低成年人过早死亡率 20%～40%。2010 年进行的澳大利亚全国普查显示，2001—2010 年澳大利亚居民体力活动增加主要是由于参加非组织性体育活动与休闲性体力活动，参与比例从 11%提高至 38%，原因包括以下几方面。首先，加大对地方政府的投入，使之能够保持或提高对体育设施的投入。其次，培训各运动项目的教练员，用于指导居民的运动参与。再次，鼓励居民从小开始参与体育锻炼，并长时间保持。另外，政府不仅考虑适宜不同性别、年龄、文化背景群体参与的体育活动，有针对性地提高不同群体的运动参与，还提供健康保险等作为使用健身场馆的补助费用，并对多子女家庭或有经济负担的家庭实施费用减免政策。最后，对所有的运动组织与健身场馆进行预防运动损伤的检查与教育，以降低运动损伤发生率并避免运动损伤导致的运动参与中断或终止②。

六、重视运动参与的公平性

澳大利亚政府针对特殊人群，如老年人、儿童和青少年、经济困难和偏远地区居民，特别出台了一系列政策，以确保运动参与的公平性，从而全面提高全民体力活动水平。

在老年人运动参与方面，截至 2012 年，澳大利亚 65 岁及以上人口数量占总人口（2 270 万）的 14%。研究显示，提高体力活动水平是老年人能够维持身心健康和生命质量的最重要的手段。接下来的几十年，澳大利亚老年人数量还会持续增加，老年人体力活动的增加有助于减少由于衰老不能自理而产生的看护费用，这显得尤为重要。同时，澳大利亚政府考虑到老年人的经济承受能

---

① MILTON K，SMITH B，BULL F. Blueprint for an active Australia[M]. 2nd ed. Melbourne：National Heart Foundation of Australia，2014：26－31.

② SALMON J，FOREMAN R，EIME R，et al. Blueprint for an active Australia[M]. 2nd ed. Melbourne：National Heart Foundation of Australia，2014：44－49.

力，投入大量资金提供老年人在社区内便可参与的团体运动疗法课程，以提高老年人的体力活动水平，同时改善生活环境（如修建草坪、搭建遮阳棚等），为老年人的社区体育活动提供便利条件[①]。

在儿童和青少年运动参与方面，大量研究已经表明，运动参与对儿童和青少年身心健康与学习成绩有积极作用。然而，调查显示，在澳大利亚5～17岁儿童和青少年中，只有30%的人体力活动达到推荐水平。为提高儿童和青少年体力活动水平，澳大利亚政府在学校教育中强制实行每周120～180分钟高质量体育课，使学生掌握基本的运动技能并培养他们的运动兴趣。同时，增加对地方政府的投入，为儿童和青少年的体力活动搭建平台，提供运动设施；与地方的运动场馆联系，组织课外体育兴趣班。更重要的是，对家长进行关于体力活动益处的宣传，定期电话随访，督促儿童和青少年在家尽可能增加体力活动。

对经济困难和偏远地区的居民，澳大利亚政府也进行了深入调查和研究，发现收入越低的群体，体力活动水平越低，且偏远地区居民的体力活动水平远远低于城市居民。为保证运动参与的公平性，澳大利亚政府推行了一系列政策，帮助经济困难和偏远地区居民有效增加体力活动。一是加大对当地政府的资金投入力度，增加体育设施建设。二是进行公共交通网络的建设，使当地居民能够通过步行、骑自行车和免费公交系统方便地使用公共体育设施。三是对经济困难家庭实行免费使用健身场馆等政策。四是在学校中设立“周三行走骑车日”，使所有学生，不论贫富和地区差异，都有机会参与到运动中来[②]。

七、媒体积极参与体力活动推广

《柳叶刀》等权威杂志上发表的研究结果显示，大众媒体在宣传、提醒、激励和支持社区居民提高体力活动水平方面具有重要作用。一项分析指出，大众媒体能够显著提高居民进行中高强度行走的比例。大众媒体涵盖范围很广，既包括传统的电视、广播、报纸等媒介，又包括现代社交网络媒体和数字媒体，且不同媒体的受众也不同。澳大利亚政府通过多种大众媒体，对不同年龄、不同种族、不同生活习惯的居民进行提高体力活动水平的宣传教育。不同媒体也通过各种形式的活动来增强民众对提高体力活动水平的意识，如电视媒体推出

① BROWN WJ，VAN UFFELEN JGZ. Blueprint for an active Australia[M]. 2nd ed. Melbourne：National Heart Foundation of Australia，2014：66－71.

② MACNIVEN R，WADE V，CANUTO K，et al. Blueprint for an active Australia[M]. 2nd ed. Melbourne：National Heart Foundation of Australia，2014：56－59.

"无电视日"，数字媒体推出"关电脑日"等特别活动。另外，澳大利亚政府还设立了专项基金，用于建设关于提高体力活动水平的热线，邀请运动促进健康专家为居民解答如何提高体力活动水平等问题。

八、通过研究监控评价实施效果

澳大利亚政府对各种干预效果专门设立了评价机制，从而确保干预是多方位、多层面、迅速且有效的。由于很多运动促进健康干预所产生的效果并不是单一的，而是交互的，除对干预产生的生理、心理效果进行监测外，研究监控还应从经济发展、社会进步等多个维度对实施效果进行评价。澳大利亚政府对研究监控设立了以下机制：第一，研究机构要定期向政策制定部门汇报监控结果，以确保政策正常实施。第二，所使用的研究方法和研究指标应具有可靠性和有效性。第三，评价一定要涵盖多个健康维度，如体力活动、心理健康、膳食摄入等。第四，要对特定政策指标进行专项评价，如环境与交通规划、休闲体育运动参与等。第五，在可行的情况下，应尽量使用自然科学实验方法研究，确保发现定量评价干预前后的指标变化。在证据不足的情况下，应设计及实施计量效应研究。

全民健身公共服务体系

第一节　全民健身公共服务的概念

“概念是反映事物的特有属性（固有属性或本质属性）的思维形态”，是科学研究的基础和起点[①]。要阐释全民健身公共服务首先应界定全民健身公共服务的概念。术语学把定义分为内涵定义、外延定义和内涵与外延相结合的定义[②]。列举出被定义概念的本质特征，有助于利用这些本质特征把其与其他同系列、同一层面的概念区别开来。因此，一定要精选有区别意义的本质特征，即抓住其内涵。内涵定义采用“种差”+“邻近属”的规则。外延定义就是列举同一抽象层面的全部种名，有时列举出全部个体对象，外延定义比内涵定义容易理解，但是有时不是特别确切；需要特别指出的是，在外延不确定的时候不宜采用外延定义。内涵与外延相结合的定义，既可以揭示事物的内在特征，又便于人们理解。

由于全民健身公共服务所包括的外延非常丰富且会随着时间、制度、环境等的变化而变化，因此本书采用内涵定义来界定全民健身公共服务的概念，即运用“种差”+“邻近属”的规则。从内涵上看，全民健身公共服务与公共文化服务、公共交通服务、公共卫生服务、公共教育服务属于同一抽象层面。2016年12月，第十二届全国人民代表大会常务委员会第二十五次会议通过《中华人民共和国公共文化服务保障法》，该法将公共文化服务定义为由政府主导、社会力量参与，以满足公民基本文化需求为主要目的而提供的公共文化设施、文化

---

① 陈斌，韩会君. 公共体育服务概念的科学认识：基于术语学的视阈[J]. 广州体育学院学报，2015，35（2）：10.

② 洪生伟，钱高娣. 企业标准编写指南[M]. 北京：中国计量出版社，1993：77.

产品、文化活动以及其他相关服务。依据上述定义，我们认为全民健身公共服务与公共文化服务、公共交通服务、公共卫生服务和公共教育服务的种差是满足公民健身需求。从邻近属上看，全民健身公共服务、公共文化服务、公共交通服务、公共卫生服务等共同组成公共服务。因此，全民健身公共服务的邻近属是公共服务。根据“种差”+“邻近属”的概念界定规则，本书将全民健身公共服务界定为为满足公民健身需求而生产的体育产品和服务的总称。

第二节 全民健身公共服务体系的构成

体系是由诸多相互联系的要素构成的集合体。构建全民健身公共服务体系是一个复杂的系统工程。全民健身公共服务体系是一个整合社会资源，统筹、组织、协调、配置体育资源，向全体公民提供基本的体育服务和产品，以满足全体公民体育健身需求为目的的系统。全民健身公共服务体系是由治理运行体系、服务供给体系、服务内容体系、资源配置体系和服务对象体系等共同组成的复杂系统（图 4–1）。

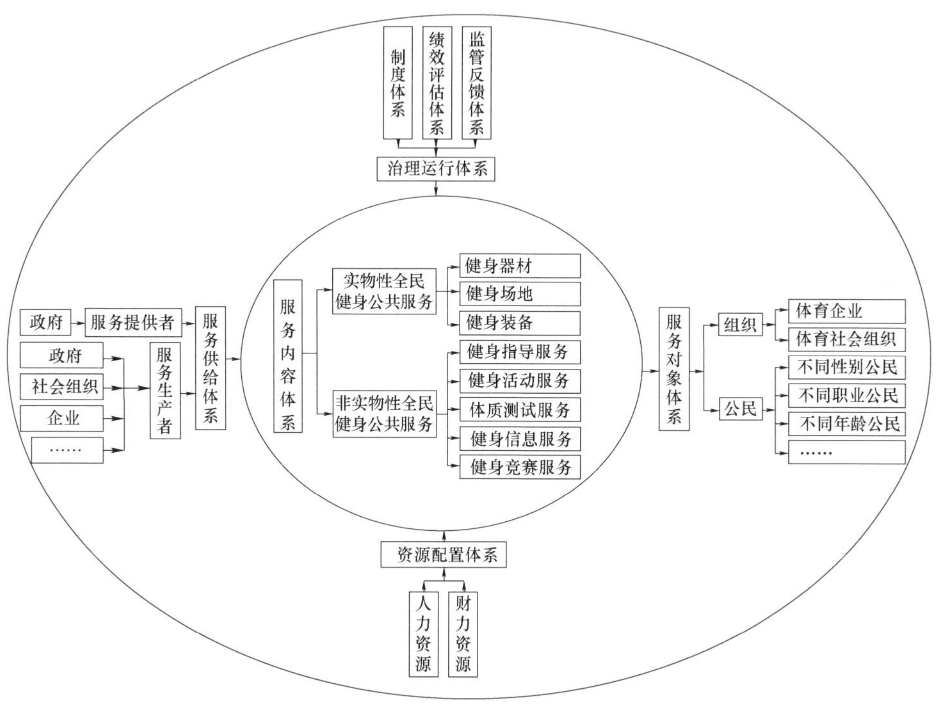

图 4–1 全民健身公共服务体系

在整个体系中，服务内容体系是核心，治理运行体系、服务供给体系、资源配置体系、服务对象体系围绕服务内容体系进行运转，输出能满足服务对象需求的体育公共服务和产品。

一、治理运行体系

治理运行体系是全民健身公共服务体系正常、有序、持续运行的基本保障，由制度体系、绩效评估体系和监管反馈体系三个要素构成。

第一，制度体系。“制度是社会的游戏规则，更规范地讲，它们是为人们的相互关系而人为设定的一些制约”①，包括正式制度、非正式制度以及这些制度的运行机制。全民健身公共服务制度具有事前引导和事后惩罚作用，确保全民健身公共服务有法可依、有法必依、执法必严、违法必究，是全民健身工作顺利推进的根本保障。全民健身公共服务制度规定了什么可以做，什么不可以做。各级政府和主管部门及个人的任何行为都不能与制度相抵触，否则就会受到相应的惩罚。全民健身公共服务制度建设越完善，全民健身工作推进过程中的违规事件就越少，全民健身的目标就能更好地达成。通过制定制度，明确各级政府及其部门、企事业单位、社会组织以及个人的权利义务，保障全民健身工作健康、有序地推进，将有利于加强对政府、组织及个人的监督，并依法对违反全民健身公共服务制度的不利于全民健身工作推进的行为进行惩处。

第二，绩效评估体系。绩效评估是全民健身公共服务体系的重要环节，是全民健身组织机构内部控制和监管的重要工具，有利于减少全民健身参与主体的机会主义行为，是实现全民健身目的的重要举措。构建全民健身公共服务绩效评估体系是全民健身绩效评价的基础。全民健身公共服务绩效评估体系包括绩效评估的理念、指标体系、评估方式、组织体系和制度体系。全民健身公共服务绩效评估应将公民的满意度作为评估理念。

绩效评估体系是全民健身公共服务体系的表现形式，主要包括经济绩效、社会绩效和政治绩效等。评估方式包括政府评估和社会评估。其中，政府评估主要通过制定全民健身公共服务标准评估各级政府部门提供的全民健身公共服务的质量。社会评估就是由接受全民健身公共服务的体育社会组织、体育企业和社会公众对服务质量进行的评价。组织体系包括实施的机构、体制和主体的

---

① 诺思. 经济史中的结构与变迁[M]. 陈郁，罗华平，等译. 北京：生活·读书·新知三联书店，1994：225–226.

确定。制度体系包括统计制度、人力资源制度、财务制度和公开制度。评估中要把引入公众的意见作为绩效评估体系的重点，引导公众广泛而深入地参与全民健身的各个领域。需要特别指出的是，全民健身公共服务绩效评估体系的构建应当凸显评估重心，让参与主体将注意力聚焦到重要的事项上来，推动绩效评估体系引导作用的充分发挥。

第三，监管反馈体系。经济学理论认为，政府、社会组织和企业均是“理性经济人”，都会追求自身利益最大化，因此必须加强对供给全民健身公共服务的政府、社会组织和企业的监管。全民健身公共服务监管反馈体系包括完善的监管制度、监管内容及标准、监管机制、监管主体、监管方式、监管途径、反馈渠道等。其中，监管内容包括提供服务的数量及质量、生产服务效率、生产服务的成本、社会满意度、管理制度、实施程序等。监管主体包括政府、社会组织、行业协会、专业监管机构和公民等。监管方式包括政府监管、法律监管、公民监管、媒体监管、行业监管和主体自律等。监管途径包括汇报、信息报告、审计、投诉、检查、评估等。

二、服务供给体系

全民健身公共服务供给模式包括政府垄断直接供给模式、多元主体联合供给模式和志愿供给模式。根据新公共管理运动关于政府职能的理论，公共服务的“生产”可以从政府职能中分离出来，并交由社会组织和私人部门生产。E.S.萨瓦斯（E.S.Savas）认为，“服务生产者直接组织生产，或直接向消费者提供服务”，而“服务安排者”（也称服务提供者）指派生产者给消费者，或指派消费者给生产者，或选择服务的生产者。因此，应提倡公共服务生产主体的多元化。由此可见，全民健身公共服务的生产和提供可以分离，形成全民健身公共服务的生产者和提供者。全民健身公共服务具有公共物品、自然垄断和外部性的特征。从经济学的观点来看，市场在资源配置和调节生产与消费方面具有决定性的作用，但市场在面对全民健身公共服务时，常常表现出效率低下，导致“公地悲剧”。政府具有集体决策的优势，能解决全民健身公共服务供给中协调集体行动的问题，因而政府应该承担起提供全民健身公共服务的责任。社会契约论、人民主权论等理论认为公民才是权利的主体，政府的行政权力是公民委托的，政府必须保护公民的公共权益不受损害，政府必须“为人民服务”。从这个角度来说，政府也应该保障公民的健身权益。综上所述，为公民提供全民健身公共服务是政府不可推卸的责任，政府是全民健身公共服务的提供者。

全民健身公共服务生产和提供的分离，使社会力量参与全民健身公共服务的生产成为可能，因而出现全民健身公共服务生产者的多元化趋势。正如图 4-1 所示，全民健身公共服务的生产者可以是政府，也可以是社会组织、企业、第三部门，甚至是志愿者或个人。

伴随全民健身公共服务生产主体的多元化，全民健身公共服务的供给模式由政府垄断直接供给模式向多元主体联合供给模式转变，主要包括政府直接供给、合同承包、补助、凭单制、特许经营等。

三、服务内容体系

从内容上看，服务内容体系包括实物性全民健身公共服务和非实物性全民健身公共服务。实物性全民健身公共服务是前提和基础；非实物性全民健身公共服务是根本和核心，直接关系到公民对体育权利的感知质量和满意度。实物性全民健身公共服务主要指健身器材、健身场地和健身装备。全民健身公共服务的实物包括公共体育场馆、机关及学校和企事业单位的体育场地设施、全民健身路径、全民健身中心、公园配套健身休闲场地设施和商业性健身馆等。非实物性全民健身公共服务包括健身信息服务、健身指导服务、健身活动服务等，这是全民健身公共服务的根本和核心，也是全民健身工作顺利推进的关键。

四、资源配置体系

资源配置体系包括人力资源和财力资源两个子系统。在全民健身公共服务体系中，人是第一要素，是组织活动中最积极、最活跃的要素，所以人力资源是资源配置体系中最重要的因素。人力资源主要指在全民健身公共服务供给组织中从业的人员，包括行政管理人员、社会体育指导员、志愿者、专家学者以及全民健身场地建设者、设施研发者和健身竞赛及活动组织者等。他们是全民健身公共服务的直接生产者，他们的专业知识、素养、技能对全民健身公共服务质量、效率具有重要影响。全民健身公共服务的提供不仅需要足够的资金，还需要加强对资金的管理。因此，全民健身公共服务的财力资源体系包括足够的资金和科学、合理的资金管理。当前我国全民健身公共服务体系的资金来源主要包括财政拨款和体育彩票公益金、投融资、贴息贷款、社会捐赠、企业赞助、个人赞助、基金、服务收费等。科学、合理、有效的资金管理能确保节约、有效地使用经费，是提高全民健身公共服务质量和效率的有力抓手。

五、服务对象体系

全民健身公共服务的对象是全社会，包括体育社会组织、体育企业和全体社会成员。全民健身公共服务的终极目标是保障公民享有健身的基本权利，最大限度地满足公民的健身需求。由于地域、年龄、性别、兴趣、职业等的差异，公民的体育需求也呈现出多元化、层次化特征。因此，供给主体应当充分甄别公民健身需求，力求满足全体公民参与健身的基本需求。从治理理论的视角来看，体育社会组织、体育企业是提供全民健身公共服务的重要力量，健身场地的建设、健身活动的组织、健身竞赛的举办、健身指导的实施、健身信息的传播等离不开体育社会组织和体育企业的参与。因此，体育社会组织和体育企业提供良好的服务也是全民健身公共服务的重要内容。

第三节 我国全民健身公共服务体系的现状

一、公共体育经费投入

从财政投入方面来看，2008—2016 年我国投入群众体育的经费合计 2 666 146.65 万元。从财政投入群众体育的经费增长来看，由于 2008 年为奥运年，国家对体育事业加大了经费投入，因此以 2009 年的财政投入群众体育 211 944.4 万元为基数，2016 年财政投入群众体育 290 672.28 万元，增长了 37.15%。从体育彩票公益金的投入来看，2008—2016 年体育彩票公益金共投入群众体育 3 450 055.13 万元，其中，2008 年投入 213 877.5 万元，2016 年投入 532 439.63 万元，增长了 148.95%，年均增长 15.4%[①]。

二、公共体育场地设施

公共体育场地设施以城乡基层、西部“老少边穷”地区和中部贫困地区为重点，以方便群众就近健身为原则，以形成布局合理、互为补充、覆盖面广、普惠性强的网络化格局为目标，加强公共体育设施规划制定与实施管理，继续实施“农民体育健身工程”“雪炭工程”“全民健身路径工程”，支持建设全民健

① 国家体育总局经济司. 体育事业统计年鉴（2017）[DS]. 北京：国家体育总局，2017：281.

身活动中心、全民健身户外活动基地和社区多功能全民健身设施，命名资助、示范引导、规范性管理推动，提高现有健身场所利用率。公共体育场地设施建设成效显著，表现为以下三个方面。

第一，全民健身场地设施的建设管理上升到国家规划层面，体育基本公共服务建设工程被纳入国务院《国家基本公共服务体系“十二五”规划》，国家发展改革委、国家体育总局联合下发了《“十二五”公共体育设施建设规划》《“十三五”公共体育普及工程实施方案》，成为继《“十一五”农民体育健身工程建设规划》后，国家层面关于全民健身场地设施方面的专项规划。

第二，公共体育场地设施在各个方面更为完善。在体育场地数量方面，截至2008年底，我国共有体育场地76.338 2万个；截至2016年底，我国体育场地已超过195.7万个，与2008年相比增长了1.56倍。在体育场地面积方面，截至2010年底，我国人均体育场地面积为1.083m^2；截至2016年底，人均体育场地面积达到1.63m^2，与2010年相比增长了50.5%；全国各市、县、街道（乡镇）、社区（行政村）已经普遍建有体育场地，配有体育健身设施。2008—2012年，政府命名群众体育场地125 395个，场地面积126 943 039.3m^2，投入经费17 702 065.5万元；命名全民健身中心31 151个，场地面积35 505 709.4m^2，投入经费4 217 402.8万元；命名体育公园33 970个，场地面积37 284 202.2m^2，投入经费2 452 932万元；命名其他群众活动场地20 998个，场地面积16 011 102.3m^2，投入经费1 118 109.6万元；援建体育场地1 183 921个，场地面积294 506 783.8 m^2，投入经费10 300 872万元，其中全民健身路径267 193条，篮球场355 997个，乒乓球台366 532个，小篮板153 563个，其他场地40 636个。

2013—2016年，我国共投资11 175 485.54万元，建设健身场地581 547个，健身器械1 508 593件，场地面积366 111 644m^2。其中，村级农民体育健身工程290 543个，场地面积156 745 271.44m^2，投资1 280 641.33万元；乡镇体育健身工程23 461个，场地面积31 036 900.3m^2，投资692 471.2万元；全民健身路径工程185 543个，场地面积45 126 856.58m^2，投资2 175 889.55万元；大中型全民健身活动中心972个，场地面积9 267 699.79m^2，投资2 205 894.01万元；小型全民健身活动中心2 614个，场地面积2 939 773.18m^2，投资347 056.27万元。在户外健身场地设施方面，修建体育公园2 484个，场地面积53 283 559.01m^2，投资1 426 581.06万元；全民健身广场9 832个，场地面积20 515 624.46m^2，投资1 124 154.55万元；户外体育营地555个，场地面积21 858 248.07m^2，投资249 768.89万元；社区运动场地12 589个，场地面积11 643 568.24m^2，

投资 234 261.48 万元；健身步道 8 518 条，场地长度 16 220 350.72 m，投资 428 789.81 万元[①]。

第三，在体育场地设施利用方面，实施体育场馆分时段免费或低收费向公众开放，体现公共服务属性。落实《教育部 国家体育总局关于推进学校体育场馆向社会开放的实施意见》，推广浙江省杭州市等地学校体育场馆对外开放典型经验，带动具备条件的学校积极开放，使开放水平和使用效率得到普遍提高，涌现了一批学校体育场馆对外开放的典型，如浙江省杭州市市政府通过政策设计、制度规范、职能带动，建立长效机制，推动工作落实。2014 年 9 月至 2017 年 9 月，全市共有 570 所符合开放条件的学校全部向社会开放，全市登记开通入校健身的人数达 569 098 人，入校健身 2 493 078 人次，这一举措受到了市民的欢迎和好评。大型体育场馆改革试点湖北省通过政府购买公共服务和体育公共服务平台，将改革工作向全省各种类型场馆全面推开。2015 年受补助的 63 个大型体育场馆全年接待群众健身 986.4 万人次(其中,免费接待 535.7 万人次，低收费开放接待 101 万人次)，较 2013 年增长 48.72%；体育技能培训 40 万人次（其中，免费培训 19.7 万人次）；免费运动健身指导 49.4 万人次，免费体质测定 15.6 万人次。全年收入合计 2.64 亿元，较 2013 年增长 28.8%。

三、全民健身组织网络

第一，改革创新，培育发展群众体育组织的体制、机制，制定体育社会组织改革相关政策，大力引导、培育、扶持体育社团、体育民办非企业单位、体育基金会等体育社会组织的发展。以全国性体育社会组织改革为试点，推动各级各类体育社会组织改革，促进体育社会组织自身建设，提高综合服务能力，强化协会承担和组织开展群众性竞赛和活动的功能。截至 2016 年，全国共有体育社会组织 47 280 个，其中体育社团 35 876 个、体育基金会 335 个、体育民办非企业单位 11 069 个；从层级分布来看，国家级 96 个、省级 2 394 个、地市级 14 875 个、区县级 29 915 个；与 2013 年比较，体育社会组织总数增加 9 031 个，其中体育社团增长了 17.31%，体育基金会增长了 38.43%，体育民办非企业单位增长了 49.1%，省级、地市级和区县级体育社会组织总数分别增长了 19.6%、34.85%、19.76%。截至 2012 年，全国有综合运动项目组织 6 523 个，其中省级 119 个、地市级 1 939 个、区县级 4 465 个；单项运动项目组织 28 203

① 国家体育总局经济司. 体育事业统计年鉴（2017）[DS]. 北京：国家体育总局，2017：247.

个，其中省级 1 142 个、地市级 8 289 个、区县级 18 772 个。

第二，积极发展城乡基层体育组织，引导健身站点、社区体育俱乐部规范、健康、有序地发展。截至 2012 年，我国街道、乡镇合计 53 670 个，有群众体育机构 39 462 个，总体覆盖率达 73.5%，其中街道有群众体育机构 13 168 个，覆盖率达 77.5%；乡镇有群众体育机构 26 294，覆盖率达 71.7%；有专职人员 17 285 人，其中街道 6 964 人，平均每个机构 0.53 人；乡镇 10 321 人，平均每个机构 0.39 人；有兼职人员 63 016 人，其中街道 26 502 人，平均每个机构 2.01 人；乡镇 36 514 人，平均每个机构 1.39 人。与 2008 年相比，群众体育机构覆盖率增长 19.1%；平均每个机构拥有兼职人员数量增长 11.9%。有体育俱乐部 21 818 个，其中国家级 1 400 个、省级 2 921 个、地市级 4 604 个、区县级 12 893 个；俱乐部有教练员 47 427 人，平均每个俱乐部有教练员 2.17 人，会员 6 491 097 人，平均每个俱乐部拥有会员 297.51 人；年办培训班 37 522 次，培训人次 2 477 165 人；年组织活动 90 367 次，参加人数 11 240 811 人。截至 2011 年，我国有晨晚练点 262 291 个，其中街道 126 380 个、乡镇 135 911 个；站点配置社会体育指导员 485 441 人，平均每个站点 1.85 人，其中街道站点配置 282 532 人，平均每个站点 2.24 人，乡镇站点配置 202 909 人，平均每个站点 1.49 人；站点每天相对稳定活动人数 18 016 929 人，其中街道站点 9 355 645 人，乡镇站点 8 661 284 人。

第三，青少年体育组织数量增长迅速。截至 2016 年，我国有青少年体育俱乐部 8010 个，其中国家级 4 151 个、省级 2 749 个、地市级 1 110 个；相较 2008 年的 2 242 个，增长 2.57 倍。有青少年校外体育活动中心 489 个，其中国家级 35 个、省级 144 个、地市级 310 个。有青少年户外活动营地 354 个，其中国家级 150 个、省级 172 个、地市级 32 个[①]。

四、全民健身活动竞赛

围绕丰富群众身边的体育健身活动和支持办好群众身边的体育健身赛事打造品牌，推动全民健身活动经常化和深入化开展。

一是利用重大事件组织全民健身系列活动。中华全国体育总会每年组织纪念毛泽东同志“发展体育运动，增强人民体质”题词周年全民健身系列活动，各地体育总会也在各自范围内联动开展形式多样的全民健身活动，在活动期间大力倡导各级各类公共体育场馆设施免费或优惠向广大群众开放，并充分利用国民体质监测车和监测站点开展体质测定以及其他科学健身指导活动。

① 国家体育总局经济司. 体育事业统计年鉴（2017）[DS]. 北京：国家体育总局，2017：232.

二是组织广播操推广普及活动、开展全国优秀广场健身操评选展示活动，推出更多群众喜闻乐见、广泛受益的科学健身方式方法。在全国组织举办了第九套广播体操通讯赛，各级体育部门组织举办了不同层次、不同人群的广播体操比赛和交流。据不完全统计，2012 年全国各地组织开展比赛活动近 2 万场，直接参与群众近 3 000 万人次，间接带动了 1 亿多人参与广播操锻炼，通过培训和会操展演等手段掀起新一轮广播体操热潮，推动广播体操、工间操锻炼的普遍化和制度化。组织推广广场健身操，征集原创广场健身操作品，组织举办展示交流活动，取得了良好效果。江西省将 2013 年定为“舞动赣鄱、健康江西”全民健身广场舞普及推广年，参与人数达 500 万人。由国家体育总局社会体育指导中心、中国社会体育指导员协会于 2015 年创办的全国广场舞大赛成为全国参与人数最多的广场舞赛事。

三是充分利用“全民健身日”，组织富有影响力的“全民健身日”主题活动。“全民健身日”作为国家级体育节日，是北京奥运会的宝贵遗产，是国家关注民生、顺应民意的重大举措。每年的“全民健身日”，国家体育总局、各级体育部门和社会体育组织会根据不同地区、不同行业的特点，精心组织和策划一系列丰富多彩、贴近百姓、参与性强的全民健身主题活动，使健身融入百姓日常生活，引导广大群众天天健身。此外，各级体育部门和协会还以“全民健身日”为契机，延伸和拓展健身活动的空间，注重公益惠民和志愿服务，积极推动体育场馆向公众开放，运用各种宣传形式，营造科学健身舆论氛围，为全民健身活动常态化创造条件。

四是鼓励和支持根据地方特色、行业特点和群众需求广泛开展“一地一品”“一行一品”全民健身活动。全国各省（自治区、直辖市）体育部门积极创建了有自身特色的全民健身品牌活动和赛事，如东北三省充分发挥冰雪资源优势，广泛开展“全民上冰雪”系列活动，营造良好的全民参与冰雪运动氛围；贵州省打造山地户外精品赛事活动，全省各地充分利用自然生态和地域资源举办户外运动赛事，有力促进了举办地体育与旅游、宣传、文化的全面协调发展，成为当地群众体育发展的名片；甘肃省以华夏文明传承创新区和“敦煌行 • 丝绸之路国际旅游节”为亮点打造体育品牌赛事，推动“一廊一区一带”行动；上海市秉持“政府做实事，协会办赛事，媒体讲故事”的理念，创办了上海市民体育大联赛，多元办赛，多方参与，集中决赛，使市民运动会成为以体育为主题、贯穿全年的嘉年华；重庆、天津、浙江、广东、福建、广西等地举办了全民健身运动会、体育大会和体育节，项目设计多，比赛场次多，参与人数多。

这些品牌活动和赛事的开展，对当地群众体育的发展起到了明显的促进作用。

五是联合相关部委、行业协会开展了针对不同人群、各具特色的健身竞赛活动。联合国家民族事务委员会筹办了第九届、第十届全国少数民族传统体育运动会。联合全国老龄工作委员会办公室、中国老年人体育协会举办第一届、第二届、第三届全国老年人体育健身大会。联合农业部深入开展“亿万农民健身活动”。从2013年开始，联合全国总工会每年举办全国行业体育职业技能大赛，举行以“岗位技能大练兵”为主要内容的群众性竞赛活动，第一名颁发“全国五一劳动奖章”。与全国妇联联合，每年举办妇女健身骨干培训班，为来自全国各地的妇女健身骨干和妇联干部进行系统、专业培训，拓展了妇女健身项目，有利于提高妇女健身质量；开展全国妇女健身网络展示大赛，网络展示大赛形式新颖，群众参与便捷，活动覆盖面广，得到了各地妇联组织和广大妇女群众的积极响应。联合各级残联和残疾人体育组织广泛开展残疾人健身康复锻炼活动，举办残疾人运动会。

六是打造“我要上全运”品牌活动，发挥大型竞赛的综合价值。以全运会赛制创新为突破口和抓手，发挥大型综合性运动会带动群众体育参与的作用。天津全运会首次增加了群众体育比赛项目，让更多草根选手和民间高手展现风采。为了最大限度地鼓励全民参与，除马拉松项目外，其余体育比赛项目均举行预赛和决赛，普通百姓可参加预赛，全部利用群众身边的接地气场所。同时，社会体育指导员发挥自身作用，作为赛事志愿者服务于群众。通过线上线下齐动员，广泛开展“我要上全运”系列活动，包括主题征文活动、摄影书画大赛、知识竞赛、棋牌项目网上赛事、广场舞比赛、体育达人秀节目、“赞美中国”景区户外运动大会。与阿里体育合作在线上开展“全民健身狂欢节”，以互联网+体育服务公众平台与运动银行为平台，打造体育“双八”节庆祝活动。线下活动采取“点、线、面”结合的方式。“点”就是在天津市举办形式多样的群众体育活动和赛事；“线”就是国家体育总局各项目中心及协会在全国范围内开展各项目的活动和赛事；“面”就是全国各地在全运会年广泛地开展丰富多彩的“我要上全运”全民健身活动和赛事，营造“全运惠民，健康中国”的良好氛围。借助以上改革措施，举办全运会成为推动健康中国建设的重要窗口和舞台；激发人民参与体育的热情，带动更多的人参与全民健身，推进竞技体育和群众体育协调发展；弘扬体育文化、传承体育精神，有力地推动了体育事业改革发展。

七是创新群众体育办赛方式，拓展群众体育竞赛渠道，发挥群众体育的多元功能。全国体育大会以淡化金牌、淡化锦标、重在参与、重在交流、重在快

乐、重在健身为原则，以改革奖励办法为突破口，在办赛方式上进行了重大改革创新；举办了第二届全民健身科学大会和全民健身大讲堂活动，以及“《全民健身计划纲要》颁布实施十五周年成就展”。这一系列做法丰富了体育大会的办赛模式，增加了体育大会的文化元素，拓展了体育大会的多元功能，发挥了体育大会的综合价值。此外，积极引导社会力量举办“世界行走日”“全民健身挑战日”活动和城市乐跑赛等全民健身赛事和活动，很多赛事都成为品牌赛事，产生了良好的社会反响，取得了可观的社会效益。以城市乐跑赛为例，该赛事是由万科集团主办，联合城市有影响力的企事业单位参与，是以快乐、健康、友谊为宗旨的非商业性、非竞技性群众体育活动。自 2013 年办赛以来，城市乐跑赛举办超过 260 场，举办地遍布全国 60 多个主要城市，逾 60 万人、约 15 000 家企业、20 000 多个家庭及 49 所高校参与。与中央电视台联合举办的《谁是球王——中国乒乓球民间争霸赛》《谁是球王——中国羽毛球民间争霸赛》《谁是球王——中国足球民间争霸赛》全民健身系列节目，更是为普通百姓打造了实现自己的“体育梦”“健康梦”“冠军梦”的梦想舞台、健身平台和展示平台。

五、全民健身工作队伍

一是社会体育指导员队伍发展迅速。主要采取了以下措施：（1）建立健全社会体育指导员组织体系，自 2010 年中国社会体育指导员协会成立，截至 2015 年，全国已成立 27 个省级协会，成立地市级协会 199 个，区县级协会 766 个，按照 2014 年 10 月内地行政区划单位统计，分别占 333 个地市级单位的 59.8% 和 2 854 个区县级单位的 26.8%。（2）建立了社会体育指导员管理平台，推进了社会体育指导员工作规范化管理和信息化建设。（3）深入开展社会体育指导员宣传工作，树立了社会体育指导员良好的公众形象，扩大了其社会影响，提高了其社会认知度。（4）加强和改进社会体育指导员培训工作，通过建立社会体育指导员培训基地、印发《社会体育指导员技术等级培训大纲（2011 年版）》、编写出版《社会体育指导员技术等级培训教材》、拓宽社会体育指导员培训渠道、增加培训的次数和人数等，切实提高社会体育指导员技能素质水平。（5）推动社会体育指导员工作制度建设，使社会体育指导员的技术标准与形势变化接轨。（6）在加强职业社会体育指导员队伍建设方面，增设了“运动防护师”这一职业岗位，为优秀退役运动员参与全民健身职业指导创造了条件。

2008—2016 年，我国公益性社会体育指导员总数从 1 042 529 人增长到 2 699 323 人，增长了 1.59 倍。其中，国家级社会体育指导员从 1 346 人增长到

10 447 人，增长了 6.76 倍；一级社会体育指导员从 83 127 人增长到 194 147，增长了 1.34 倍；二级社会体育指导员从 259 410 人增长到 739 656 人，增长了 1.85 倍；三级社会体育指导员从 698 646 人增长到 1 755 073 人，增长了 1.51 倍。年度审批人数从 221 894 人增加到 388 512 人，增长了 0.75 倍。其中，国家级社会体育指导员从 205 人增加到 2 047 人，增长了 8.99 倍；一级社会体育指导员从 10 540 人增加到 30 701 人，增长了 1.91 倍；二级社会体育指导员从 48 391 人增加到 108 959 人，增长了 1.25 倍；三级社会体育指导员从 162 758 人增加到 246 805 人，增长了 0.52 倍。职业社会体育指导员总数从 4 352 人增加到 126 246 人，增长了 28 倍。其中，高级社会体育指导员从 265 人增加到 1 556 人，增长了 4.87 倍；中级社会体育指导员从 1 718 人增加到 32 370 人，增长了 17.84 倍。初级社会体育指导员从 2 369 人增加到 92 320 人，增长了 37.97 倍。年度审批人数从 1 635 人增加到 35 651 人，增长了 20.8 倍。其中，中级社会体育指导员从 734 人增加到 5 181 人，增长了 6.06 倍，初级社会体育指导员从 788 人增加到 30 425 人，增长了 37.61 倍①。

二是建立了全民健身志愿服务队伍。北京奥运会后，为进一步弘扬志愿服务精神，把志愿服务工作机制引入全民健身事业发展，国家体育总局与中央文明办等 6 部门联合印发了《关于广泛开展全民健身志愿服务活动的通知》，对在全国联合组织开展全民健身志愿服务活动提出了要求。2010 年底，国家体育总局印发了《建立全民健身志愿服务长效化机制工作方案》，明确了广泛开展全民健身志愿服务活动的工作思路和要求。2011 年，国家体育总局成立了全国全民健身志愿服务领导小组和优秀运动员全民健身志愿服务协调小组，建立健全全民健身志愿服务的组织协调机制。2012 年，国家体育总局印发了《优秀运动员全民健身志愿服务实施办法（试行）》，成立国家体育总局优秀运动员全民健身志愿服务协调小组，结合全国性赛事，组织 10 个运动项目的优秀运动员、教练员、裁判员和全民健身志愿者深入基层，开展志愿服务活动。2013 年，国家体育总局群体司组织开展了“红红火火过大年”全民健身志愿服务活动。通过不断加强领导，形成了以社会体育指导员为主体，以及由优秀运动员、教练员、体育科技工作者、体育教师、体育专业学生组成的全民健身志愿服务队伍，形成了示范性志愿服务活动带动经常性志愿服务活动开展的常态局面。

---

① 国家体育总局经济司. 体育事业统计年鉴（2017）[DS]. 北京：国家体育总局，2017：243.

六、科学健身指导服务

一是以体质测定与运动健身指导站建设为依托，提高全民健身科学化水平。2011 年国家体育总局启动了国家级体质测定与运动健身指导站试点工作，首批建立了 6 个国家级“指导站”，在试点的基础上研究建站标准和管理办法，以发挥体质测定结果对科学健身的指导性作用，使更多的群众及时接受体质测定和健身指导服务。2013 年，国家体育总局在江苏、广东开展了第二期体质测定与运动健身指导站试点工作，把每个省作为一个独立的面，着重探索体质测定与运动健身指导站的运行模式和科学健身指导服务能力，实现了全人群服务、满足群众需求和提高服务满意度等目标，通过试点工作摸索出为群众提供科学健身指导服务的新模式、新方法。

二是加强全民健身科普宣传，组织体育科研人员深入基层开展科学健身指导咨询服务。2009 年，国家体育总局委托体育科学研究所、国家国民体质监测中心，每年在全国范围内举办“科学健身，全民健康”全国运动健身科学指导系列活动。截至 2016 年，运动健身科学指导系列活动覆盖 45 个地市，惠及 22 万余人。

三是科学掌握我国国民体质和全民健身的基本情况。为了检验《全民健身计划》实施效果，推动群众体育事业的发展，分别在 2008 年、2015 年进行了第三次、第四次全国范围的群众体育现状调查，比较完整、科学地掌握了全国城乡居民参加体育锻炼的基本情况，较为全面、客观地反映了我国群众体育发展的整体状况，为制定《全民健身计划（2011—2015 年）》《全民健身计划（2016—2020 年）》等重大规划和政策提供了科学依据。我国从 20 世纪 70 年代末对大、中、小学生进行体质测定开始，逐步建立起国民体质监测制度，分别于 2000 年、2005 年、2010 年、2014 年、2019 年进行了 5 次国民体质监测工作。在历次国民体质监测工作中，国家体育总局不仅在监测数据采集的基础上，认真分析监测结果，深入发掘国民体质变化成因，向社会公布体质监测的主要结果，还围绕监测公报的撰写以及监测数据的综合深度利用，举办行政和技术人员培训班，提高省市级体质监测和测试人员队伍的技术水平。通过国民体质监测工作，我国不仅掌握了国民体质状况和变化规律，还培养出一支深入基层的群体科研队伍，同时向群众广泛宣传科学健身的理念和方法，建立健全体质测定站点，促使体质测定工作日常化。2008—2016 年，全国接受体质测定的人数达 33 989 577 人，每年接受体质测定的人数从 2008 年的 2 853 123 人，最高增长到2014年的7 179 573人，增长了1.52倍（图4-2）；2016年，全国累计建立国民体质监测站点8 036个，年度新增954个，年接受体质测定人数达4 432 041人。此外，国民体质监测结果的社会公布引发了社会各界对国民体质健康问题的关注，推动了全民健身活动的开展[①]。

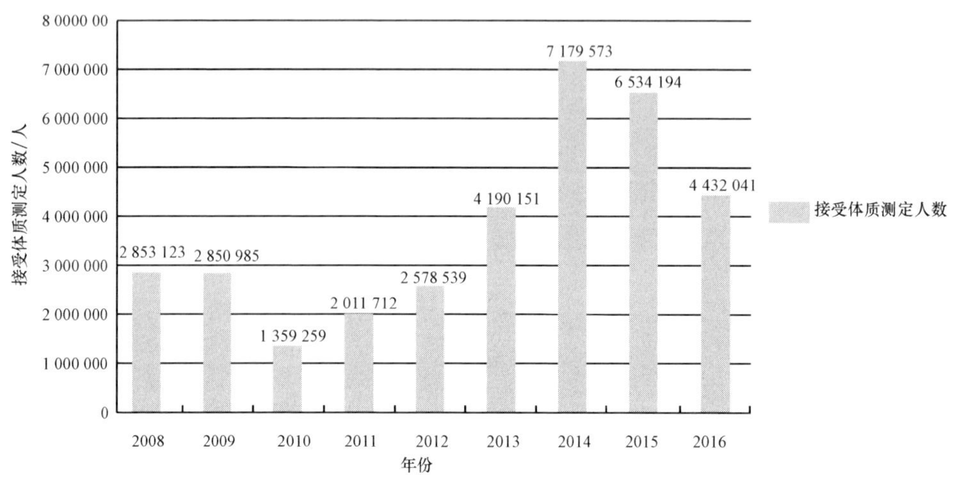

图4-2　2008—2016年全国接受体质测定的人数

资料来源：《体育事业统计年鉴（2009—2017年）》。

四是国家体育总局组织编写体育健身科普读物，开发推广群众喜闻乐见的体育健身项目和锻炼方法。2012年，国家体育总局组织创编了第九套广播体操，并在“全民健身日”向社会正式发布。2013年，国家体育总局会同教育部门共同完成了《国家体育锻炼标准》的修订工作，公布《国家体育锻炼标准施行办法》，明确了测试达标的标准，成为检验体育锻炼效果和评价身体素质的科学依据，实现了对6～69岁人群的全覆盖。依据全国群众体育现状调查、国民体质监测公报和国民健身指导系统等体育科研成果，国家体育总局组织编写了《科学健身指导丛书》，使运动健身成为人们生活中不可或缺的一部分。为指导广大农民朋友科学健身，国家体育总局发布了《全国新农村科学健身书库目录》，向乡镇、村民健身和文化活动站点以及农家书屋发放，并提供了书库视频。2017年8月10日，国家体育总局公布了《全民健身指南》，在《全民健身计划》与大众运动健身之间构建了一个科学运动健身指导平台，利于体育健身活动在健康中国建设中发挥更大作用。

① 国家体育总局经济司. 体育事业统计年鉴（2017）[DS]. 北京：国家体育总局，2017：254.

七、信息宣传服务

一是组织开展多种形式的全民健身宣传和信息服务活动，营造良好的全民健身氛围。在国家层面，利用“全民健身日”和各级各类媒体，创新宣传方式，进行深入宣传。例如，2017 年第九个“全民健身日”，国家体育总局和旅游卫视联合推出 24 小时全程大直播，节目分为“全民健身动起来”“科学运动健康养生”“健身可以很时尚”等多个板块，旅游卫视派出 16 路 40 多名记者，分赴江苏、浙江、海南等多个“全民健身日”分会场，走进 20 多座城市，全方位、多角度、实时地呈现全国各地“全民健身日”活动盛况。为了使“全民健身日”的理念更深入人心，还启动了直播消息全网传播，在重点门户网站、重要平面媒体、户外媒体进行百万媒体资源投放，全网观众通过腾讯、爱奇艺等视频网站和直播移动客户端等 10 余家平台同步观看了“‘全民健身日’大直播”，同时全天还有支付宝、微博、微信等全方位互动方式，营造出全民健身、全民参与、全民健康的和谐氛围。在地方层面，浙江省体育局与浙江省疾病预防控制中心、浙江大学营养研究所联合组织开展了全省健康生活方式与科学健身大型科普宣传行活动。北京广播电台体育广播自 2012 年 8 月 7 日起，每周二 11 时至 12 时开播北京市全民健身科学指导大讲堂。新疆维吾尔自治区克拉玛依市以开展“国家级体质测定与运动健身指导站”试点工作为抓手，建立了一支由教师、社会体育指导员、医学专家等组成的科学健身宣讲队伍，并通过广播、电视节目加大对科学健身的宣传。福建省体育局与省电视台合作，创办《运动时间到》和《快乐体育》栏目，报道群众体育赛事，介绍体育锻炼常识，推广体育锻炼方法，节目已制作多期，平均收视率逐步上升。

二是各类媒体高度重视和主动参与全民健身宣传与信息传播，逐渐加大对全民健身的宣传比重，增加全民健身活动报道、科学健身方法推介、体育养生休闲方式集锦、社会体育指导员风采等栏目和内容。特别重视网络平台和微博、微信等传播工具的运用，利用这些传播工具加大对全民健身工作的宣传力度，取得了很好的效果。例如，2011 年的“全国妇女健身活动（网络）展示赛”注重加强宣传，开通了专题微博，设置了网络投票栏，在 15 天的比赛过程中，网络投票高达 7 425 万人次，大量网络观众对比赛发表观点、进行评论，形成了火热的宣传声势，扩大了妇女健身活动的影响力。

三是推动全民健身公共服务信息网络建设，提高全民健身公共信息服务能力。国家体育总局对体育信息化工作高度重视，积极推进体育信息化建设，建设了数字体育互动平台和国家体育总局政府网站、中华全国体育总会网站、华奥星空网站，与电信企业、网站、海外大众媒体等全面合作，不断扩大我国全民健身的国内外影响。一些专门网站（如体育资讯网、大众体育网、体育管理在线、中国社会体育指导员网等）成为全民健身宣传和信息传播的重要平台。各级体育部门和体育组织也建立了体育官方网站，有的还建立了专门的全民健身公共服务信息平台。例如，山东省建立了集“健身指导、公务管理、数据统计、决策辅助”于一体，管理和服务相结合的全民健身公共信息服务体系；广东省广州市建立了全民健身公共服务平台“群体通”；浙江省建成了全民健身公共服务“一网三端”平台。

第四节　我国全民健身公共服务体系存在的主要问题

一、全民健身公共服务供给不充分

全民健身公共服务供给不充分是指供给的总量尚不丰富，发展程度不够高，供给的态势不够稳固。

从丰富程度来看，群众身边的场地供给类型较为单一，城市以健身路径为主，农村以乒乓球台和篮球场为主，较难满足不同群体多样化的健身需求。艾瑞调查显示，2016 年运动人群经常参与的运动项目排前 5 位的为跑步、健身走、羽毛球、骑行、登山，而我国体育场地数量排名前 5 位的为篮球场、全民健身路径、乒乓球场、其他类活动场地、小运动场；城市健身步道排第 16 位，仅为 12 295 条，远远不能满足群众的需求；而美国社区每 10 000 人就拥有约 1.6km 野营、自行车或健身走路径，每 25 000 人就拥有 1 个公共游泳池，每 1 000 人就拥有约 2 666.68m^2 开放的休闲公园。在体育活动的组织方面，我国多以整齐划一的大、中型品牌活动为主，针对慢性病群体、老年人、非体育运动参与人群组织的小型多样的科学健身行为干预活动较少；而英国 2017 年群众体育投资的 12% 被用于非体育运动参与人群的行为干预活动，2016 年英国还投入 1 000 万英镑（1 英镑约等于 9.252 元人民币）专门用于促进老年人的体育活动参与；美国也有专门针对老年非体育活动参与人群的基于科学循证的行为干预活动。

从发展程度来看，2016 年我国政府财政资金和体育彩票公益金共投入群众体育 595 648.96 万元，2016 年全国人口总数为 138 271 万人，人均体育经费仅

4.3 元；而英国 2016 年财政资金投入群众体育 1.056 亿英镑，体育彩票公益金投入 2.028 亿英镑，合计 3.084 亿英镑，2016 年英国人口总数为 6 563.72 万，人均体育经费约为 4.7 英镑。

从我国体育事业经费投入占 GDP 的比重来看，2016 年我国 GDP 的总量为 744 127.2 亿元，财政资金投入体育事业经费 4 066 204.62 万元，占当年政府公共预算支出总量 187 755.21 亿元的 0.22%，而发达国家体育事业经费投入占公共经费投入的比重达 1%；体育彩票公益金投入体育事业 1 811 380.43 万元，财政资金和体育彩票公益金投入体育事业经费总额 5 877 585.05 万元，占当年 GDP 的比重约为 0.079%，而发达国家的比重为 1%。

从体育场地设施来看，2013 年第六次全国体育场地普查数据显示，我国人均体育场地数量为 0.001 2 个，人均场地面积为 1.46m^2，到 2016 年人均场地面积达到 1.63m^2，而美国为 16m^2，日本为 19m^2。

从社会体育指导员的数量来看，2016 年我国社会体育指导员有 2 699 323 人，平均每 512 人才拥有 1 名社会体育指导员；而英国广泛采用志愿服务的方式对群众的体育健身进行指导，2016 年英国 16 岁以上的人中有 670 万人参加过 2 次以上志愿服务，占总人口的 15%[①]。

从供给的态势来看，2008—2016 年公共财政投入群众体育的比例并未呈逐步增长之势，2013 年与 2012 年相比，投入下降约 40%，且群众体育投入与体育事业经费投入不同步（图 4－3）。2013—2016 年，社区运动场地建设数量从

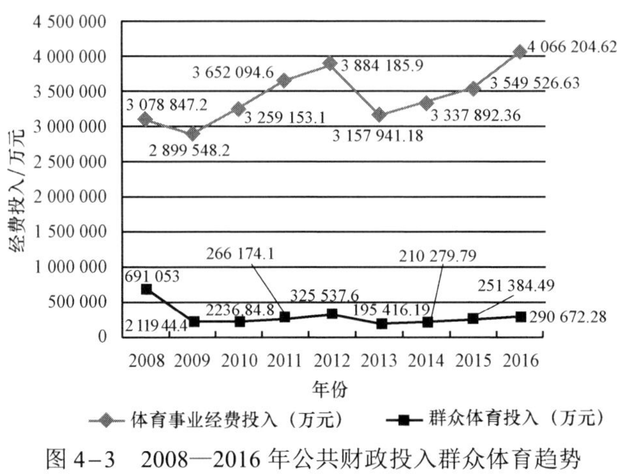

图 4－3 2008—2016 年公共财政投入群众体育趋势

资料来源：《体育事业统计年鉴（2008—2017 年）》。

① 卢文云. 改革开放 40 年我国群众体育发展回顾与前瞻[J]. 上海体育学院学报，2018，42（5）：22－29.

3 505 个下降到 2 864 个，场地建设面积在 2013—2014 年、2015—2016 年均有所下降；健身步道建设数量从 3 026 条下降到 1 196 条，健身步道建设长度从 6 223 336.3m 下降到 2 547 961.48m，呈逐年下降之势（图 4-4、图 4-5）。

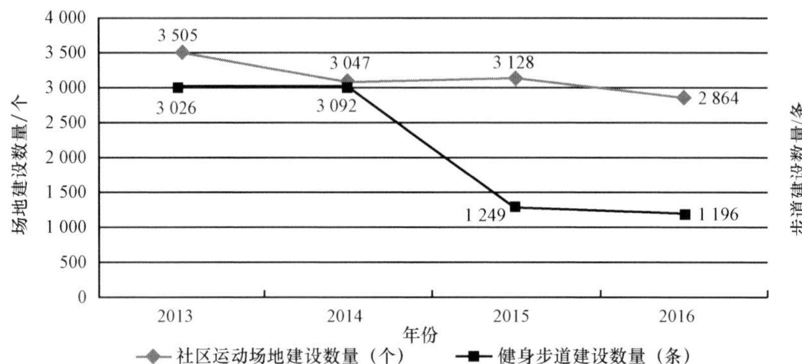

图 4-4　2013—2016 年社区运动场地和健身步道建设数量发展趋势

资料来源：《体育事业统计年鉴（2014—2017 年）》。

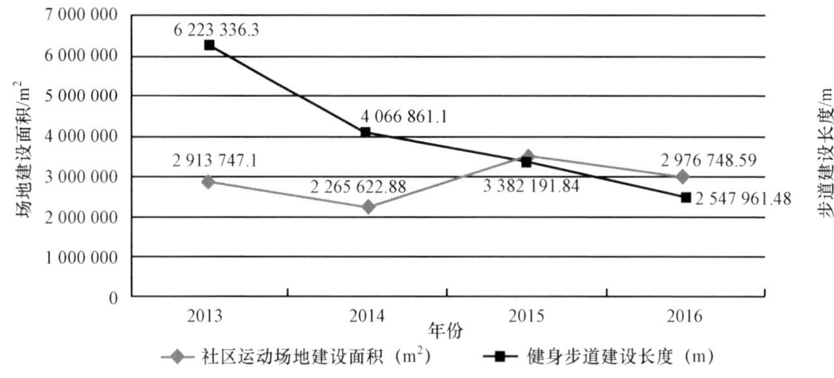

图 4-5　2013—2016 年社区运动场地建设面积和健身步道建设长度发展趋势

数据来源：《体育事业统计年鉴（2014—2017 年）》。

二、全民健身公共服务供给不平衡

全民健身公共服务供给的不平衡主要体现在城乡之间、地区之间。根据第六次全国体育场地普查数据，我国体育场地分布在城市的数量为 959 359 个，占比 58.54%，分布在农村的数量为 679 446 个，占比 41.46%，城市体育场地数量比农村多 279 913 个。从体育场地面积来看，城市的体育场地面积为 1 335 224 216m^2，占比 68.58%；农村的体育场地面积为 611 859 912m^2，占比

31.42%，城市体育场地面积比农村多1倍有余。

从人均场地分布来看，城市每万人拥有体育场地13.12个，人均场地面积为1.83 m^2；农村每万人拥有体育场地10.79个，人均场地面积为0.97 m^2，城市在每万人拥有体育场地的数量上比农村多2.33个，人均场地面积多0.86 m^2。

从群众体育机构的分布来看，2012年，我国城市街道群众体育机构的覆盖率为77.5 %，农村覆盖率为71.7%，城市群众体育机构的覆盖率比农村高5.8%。

从机构配备的专兼职人员来看，城市街道平均每个机构配专职人员0.53人、兼职人员2人，农村平均每个机构配专职人员0.39人、兼职人员1.39人，城市专兼职人员也要多于农村。

从地区之间的不平衡来看，根据地理位置、经济发展水平、自然条件和资源状况，将全国划为东部、中部、西部、东北4个地区。其中，东部地区包括北京、天津、河北、上海、江苏、浙江、福建、山东、广东和海南（含香港、澳门、台湾地区）[①]；中部地区包括山西、安徽、江西、河南、湖北和湖南；西部地区包括内蒙古、广西、重庆、四川、贵州、云南、西藏、陕西、甘肃、青海、宁夏和新疆；东北地区包括辽宁、吉林和黑龙江。在群众体育财政投入方面，2016年群众体育财政平均投入东部地区14 374万元、中部地区6 574.9万元、西部地区8 319.44万元、东北地区4 784.4万元，最高的东部地区与最低的东北地区相差了2倍有余。在体育场地方面，截至2013年，东部地区、中部地区、西部地区、东北地区各省（自治区、直辖市）体育场地平均数量分别为70 960.4个、67 166.83个、35 159.58个、33 618个，平均场地面积分别为93 796 670 m^2、69 527 544.33 m^2、35 255 449.33 m^2、54 992 426.33 m^2，无论是数量还是面积各地区间均存在不同程度的差异。在全民健身组织方面，截至2016年，东部地区、中部地区、西部地区、东北地区各省（自治区、直辖市）体育社会组织平均数量分别为2 127.1个、1 863个、938.91个、1 156个，平均数量最高的东部地区是最低的西部地区的2.27倍。在社会体育指导员队伍方面，截至2016年，东部地区、中部地区、西部地区、东北地区各省（自治区、直辖市）社会体育指导员平均数量分别为121 687.2人、102 113.83人、49 736.17人、90 978人，东部地区社会体育指导员平均数量是西部地区的2.45倍[②]。

① 该处统计不含中国香港、中国澳门、中国台湾的数据。

② 以上数据来自《体育事业统计年鉴（2017年）》。

第五节　完善我国全民健身公共服务体系的对策

针对我国全民健身公共服务供给的不充分、不平衡问题，要通过推进基本公共体育服务均等化，使全体公民都能公平地获得基本公共体育服务，补齐全民健身公共服务发展的短板和促进城乡、区域、人群之间发展的平衡。推进基本公共体育服务均等化的策略有以下三个。

一是建立基本公共体育服务的标准体系。基本公共体育服务的标准化是实现均等化的必经之路，其核心是从我国不同阶段的国情出发，根据群众的基本体育需求，特别是“六边工程”的实施，通过编制规划，提出我国全民健身公共服务的范围、种类、程度以及各级政府的保障支出责任，确定国家基本公共体育服务的保障标准，作为国家公共体育服务的“底线标准”或均等化标准。在此基础上提出基本公共体育服务均等化的评价标准，作为政府基本公共体育服务问责的技术基础。地方也可以根据群众的实际体育需求、政府财政能力和体育特色，制定适合本地区的实施标准，建立国家指导标准和地方实施标准相衔接的公共体育服务标准体系。通过规划执行，监督和检查基本公共体育服务均等化政策执行情况和实施情况。

二是构建与基本公共体育服务均等化相适应的财政投资机制。提供基本公共体育服务是政府的基本职责，必须由公共财政予以保障。在基本公共体育服务财政投入的总量上，应建立与GDP或政府财政预算支出成比例的稳定投入机制，使得均等化的水平真正与经济社会发展相一致。在财政投资的责任上，应根据基本公共体育服务均等化的现状，结合均等化地区的财力和整个财政支付能力，明确不同层级政府的事权和财权范围，确定各级财政分担基本公共体育服务资金比例的权重，完善政府间转移支付机制，实现地方政府基本公共体育服务财政能力均等化；实施基本公共体育服务的精准扶贫，推动老少边穷地区基本公共体育服务的跨越式发展；把农民工、老年人、残疾人和农村留守妇女儿童纳入重点保障群体，对这部分群体的体育需求予以重点关注。在财政投资的方式上，培育体育社会组织参与基本公共体育服务的提供、管理和监督，通过政府购买体育社会组织的公共体育服务，打破基本公共体育服务政府垄断供

给的局面，实现促进体育社会组织壮大、提高财政资金效率和基本公共体育服务质量的多赢目标；通过发放居民体育消费券培育和促进居民体育消费，打通公共体育事业与体育产业之间的联系。

三是建立政府间基本公共体育服务问责制。通过第三方评估主体，以基本公共体育服务均等化的评价标准为基础，加强基本公共体育服务标准执行情况的监督评估，并将其列入各级政府目标考核范畴，有效推进基本公共体育服务均等化。

第五章 群众体育治理能力现代化

第一节 群众体育治理能力现代化的内涵及特征

群众体育治理能力是指群众体育的治理主体通过制度创建和执行，充分利用和借助群众体育的功能，克服与解决国家发展中的政治、经济、社会和文化问题所具备的素养和本领。从能力结构方面来看，群众体育治理能力包括需求识别能力、政策制定能力、政策执行能力、资源吸取能力、资源配置能力、治理主体的协同能力等。群众体育治理能力现代化是指群众体育治理主体通过持续互动、相互信任和协商共识建立起有机合作制度及机制，解决群众体育发展的各种矛盾与问题，实现群众体育的善治，进而实现人的全面发展和社会全面进步的过程。

群众体育治理能力现代化的基本特征表现为以下六点：一是回应性，即多元治理主体能及时满足群众不断变化的、多样的、丰富的体育需求；二是互动性，即多元治理主体的多域、多维、多层、多样的互动，通过互动增进了解、信任，达成共识，从而建立起深层次的有机合作关系；三是协同性，即多元治理主体形成一种相互依存、彼此融合、利益共享、风险共担的局面，进而形成群众体育事业与产业相互支撑、相互促进、共同发展的局面；四是合法性，即以制度为基础，正确处理群众体育发展中的各种重大关系，包括以财税制度为基础处理好中央与地方的关系，以使市场在资源配置中发挥决定性作用为指导处理好政府与市场的关系，以充分发挥体育社会组织的作用为方向处理好政府与社会的关系，以坚持人民是群众体育发展的主体为原则处理好政府与公民的关系等；五是科学性，即群众体育治理过程中既要尊重群众体育发展的规律，

又要尊重市场规律；六是有效性，即群众体育政策得到全面贯彻和落实，群众体育政策执行的内部递减弱化和外部抵触弱化。

第二节 我国群众体育治理能力现代化的基点

一、政府主导履行公共体育服务的职责有较大进展

政府主导作用的发挥表现在为广大群众提供基本的全民健身公共服务，其核心是各级政府贯彻和落实《全民健身条例》及《全民健身计划》，其重要抓手则是将全民健身事业纳入各级国民经济和社会发展规划、各级财政预算、各级政府年度工作报告（以下简称“三纳入”）。为强化各级政府主导群众体育发展的主体责任，国家体育总局多次会同国家发展改革委、教育部、财政部、国务院法制办等组成联合检查调研组，赴全国各地检查调研《全民健身条例》和《全民健身计划》贯彻落实情况；还针对性地提出帮扶措施，帮助西部欠发达地区实现“三纳入”。“十二五”时期，全国省级“三纳入”覆盖率已达到100%。有27个省级行政区县级及以上政府实现“全民健身纳入政府工作报告”全覆盖；县级及以上政府“全民健身纳入财政预算报告”覆盖率达90%及以上的有28个省级行政区，其中实现全覆盖的有24个省级行政区；县级及以上政府“全民健身纳入国民经济和社会发展规划”覆盖率达80%及以上的有29个省级行政区，其中实现全覆盖的有26个省级行政区。部分省（自治区、直辖市），尤其是经济发达的东部地区，在实现“三纳入”全覆盖的基础之上，还把全民健身纳入当地社会经济发展其他领域，实现了“多纳入”。例如，上海市将全民健身工作纳入基本公共服务体系，保障市民享受更加均等的全民健身服务，上海市已全面实现全民健身“四纳入”；北京市连续12年将全民健身工作列入市政府办实事项目和折子工程，纳入健康北京建设规划和健康北京人规划，纳入卫生、教育、科技、精神文明建设、社会建设等14项相关工作中；辽宁、安徽和广西等地将全民健身工作纳入市政府年度目标绩效考核；广东、江苏、福建、吉林、贵州等省把人均拥有体育场地面积和乡镇农民体育健身工程、“10分钟体育健身圈”、社区多功能运动场等重大建设项目作为为民办实事和体育惠民的任务；湖北省的州、市、县均把全民健身工作纳入当地政府年度十件实

事之一[①]。

二、部门协同机制日益健全

部门协同的核心是围绕部门职责分工建立工作机制。2011 年，经国务院办公厅同意，国家体育总局按照《全民健身计划》所确定的目标和任务，在征求 27 个中央和国务院部委意见的基础上，制定了落实《全民健身计划》部委职责分工，明确了中央和国务院相关部委在贯彻落实《全民健身计划》中的责任和任务。自 2012 年开始，国家体育总局每年牵头组织召开中央、国务院有关部委贯彻落实《全民健身计划》工作座谈会，建立部委定期交流协商制度。为进一步推动部门协同，国务院 2016 年底批复建立全民健身工作部际联席会议制度。联席会议由国家体育总局、国务院办公厅、中宣部等 29 个部门参加，办公室设在国家体育总局，主要职能是贯彻落实党中央、国务院关于实施全民健身国家战略的决策部署，系统研究提出落实《全民健身条例》、实施《全民健身计划》的政策措施，强化各级政府主导全民健身事业发展的主体责任，协调有关部门和单位抓好《全民健身计划》相关任务措施的落实，加强对《全民健身计划》实施情况的督导检查，及时按程序向党中央、国务院报告工作情况。2017 年 4 月，国务院全民健身工作部际联席会议第一次会议在北京召开，研究实施《全民健身计划（2016—2020 年）》工作机制，安排部署 2017 年全民健身工作，中共中央政治局委员、国务院副总理、联席会议召集人刘延东主持会议并发表讲话，国家体育总局局长、联席会议副召集人发言，国家体育总局副局长、联席会议办公室主任赵勇对《国务院全民健身工作部际联席会议 2017 年工作要点》做说明。联席会议 29 个成员单位相关负责同志参加会议并发言，表示全民健身国家战略意义重大，要履职尽责，主动作为，齐心协力实施全民健身国家战略，实实在在为百姓造福。在体育系统内部，国家体育总局于 2011 年开始每年召开在京各单位全民健身工作会议，结合《全民健身计划》对群众体育发展提出的要求，进一步明确国家体育总局系统各单位和各单项体育协会在推动全民健身发展方面的职责和任务，并具体落实，包括：根据本单位职能就《全民健身计划》分工提出意见；根据《全民健身计划》提出的各项任务明确落实的具体措施，制订本单位具体的实施计划；全面施行《国家体育锻炼标准》，科学制定和完善各运动项目的业余等级标准和业余竞赛体系；把开展全民健身工作作为对

---

① 刘国永，杨桦. 中国群众体育发展报告（2015）[M]. 北京：社会科学文献出版社，2015：23.

单位、对班子年度工作综合评价和考核的重要内容之一。

从部门之间的协同效果看，相关部委根据各自职能联合推出了若干涉及群众体育事业的重大专项规划和政策文件，如国家发展改革委与国家体育总局共同编制的《“十二五”公共体育设施建设规划》《“十三五”公共体育普及工程实施方案》，国家体育总局联合教育部出台《教育部 国家体育总局关于推进学校体育场馆向社会开放的实施意见》、联合财政部出台《大型体育场馆免费低收费开放补助资金管理办法》、联合文化部及农业部出台《关于发挥乡镇综合文化站的功能进一步加强农村体育工作的意见》等；联合举办了各类群众体育品牌赛事和活动，如国家体育总局联合国家民族事务委员会举办的全国少数民族传统体育运动会，联合农业部举办的全国农民运动会，联合中国残联举办的全国残疾人运动会，联合全国老龄工作委员会办公室举办的全国老年人健身大会，等等，这些赛事和活动推动了各类人群体育活动广泛、深入开展；相关部门还立足自身职能，积极推动群众体育发展环境的改善，如中央文明办将全民健身重点发展指标纳入全国文明城市创建指标，科学技术部（以下简称科技部）通过国家科技支撑计划支持国民身体素质提高的关键技术研究，国家标准化管理委员会大力推进体育领域标准的制定与修改等。

在国家体育总局内部协同方面，各中心、各单项体育协会结合项目特点，制定业余锻炼标准，创建项目俱乐部，大力发展项目人口。以游泳中心为例，中心根据全民游泳健身市场需求，拟定了新的《全国游泳锻炼等级标准实施办法》（以下简称新《标准》），新《标准》在项目设置方面采用达时项目和达距项目两种；在小学生、中学生、成人女子、成人男子四类人群中均设五个等级，由高至低分为：一级（金海豚）、二级（银海豚）、三级（粉海豚）、四级（绿海豚）、五级（蓝海豚）。相比旧的《全国游泳锻炼等级标准实施办法》，新《标准》更具实用性，等级设置更加贴近实际，更具可操作性，特别是等级设置中小学生和中学生的划分，可以使教育部门将新《标准》与学生的素质教育、体育课紧密地结合起来，有利于增强学生的体质，促进其全面发展。新《标准》中各项成绩标准更贴近广大群众的游泳水平，可最大限度地吸引和激励人们参与游泳健身运动，享受游泳健身带来的快乐。新《标准》于 2011 年由国家体育总局审批，向全社会发布，并利用协会资源，广泛向社会推广，收到良好效果。2012 年在北京、河北、山西、浙江、安徽、甘肃、山东、江苏、四川等地开展的新《标准》达标活动，参与群众近 2 万人。

国家层面的示范带动了地方政府的部门协同，2013 年，有 9 个省（自治区、直辖市）成立了全民健身工作（指导）委员会，8 个省（自治区、直辖市）成立了全民健身工作领导小组，由政府分管领导担任主任（组长），定期召开会议，对《全民健身计划》任务分解和责任分工进行情况督办落实。9 个省（自治区、直辖市）建立了全民健身工作联席会议制度和定期报告制度，由各部门定期向政府分管领导汇报本部门推行《全民健身计划》的工作进展，研究解决需要多部门协调落实的问题。很多地区在体育系统内部对落实《全民健身计划》进行了任务分工，明确了各项任务目标、职责、牵头部门和参与部门，形成体育系统推行《全民健身计划》的合力。例如，陕西省体育局主动与发改部门进行规划和项目衔接，参与编制《陕西省基本公共服务体系规划》《陕西省人民政府关于促进健康服务业发展的实施意见》《陕西省人民政府关于加强城市基础设施建设的实施意见》，将体育相关内容先行融入各类规划和实施意见中；同时，紧抓省政府制定《陕西省文化设施发展纲要》《陕西省文化先进县评选复查标准》《关中城市群核心区总体规划》的机遇，将涉及群众切身利益的体育惠民项目纳入大文化概念，以充分享受现有的促进文化发展的各项扶持政策。福建省发展和改革委员会、住房和城乡建设厅等部门主动就县城建设标准、美丽乡村评选标准等工作征求和采纳体育部门的意见，体育元素在城乡建设和发展中占据了一定的位置。

三、全社会共同参与有进步

全社会共同参与包括八大核心力量：一是各级体育总会和单项体育协会；二是各级工会、共青团、妇联、残联等群团组织；三是各级行业体协、人群体协等“条形”体育组织；四是各类健身俱乐部和健身团队等“块型”草根体育组织；五是群众体育科研所等学术机构；六是新闻媒体；七是热心群众体育的企业；八是热心群众体育的各界社会人士等。为发挥不同社会力量的积极作用，形成推进群众体育事业发展的整体合力，在党的十八大提出的“加快形成政社分开、权责明确、依法自治的现代社会组织体制”和党的十八届三中全会提出的“创新社会治理体制”的宏观背景下，体育领域加大了对体育社会组织改革的力度，按照“政企分开、政资分开、政事分开、政社分开”的要求，结合体育社会组织的公益属性，合理划分体育行政部门、事业单位与体育社会组织的职能，在部分项目中心和项目协会进行 4 类改革试点工作，包括非运动项目类协会、部分非奥运项目协会脱钩改革试点，在一些项目协会推进单项体育协会综合改革试点，在部分非奥运项目协会推进社会化改革试点，对部分奥运项目进行群众体育功能优化，充实协会任务。许多地区在推进社会组织“政社分开”

方面也进行了积极探索，广东、上海、江苏、安徽等地是民政部社会组织改革试点地区，国家体育总局也在江苏、江西、宁夏、新疆 4 个地区开展了体育社会组织试点工作，探索体育社会组织评估制度、监管制度改革，利用财政资金、体育彩票公益金支持社会组织承接政府购买公共体育服务，加强体育社会组织能力建设，取得了良好的效果。无论是登记类还是未登记类体育社会组织，其数量均保持较快增长，全国正式登记的体育社会组织从 2007 年的 16 028 个增长至 2014 年底的 32 749 个，年均增长 10.75%；各地体育社会组织也呈现快速增长势头，截至 2015 年，江苏省县级体育总会实现全覆盖，乡镇老年人体协、农民体协和单项体协有 5 900 个，城乡晨晚练点达 3.9 万个，形成以基层体育社会组织为点，体育社团为线的点线结合、覆盖各类人群的体育社会组织网络；重庆市有基层老年体协组织 8 680 个，会员 158 余万人，占老年人口的 34%，建立起了纵向到村、横向到边的组织网络①。

社会力量在群众体育各个领域发挥的作用也不断增强，各级体育总会发挥着桥梁、纽带作用。第一，单项协会定期组织奥运冠军、全国冠军等优秀运动员深入社区、学校、农村和企事业单位，参加全民健身志愿服务活动；推行运动项目业余锻炼等级标准、段位制和业余裁判员、教练员、社会体育指导员认证体系，增加项目人口数量，夯实项目发展基础；探索多元主体办赛的机制，不断丰富群众身边的体育竞赛活动。第二，工会、共青团、妇联、残联等群团组织和人群协会积极推动不同人群体育活动的开展，如共青团在全国高校范围内全面启动和广泛开展大学生“走下网络、走出宿舍、走向操场”主题群众性课外体育锻炼活动，推动将体育健身融入“校园文化节”“三下乡”和“四进社区”等活动。第三，一些非正式体育社会组织成为开展基层群众体育活动的组织者和主力军，如起源于河南省的“黎明脚步”，截至 2014 年底，在全国的实体团队已经发展到 20 多个，几乎每月都有主题跑步活动，还组织召开全国黎明脚步研讨会。第四，体育科研所等学术机构以智库的形式为政府的群众体育政策提供咨询，如上海体育学院承担《全民健身计划》实施的第三方评估。第五，新闻媒体成为群众体育宣传和信息传播的生力军，如吉林人民广播电台每天 24 小时滚动广播全民健身知识和主题口号，营造浓厚的全民健身氛围。第六，热心的企业以各种形式参与群众体育，如万科集团举办的城市乐跑赛、无限极冠名的“世界行走日”活动以及“全民健身挑战日”活动已形成品牌。第七，热心群众

① 刘国永，裴立新. 中国体育社会组织发展报告（2016）[M]. 北京：社会科学文献出版社，2016：37.

体育的各界社会人士积极参与群众体育志愿服务。

第三节　群众体育治理能力现代化面临的主要问题

一、对解决国家发展中主要问题的作用力不足

在发展新经济、培育经济增长的新动力作用方面，代表群众体育的健身休闲业虽然增长较快，2016 年总产出达 368.6 亿元，产业增加值达 172.9 亿元，产业增加值的增速为 33.62%，但是也只占整个体育产业总产出的 1.9%，且 2016 年我国体育产业总产出占同期 GDP 的比重仅为 0.9%。而美国 2013 年体育产业总产出占 GDP 的比重为 3%，健身休闲业和竞赛表演业占体育产业总产出的比重达 80%；英国、法国、德国、澳大利亚、日本和韩国体育服务业占体育产业总产出的比重也达到 60%[①]。在促进健康中国建设的作用发挥方面，由于经常参与体育锻炼的人数较少，全民健身在健康方面的效果体现不充分，加之群众体育科学健身指导力量薄弱，很难针对不同人群的健康状况进行有针对性的服务供给，并达到疾病预防、治疗的目的。2014 年全民健身活动状况调查显示，在 20 岁及以上参加体育锻炼的人群中仅有 48%的人接受过体育锻炼方面的指导，而其中接受“专业教练员、社会体育指导员”和“其他受过相关专业训练”的人指导的仅占 5%左右。2016 年 8 月，习近平总书记在全国卫生与健康大会上提出全民健身和全民健康深度融合的要求，国家层面的“关于推进全民健身和全民健康深度融合的实施意见”还未出台，而全民健身和全民健康深度融合的推进直接关系到健康中国战略的实施，关系到新时代我国全民健身工作思路、方法的转变，因此，相关工作亟待加强。

二、群众体育治理主体能力不足

群众体育治理主体是群众体育发展的责任承担者和参与者，从宏观上可分为政府、市场、社会和公民四大类。

政府作为公共利益的代表，其群众体育治理能力主要体现在提供基本公共体育服务以及引导各种社会力量服务于群众体育发展两个方面。

① 刘国永，裘立新. 中国体育社会组织发展报告（2016）[M]. 北京：社会科学文献出版社，2016：8.

在政府提供基本公共体育服务方面，群众体育经费主要依赖财政资金和体育彩票公益金投入，但财政资金投入总量尚未制度化，尤其是县级财政的群众体育经费投入还存在较大的不确定性，且财政经费的投入增长与GDP的增长和政府的财政预算经费投入增长不同步，加上统筹调控能力不足，导致基本公共体育服务供给的总量与需求尚不丰富、发展程度不够高，供给的态势不够稳固，以及城乡、地区之间不平衡；资源配置能力不足导致基本公共体育服务的供给效率低下，邵伟钰对我国30个省（自治区、直辖市）2011年的群众体育财政投入绩效分析表明，我国地方群众体育财政投入效率普遍较低，就纯技术效率而言，绝大多数地区群众体育财政管理水平不高，给定投入情况下产出没有达到最大[①]。

在引导各种社会力量服务群众体育发展方面，由于政府职能转变不到位，市场、社会和公民参与群众体育治理的活动空间有限、深度不够。首先，政府的群众体育政策作为实现群众体育治理目标的关键变量，在政策的制定方面，群众体育政策制定所需要的基础信息时效性较低，很难为相关政策的制定提供准确的信息，如关于群众的体育参与数据，第2次到第3次、第3次到第4次群众体育现状调查分别间隔了6年、7年，而英国、美国、澳大利亚等体育强国的群众体育现状调查基本都是1～2年1次[②]。其次，政策制定吸收现有的知识成果不足，表现为：一是我国群众体育缺乏循证研究，科学研究成果对政策的制定参考作用有限；二是我国群众体育政策的制定过程缺乏对现有群众体育科学研究成果的多元分析，使得科学知识对群众体育政策科学化的促进作用发挥不充分。再次，很多群众体育政策在制定和执行后都没有正式的政策评估，不能发挥政策评估工作对群众体育政策科学化的推动作用。最后，群众体育政策程序缺乏制度化的规范，无论是群众体育政策的咨询还是公民参与和政策评估，其制度化和法律化的安排仍然十分不足，令整个政策程序缺乏规范化和标准化的保证，整体科学化的成效也就难以保证。从政策制定的民主化来看，也存在不同程度的轻民意问题，表现为群众体育政策议程的启动以提出模式为主、政策方案的制定以权力精英参与为主、政策方案的发布以先定案再沟通为序[③]。在政策执行方面，“三纳入”在省、地市、区县三级政府工作中呈逐级减弱的趋势；由于部分县级体育主管部门与教育、文化、广电、旅游等部门合并，基层

① 邵伟钰. 基于DEA模型的群众体育财政投入绩效分析[J]. 体育科学，2014，34（9）：11－16.

② 刘国永. 对“十三五”时期全民健身事业发展的思考[J]. 北京体育大学学报，2016，39（10）：1－11.

③ 戴健，等. 公共体育服务体系建设[M]. 上海：上海交通大学出版社，2015：291－293.

体育行政机构只达县（市、区）一级，乡（镇、街道）、村（社区）级基本没有体育行政机构，加上体育社会组织建设的薄弱，全民健身的执行在基层较为困难①。

群众体育的市场治理能力主要体现在提供差异化的群众体育产品和服务的能力方面。群众体育治理的具体内容是群众体育产品和服务的提供与生产，其中事关国家公共需求和公民基本体育权利保障的纯公共体育产品和服务，需要政府直接负起责任，除此之外的公民个性化、差别化的文化需求，需要通过发展健身休闲产业、繁荣健身休闲市场、壮大健身休闲企业得到实现和满足。我国健身休闲业总体规模不大、产业结构失衡、市场主体核心竞争力不强，且存在有效供给不足、大众消费激发不够、基础设施建设滞后、器材装备制造落后、体制机制不活等问题，使得健身休闲市场的供给主体难以有效生成和发展，群众个性化、多元化的体育健身需求不能得到更好的满足。

群众体育的社会治理能力主要体现在体育社会组织的自治能力、参与治理能力和服务社会能力三个方面。我国体育社会组织在自治能力方面普遍存在法人治理结构不完善问题。在参与治理能力方面，由于政社不分、权责不清，体育社会组织参与群众体育治理的作用发挥有限；在服务社会能力方面，大多数体育社会组织业务能力较弱，自身又缺乏提高工作水平的内在动力和能力，加上经费缺乏和人员专业化程度低，服务社会的能力不足②。

在公民参与群众体育治理能力方面，我国公民由于体育参与水平本身较低，无论是主观上还是客观上都难以满足群众体育治理现代化的要求，以全民健身路径工程的公民参与为例，公民的参与仅限于使用层面，而在全民健身路径工程管理的制度建设、规划与布局、路径工程维护等方面都缺少公民参与，公民参与不足直接导致了工程的闲置、布局不合理、管理不善和经费使用不明确等问题③。

三、群众体育治理的协同能力不足

群众体育治理的协同能力是指不同治理主体有效利用各自的资源和优势，通过一定的方式相互作用、协调配合，促进群众体育向有序、稳定的方向发展，

---

① 刘国永，杨桦. 中国群众体育发展报告（2015）[M]. 北京：社会科学文献出版社，2015：11.

② 刘国永，裴立新. 中国体育社会组织发展报告（2016）[M]. 北京：社会科学文献出版社，2016：51，52，57.

③ 唐晓辉，周长雷. 全民健身路径工程治理中的公民参与研究[J]. 吉林体育学院学报，2016，32（2）：26－30.

进而使系统整体功能倍增或放大，实现协同效应的能力。它主要包括各类主体数量和结构上的平衡、上下级政府之间的“纵向协同能力”、部门之间的“横向协同能力”，以及政府部门与社会部门、私营部门之间的“内外协同能力”。

从当前我国群众体育治理主体的数量和结构来看，存在基层政府群众体育组织机构不健全、群众身边的体育社会组织缺乏、具有国际竞争力和影响力的健身休闲骨干企业缺乏等问题。

从上下级政府之间的“纵向协同能力”来看，由于缺乏科学的政府群众体育工作水平评价机制，国家层面的群众体育规划和政策在逐级嵌入下级政府群众体育规划和政策过程中呈现执行力逐级减弱的趋势，尤其在县级，有些涉及老百姓切身利益的全民健身公共服务建设项目落不了地，个别项目资金长期趴在账上花不出去，影响了国家群众体育的总体政策实施效果①。

从部门之间的“横向协同能力”来看，虽然建立了全民健身工作部际联席会议制度，也出台了部门之间职责和分工的相关文件，但是相关部门工作力度仍不够大，主动履责意识不足，未能充分调动和有效整合部门资源，主动思考、出台具有针对性的措施；“部门协同”的形式还比较单一，“协同”的内容还不丰富，尚停留在单边或双边合作的初级阶段，缺乏深层次的协同合作，以破解全民健身事业发展的瓶颈和难题②。例如，涉及自然资源部门和住建部门协同的新建小区配套体育设施的“同步设计、同步建设、同步投入使用”的政策落实不到位问题；涉及教育部门协同的学校体育设施对社会开放程度和利用率不高的问题；涉及公安、消防等部门协同的体育赛事审批权取消后安全保障方面的审批导致群众体育赛事难以举办的问题。这些都体现了部门之间合作深度不够。

从政府部门与社会部门、私营部门之间的“内外协同能力”来看，其问题体现为以下六点：一是政府与社会资本合作的领域比较有限，主要集中在体育场馆和体育综合类硬件建设项目方面，且鼓励社会力量参与的优惠政策存在不足；二是政府向社会组织购买全民健身公共服务的政策普及面有限，仅东部地区省（直辖市）的购买机制趋于成熟，中西部地区相关政策明显不足，且相当数量的体育社会组织不具备承接政府购买公共服务的资格；三是对新涌现的非正式体育社会组织的重视和扶持力度不够，影响了这些组织的规模化发展和功

---

① 刘国永. 对“十三五”时期全民健身事业发展的思考[J]. 北京体育大学学报，2016，39（10）：7.

② 卢文云，王志华，华宏县. 群众“健身难”问题破解路径研究[J]. 体育科学，2021，41（5）：36.

能发挥甚至引发管理混乱，如对于广场舞扰民问题的管理；四是全国性单项体育协会虽然在项目普及上有新进展，但是尚未形成不同运动项目的特有普及模式；五是体育社会组织成熟度低，大部分体育社会组织自治能力不足，难以独立生存和承担政府与社会所期望的责任，特别是部分官办协会存在定位不准、作用不大、能力不强、管理分散等问题，且自身缺乏提高工作水平的内在动力和发展能力，无力承接政府职能转移和发挥政府的参谋助手作用；六是社会参与群众体育的路径不通畅，特别是尚未建立全民健身志愿服务的供需平台，导致有意愿提供志愿服务的组织或个人难以找到服务对象，需求方又缺乏表达需求的渠道，阻碍了社会各界为群众体育的发展贡献力量。

第四节　促进群众体育治理能力现代化的策略

一、群众体育治理能力现代化的目标

群众体育治理能力现代化的目标是群众体育各个治理主体到位而不越位、有为而不乱为，最终实现调控主体主动有度、市场主体竞争有序、社会主体积极有位、个人主体参与有道的群众体育发展状态。其中，调控主体主动有度意味着建立了以保持与经济社会融合发展为准则的群众体育宏观调控体系，提高了相机抉择水平，使群众体育在政府的调控中获得最大化的发展空间；市场主体竞争有序意味着统一开放、竞争有序的健身休闲市场体系的形成；社会主体积极有位意味着各种体育社会组织活力得到发挥，政府和社会关系得到正确处理，体育社会组织权责明确、依法自治、充分发挥作用，适合由体育社会组织提供的公共体育服务和解决的事项交由体育社会组织负责；个人主体参与有道意味着公民个体参与群众体育治理的能力增强、渠道畅通，全面、全程、深度地参与群众体育治理。

二、促进群众体育治理能力现代化的路径

（一）促进群众体育治理主体的现代化

群众体育治理主体的现代化既包括不同治理主体在数量上的增加和结构上的平衡，也包括各个治理主体治理能力的单项度提高，更指各治理主体间基

本关系模式和相互作用方式的重构，进而实现整体效能优化提升的结构性调整。

针对群众体育治理主体数量和结构上的问题，应加大力度健全基层政府的群众体育机构，培育群众身边的体育社会组织，鼓励具有自主品牌、创新能力和竞争实力的健身休闲骨干企业做大做强，提高核心竞争力。

针对政府的群众体育治理能力问题，应以打造“强政府”为目标，从体制建设、机制建设和能力提高三个方面进行改革。第一，在体制建设方面，厘清政府的群众体育治理职能。政府在群众体育治理体系中应承担“元治理”的角色，从传统的“管理”转向使用新工具和新技术来“掌舵”和“指导”，以增强统筹调控能力、建构和解构联盟能力、协商和合作能力、资源整合能力和监督能力。政府具体承担的职责包括：（1）作为规则制定者，从总体上架构群众体育治理体系，科学制定和有效执行群众体育治理的制度及政策；（2）作为基本公共体育服务供给者，确定相关标准，并制定相关政策，通过财政等手段保障有效供给；（3）作为秩序管理者，政府应对健身休闲市场进行培育和监督管理；（4）作为社会和公民参与治理的动员者，政府要为体育社会组织的发展营造制度和规则环境。在此基础上，明确中央政府与地方各级政府在群众体育治理中的职责分工，提高基层政府的群众体育政策执行力。第二，在机制建设方面，从群众体育规划、政策制定、财政投入、基础设施、人才队伍建设等方面对政府在群众体育治理中的运作过程进行规范，确保实现政府在群众体育治理体系中的主导作用。第三，在能力提高方面，结合现代化的要求，从法治、规划、资源配置、组织、动员、执行、监督、调控、协调、反应、回馈等方面提高政府的群众体育治理相关能力，重点要提高政府的群众体育政策制定能力，提高群众体育政策制定的科学化水平和民主化程度；提高政府财政资源配置能力，建立投资效益评估体系，以政府的投资激活市场和社会活力。

针对群众体育市场治理能力问题，应调整政府与市场的关系，以建设统一开放、竞争有序的健身休闲市场体系为目标，以发挥市场在资源配置中的决定性作用和更好发挥政府作用为原则，主要从以下四个方面努力。第一，私人体育消费完全交给市场，政府不直接介入；第二，基本公共体育服务的提供尽可能与市场合作，以提高针对性和效率；第三，涉及国家公共利益的群众体育产品和服务需要通过政府内部实现的，尽可能借鉴和引入竞争、效率等市场理念和机制；第四，尽可能让市场机制充分、健康发挥作用。此外，还要重点关注以下四点：一是保障各类健身休闲市场主体权利平等、机会平等、规则平等；二是推动健身休闲企业跨地区、跨行业、跨所有制兼并重组；三是提高健身休闲企业规模化、集约化、专业化水平；四是提高健身休闲企业社会公信力。政府作用的重点应放在支撑体系建设上，包括健身休闲企业诚信体系建设、市场监管和行业监管等。

针对群众体育的社会治理能力问题，主要从以下三个方面努力。第一，在体育社会组织的自治能力方面，要求体育社会组织通过完善制度、建立机构和选举成员对自身事务进行管理，保障自身更好地存在和发展。第二，在参与群众体育治理能力方面，体育社会组织要在公民与政府之间发挥纽带作用。首先，体育社会组织应充分吸取民意，反映群众的体育需求，发挥其独特优势，提出科学合理的政策意见和建议，从而促进群众体育政策制定的民主化与科学化；其次，体育社会组织应鼓励组织成员积极参与群众体育治理活动，增强组织成员的民主参与意识，提高组织成员的民主参与能力；最后，体育社会组织应监督和评估政府的群众体育决策、政府的群众体育治理行为，以促进群众体育政策调整优化和政府权力的规范运行。第三，在社会服务能力方面，体育社会组织应不断提高自身专业素质和专业水平，为社会提供群众体育产品或服务，满足群众的多元体育需求。为此，首先，应正确处理政府与体育社会组织的关系，清晰地认识体育社会组织在群众体育治理体系中的地位和作用，明确体育社会组织是弥补“政府失灵”和“市场失灵”的重要力量，是政府职能转变的重要承担者，发挥体育社会组织在群众体育治理中的积极性是群众体育治理现代化的内在要求。其次，以全国性单项体育协会改革为突破口，深化体育社会组织改革，政府应还权、授权、分权给体育社会组织，加快形成政社分开、权责明确、依法自治的现代体育社会组织体制，增强体育社会组织的自治功能，激发体育社会组织活力。再次，应通过构建体育社会组织的培育孵化机制、捐赠制度、税收优惠制度以及搭建政府与体育社会组织合作的工作平台等，营造体育社会组织发展的良好环境。最后，应建立体育社会组织的监管体系，在登记管理方面，放宽体育社会组织的“准入条件”，推广备案管理，将数量庞大的民间体育社会组织纳入国家统一的监督管理体系；在健全体育社会组织的法人治理结构方面，推行理事会治理机制，使得组织的决策与执行都能按照合理、高效、民主的方式运作，从而提高体育社会组织内部管理能力；建立健全体育社会组织的信息公开机制，定期向全社会公开财务报告等相关信息，建立回应公众查询的机制。

针对公民参与群众体育治理的意识和能力问题，主观上应不断提高公民对群众体育公共事务的关注意识、权利意识、责任意识；客观上应提高群众对体育公

共事务的认知能力和影响能力，使公民具备较丰富的体育专业知识和较强的参与公共事务的能力及规则运用能力，掌握参与群众体育治理的程序、渠道和规则，合理利用互联网、体育社会组织、法律规范参与群众体育公共事务的治理。群众体育公益事业应真正从群众的需求出发，打好“民生牌”和“民心牌”，提高公民参与群众体育治理的主动性和积极性，促进公民“愿”参与；应畅通公民通过体育社会组织和具体项目参与群众体育治理的渠道，促进公民“能”参与。

在提高群众体育不同主体治理能力的同时，还应发挥不同治理主体的比较优势，重构政府、市场、社会、公民之间的关系，强化不同主体间的合作互动，建立群众体育合作治理机制，使得政府、市场、社会及公民通过沟通、互动和协商，建立相互信任、相互依赖、相互合作的关系，共同分享资源和权力，共同提供公共体育服务，解决群众体育发展的问题。重点建立不同主体之间的协商机制、资源共享机制、合作动力机制、利益和纠纷调解机制、合作监督机制，实现政府的有效治理活动、体育社会组织的有效自治活动、公民的有效参与活动和企业的有效生产活动之间的良性互动，进而实现群众体育的治理目标。

（二）促进群众体育治理手段的现代化

群众体育治理手段是连接群众体育治理主体和客体的桥梁，群众体育治理手段现代化的关键是要变革创新。

第一，要将法治作为群众体育治理的基本方式。法治以其可预期性、可操作性、可救济性等优势凝聚不同治理主体的共识，使不同利益主体求同存异。依法追求和实现自身利益最大化是提高国家治理水平的必然途径，群众体育治理应遵循此原则，将群众体育治理依据由以群众体育政策为主转变为以法律为主，将群众体育治理方式由主要依靠行政管理转变为依法治理，大力推进群众体育法律条例的完善工作，提升群众体育治理主体的法治观念，加大群众体育执法及监督力度，优化群众体育治理的法治环境，使法治在群众体育治理中发挥引领、推动、规范、保障、制约作用。

第二，要重视运用现代科学技术，将先进的信息技术手段、信息网络平台以及其他工具、手段引入群众体育治理，推进群众体育政策制定信息化、政策预演模拟化、政策评价定量化、政策实施数据化等，提高群众体育治理的科学化水平。

第三，要建立群众体育治理效果的评估和反馈机制，可借鉴美国的全民健身指数报告的做法，建立包括政策环境指数和健身行为指数在内的群众体育治理效果评价体系，对国家和地方层面的全民健身治理绩效进行动态评估，为政府的决策提供依据。

第四，要综合运用多种治理手段。在群众体育治理过程中，单纯的行政治理手段容易导致政府扩张、效率低下、寻租性腐败等一系列问题；仅强调市场的“竞争—交易”治理手段，容易导致群众体育的公共性缺失和公共利益不足问题；仅强调体育社会组织和公民自我约束及自我管理的治理手段，容易导致自我约束不足、自我管理不善、散漫散乱等问题。因此，群众体育治理手段的现代化要求将政府行政手段、市场竞争调控手段和体育社会组织及公民自我管理手段相结合，既发挥政府行政手段的公共性、集中性和基本公共体育服务保障的优势，又发挥市场竞争调控手段主动性强、回应性高、效率高的优势，还能够发挥体育社会组织及公民自我管理手段形式多、过程活、应变性好的优势。

第五，要创新群众体育治理工具，广泛运用合同承包、托管、特许经营、政府购买等形式，充分发挥市场和社会在群众体育治理中的作用。例如，利用合同承包形式，政府可将基本公共体育服务以合同的形式交由市场组织或体育社会组织生产和经营，政府再通过招投标竞争机制购买最优的基本公共体育服务；利用托管形式，政府可确保公共体育场馆在所有权不变的情况下，将经营权通过市场竞争的方式委托给市场或体育社会组织进行经营管理；利用特许经营方式，政府采用公开透明的筛选机制挑选出合适的市场组织或体育社会组织，授予该市场组织或体育社会组织经营和管理某项群众体育事业的权力，然后通过签订特许协议明确双方的权利与义务，使市场组织或体育社会组织参与到群众体育治理中来。

第六，要建立全民健身激励机制。搭建更加适应时代发展需求的全民健身激励平台，拓展激励范围，有效调动城乡基层单位和个人的积极性，发挥典型示范带动作用；改革群众体育先进单位、先进个人评选表彰制度，扩大表彰和奖励的覆盖面和代表性，树立榜样，形成学先进、比先进、超先进的良好风尚；建立健全运动项目业余锻炼等级标准和段位制，使体育爱好者的运动特长可以得到量化评定，让每一位运动参与者都可以享受到升段晋级的成功和喜悦；推广发放体育消费券、全民健身借记卡、全民健身公共积分等激励体育消费的做法，充分运用科技和金融创新的成果，建立引导和鼓励群众健身消费、市场化的全民健身激励机制。

第六章 全民健身和全民健康深度融合

第一节　全民健身和全民健康深度融合的内涵及特征

一、全民健身和全民健康深度融合的内涵

要理解全民健身和全民健康深度融合的内涵，首先要明确全民健身和全民健康各自的定义。目前，对于“全民健身”的定义，学术界还没有规范。董新光认为，“全民健身”这个词语对于中国，已经不仅仅是一个词语，它已经成为社会主义建设的一项事业和亿万人民的体育实践，已经成为20世纪末中国体育的热点和独具特色的社会现象；“全民健身”的含义，已经不仅仅是全国人民来健身的字面意思了，而是“全民健身计划”“全民健身战略”“全民健身工作”等的代名词①。从这个角度来看，本研究认为，全民健身是一项由体育行政部门主导的、覆盖全体公民的大型的社会民生工程，它以贯彻和落实国家全民健身相关政策法规为主要工作内容，通过构建满足群众需求的全民健身公共服务体系，引导大众科学地参与运动，形成积极健康的生活方式，最终达到提高健康水平的目的。这一定义阐明了以下几个要点：（1）全民健身作为民生工作，政府在其中起主导作用；（2）体育行政部门是全民健身的重要实施主体；（3）构建满足群众需求的全民健身公共服务体系是全民健身工作的重点；（4）全民健身的终极目标是提高全民的健康水平，关键是要引导群众形成科学的健身行为。

关于“全民健康”的定义，目前尚无比较权威的解释。但“健康”的定义

① 董新光. 全民健身大视野[M]. 北京：北京体育大学出版社，2003：I.

却是自古以来就有的，且随着时代的发展不断变化。传统意义上的“健康”一般被定义为机体没有疾病，处于正常运作状态，“无病即健康”。《辞海》对“健康”的解释为：“通常用人体测量、体格检查、各种生理和心理指标来衡量”“人体各器官系统发育良好、功能正常、体质健壮、精力充沛，并具有健全的身心和社会适应能力的状态。”[①] 1978 年的国际初级卫生保健大会发布的《阿拉木图宣言》指出，健康不仅是疾病与体虚的匿迹，而是身心健康、社会幸福的总体状态。世界卫生组织提出的现代的健康观是一个整体健康，就是在身体上、精神上、社会适应上完全处于良好的状态，包括社会适应良好、躯体健康、道德健康、心理健康。这是现代关于健康的较为完整的科学解释。因此，“全民健康”从字面上理解就是：全国人民，不分男女老少，在身体上、精神上、社会适应上完全处于良好的状态。从实践上看，党和国家历来高度重视人民健康问题。为全面提高我国的全民健康水平，在 2008 年全国卫生工作会议上，卫生部正式提出了“健康中国 2020”战略；2016 年中共中央、国务院印发了《“健康中国 2030”规划纲要》，使得健康不再停留于原卫生和计划生育委员会层面，而是上升为国家优先发展的战略，作为治国理念融入政策制定和实施的全过程，《“健康中国 2030”规划纲要》明确指出全民健康是建设健康中国的根本目的。综合全民健康的字面意思和实践表现，本研究把“全民健康”定义为：全民健康是由卫生部门主导的、覆盖全体公民的大型社会民生工程，是国家的基本国策，它以贯彻和落实国家相关健康政策、法规为主要工作内容，以共建共享为基本路径，通过合理地控制影响健康的各种因素，在全生命周期中实现包括生理健康、心理健康、精神健康和社会适应良好在内的全身心健康，最终实现全民幸福。这一定义阐明的要点包括：（1）全民健康是国家战略，要将全民健康融入政策制定与实施的全过程。（2）卫生部门是全民健康的重要实施主体。（3）全民健康的基本路径是共建共享，要求针对生活行为方式、生产生活环境以及医疗卫生服务等健康影响因素，统筹个人、社会和行业三个层面，形成维护和促进全民健康的强大合力，推动人人参与、人人尽力、人人享有。（4）全民健康的终极目标是全人群全生命周期的健康，重点要解决好妇女儿童、老年人、残疾人、低收入人群等重点人群的健康问题，实现健康公平；要针对生命不同阶段的主要健康问题及主要影响因素，确定若干优先领域，强化干预，实现从胎儿到生命终点的全程健康服务和健康保障。

---

①《辞海》编辑委员会. 辞海[M]. 上海：上海辞书出版社，2000：722.

“融合”的基本解释为几种不同的事物合成一体。与“融合”相近的词有“整合”或者“合并”，它们之间的区别犹如物质形态的化学变化之于物理变化，“整合”或者“合并”只是事物之间的物理相加，“融合”则是事物之间发生的化学聚变。青木昌彦认为，融合是指两个或两个以上要素的汇合，或者是向着一个点的运动，或者是几种不同事物合为一体。综上所述，融合是指事物（系统）之间的联系由联合或合并，向相互渗透、互为一体的方向和趋势发展的化学反应。其中，事物（系统）之间相互渗透、互为一体是融合的核心，本质是事物（系统）之间显现出某种“化学反应”，即融合效应。结合全民健身和全民健康的定义，全民健身和全民健康深度融合是指全民健身和全民健康两大民生工程在更广范围、更高层次、更深程度上相互渗透、互为一体的过程；其中，全民健身要以全民健康为目标和指向，全民健康要以全民健身为重要途径和手段，形成相互联系、相互渗透、相互促进的发展新格局；其本质是探索一条多方参与的运动促进健康之路，其最终目的是解决我国关系到健康的重大问题和长远问题，实现健康中国的战略目标。两者融合的具体阶段如图 6–1 所示。健康关照的前端侧重全民健身，即 A 段和 B 段，涵盖身体锻炼、养生、保健等工作；健康关照的后端侧重医疗卫生，即 C 段和 D 段，涵盖疾病治疗、康复等工作；B/C 段是两者融合的重点。

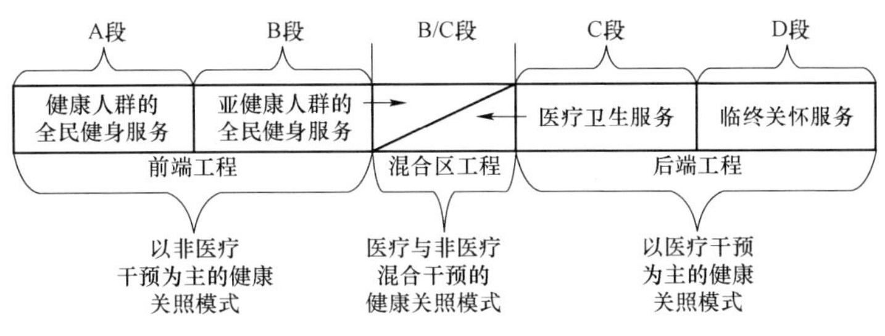

图 6–1　不同阶段的全民健身和全民健康融合

全民健身和全民健康的深度融合，是多种因素共同作用的结果。全民健身与医疗卫生资源为实现两者的融合提供了物质基础，社会对健身和卫生融合服务的需求是动力，其体制和机制创新为融合的实现创造了社会环境，通过现代科技和服务方式的创新，延伸新的价值链，提高健身与健康产品（活动）的价值和品质，促进新兴健身与健康业态形成，满足人们日益增长的个性化、多元化的健康需求。两者融合的机理如图 6–2 所示。

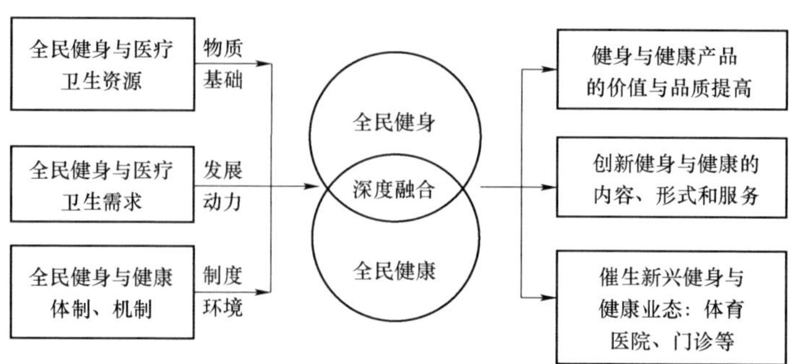

图 6-2　全民健身和全民健康深度融合的机理

从范围的角度来看，全民健身和全民健康深度融合要从中央到地方逐步推进。从管理学的角度来看，这是两个系统要素相互协同的过程。从经济学的角度来看，这是资源在两个系统间的优化配置过程。从融合的具体内容来看，它包括宏观层面的决策层融合，主要指两个系统的战略规划、政策法规、标准厘定、重大问题的解决方案等的融合；中观层面的管理层融合，包括资源配置、绩效评估、设施、组织、活动、人才、宣传、科技等方面的统筹；微观层面的操作层融合，包括运动促进健康的具体方案、手段和方法上的融合及平台的建立，健身和健康行为干预计划、手段、方法上的融合和平台的建立。从融合的类型来看，融合可分为内部自发型融合和外部推动型融合。

二、全民健身和全民健康深度融合的特征

第一，受益对象的广泛性，即“全民性”。全民健身和全民健康深度融合不仅要保障每个社会公民享有基本的健身和健康的权利，还要满足人们基本的健身与医疗卫生的需求，通过关注弱势群体，保证相关服务的均等化，以促进社会公正，不断缩小人民群众享有健身和医疗卫生服务与产品的相对差距。

第二，需求的主导性。全民健身和全民健康以第三产业的体育与健康服务业为主体，并非生产技术高附加值产业，基于个性化、差异化、高级化的体育和健康消费需求增长成为全民健身与医疗卫生行业或产业融合成长的不竭动力。从产业融合发展实践来看，正是体育和健康消费需求的个性化、差异化、高级化对体育产业与相关产业融合发展提出的新要求，促使政府或企业在把握市场优势的创新活动中，推动相关行业生产要素的整合，而个性化、差异化、高级化的体育和健康消费需求创造的市场空间不仅使企业获得更直接的竞争优势和更大的利润空间，而且逐步实现了该行业从低成长性、低附加值状

态到高成长性、高附加值状态的演进。全民健身和全民健康深度融合必须立足服务，以公民的需求为基本导向。由于民众的健身和健康需求具有多样性，既包括物质性的需求（如场地设施），也包括信息的需求（如信息咨询），还包括制度性的需求（如政策法规等），这些方面决定了相关服务和产品也必须丰富多样。政府和相关组织需要通过创造各种条件、完善相关保障措施，提供优质高效的健身与健康活动、产品和服务，最大程度地满足人民群众对健身和健康的需求，并体现出产品和服务的多样性特点。

第三，公益性和产业性的双重属性。一方面，全民健身和全民健康深度融合要体现出自身以公益性为主的特点，其发展要以非营利性为目的，是政府和社会组织为全体公民提供健身与健康公共物品和混合物品的领域。因此，其服务的投入、运行和管理要遵循公益性原则，将全民健身和全民健康纳入政府财政供给的范畴，注重社会效益的发挥。另一方面，全民健身和全民健康深度融合还要突出其产业的属性。与传统产业链中的有形资产关联不同，健身与健康产业链中更多表现为知识关联、功能关联、价值关联。全民健身和全民健康的深度融合以健身和健康产业价值的动态延展作为根本出发点，在更大范围内优化资源配置，创新产品和服务，实现产业生产要素的升级。在市场竞争日益加剧的经济全球化发展趋势中，健身与健康行业中的生产要素交叉、渗透、重组的过程势必以顾客导向为中心，不断挖掘体育价值与功能在市场需求中的独特作用，创造出符合现代生活潮流与生活方式的产品和服务，进而引领市场需求，并最终实现市场竞争优势。

第四，规制的协调性。尽管社会演化系统中的自组织系统对健身和健康行业或产业的成长意义重大，但是自组织系统借助外部力量，特别是将政府宏观调控政策作用于组织状态改变，对于全民健身和全民健康的深度融合是不可或缺的。我国全民健身和全民健康事业和产业整体起步较晚，基础仍十分薄弱，受原有计划经济体制的制约及社会资源和要素的限制，发展的先天条件不足，区域政府引导下的规制协调性发展对两者的融合具有重要的意义。一方面，区域政府通过财政、金融、税收和知识产权法律法规等各项政策的杠杆作用，实现对健身与医疗卫生融合的直接干预、间接诱导和放松管制，引导社会组织和企业实体积极参与；另一方面，区域规制通过适应性的变革推进不同产业或部门利益机制的协调，从而为全民健身和全民健康的深度融合提供较为宽松的制度环境。

第五，便民性。在全民健身和全民健康深度融合的发展进程中，要着眼于公民切身利益，坚持以人为本，满足人民群众就近、经常和有选择地参加体育活动和就医的需要。相关产品和服务体系布局科学、合理，立足社区和居民的日常生活，从而满足不同层次的民众对健身和医疗卫生的需求。

第二节　全民健身和全民健康深度融合的效应

全民健身和全民健康深度融合改变了健身与医疗卫生行业或产业的服务和产品的供给方式以及价值的创造过程、不同企业与组织间的竞争与协同关系，对相关的组织管理及资源配置等都产生了较大影响。从微观角度来看，全民健身和全民健康的深度融合从根本上实现了行业或产业的多功能发挥，有效扩展了行业或产业的绩效空间。从宏观角度来看，在以区域资源禀赋、经济条件和社会条件为基础的我国全民健身和全民健康发展区域差异化格局中，全民健身和全民健康的融合在更大范围实现了行业和产业内部及与其他行业和产业之间资源要素的整合，势必对更大范围的区域经济与社会发展产生深远影响。

第一，实现全民健身和全民健康行业或产业功能的多元化。在全民健身和全民健康深度融合的动态过程中，全民健身与医疗卫生体系通过横向扩展与纵向深化促进自身体系的完善，进而促进其服务或产品价值与功能的更好发挥。在相关健身与健康业务的横向扩展中，全民健身与医疗卫生体系可以与外部行业或产业在服务、产品、市场、企业或组织方面实现融合而产生新的功能体系。例如，生物医药、电子信息技术、新材料等的渗透，使得全民健身和全民健康体系不断向文化、旅游、教育、资源、生态等领域延伸，并催生新的产业和服务形态，进而激发体育与医疗卫生产品功能的多元化。在全民健身和全民健康体系的纵向融合中，基于传统行业或产业的分工，依托特定的健身与健康服务，通过功能或利益联系机制，两个领域中相关联的技术、业务实现市场的交叉、渗透和重组，并最终形成新的内部分工或复合型健身与健康部门，从而实现健身与健康服务、产品功能的深度挖掘。

第二，扩展全民健身和全民健康的绩效空间。全民健身和全民健康的深度融合是全民健身和全民健康促进自身社会绩效优化的重要途径之一。基于健身与健康行业或产业广泛的关联效应，其深度融合使健身与健康的社会资源实现了更大范围的自由流动与配置，行业壁垒不断被打破。两者之间的深度融合逐渐使分工的内部化得以实现，大大降低了政府、社会或企业组织的交易费用和

管理成本。随着各类成本的不断降低，不同的行业或产业部门的社会效率得以快速提高，其自身获得了更高的技术水平和价值创造能力。全民健身和全民健康的深度融合使原本相对分立的行业内部或不同产业间的服务或产品价值链得以部分或全部融合，其扩展与延伸使得新的社会价值得以突破原有的“1+1=2”的模式，跨越式地呈现出“1+1>2”的社会效应。这种溢出效应使公民和社会获得更高品质的健身与健康服务和产品。

第三，全民健身和全民健康深度融合，促进了相关行业或产业发展模式的创新。通过促进产品和服务环境的重组，将原来分属于两大部门的核心业务环节融于一体，改变了原来的行业价值创造逻辑，催生出新的产品和服务供给模式，促进了两大行业发展模式的创新。此外，在行业和产业融合的背景下，全民健身组织为了扩大自己的服务和盈利空间，将健康产业活动融入自己的经营范围，从而为全民健身事业的发展带来了更大的空间，反之亦然。两个行业或产业的深度融合创造出新型体育与健康产品和服务，如体育医院和体育健康门诊的出现，进一步满足了人们多层次的体育与健康需求，表现了社会组织价值主张的改变，这种产品和服务供给模式的创新既为体育与医疗卫生事业的发展提供了巨大的机遇，又使其面临新的挑战。

第三节　全民健身和全民健康深度融合的路径

一、全民健身和全民健康深度融合的路径选择逻辑

（一）路径选择的学理逻辑

从学理上讲，选择全民健身和全民健康深度融合的路径，一要选择两者融合的关键出发点，进行以点带面的推进；二要通过控制影响两者融合的关键要素，使融合过程不偏离应有的轨迹。在融合的关键出发点选择上要从全民健身和全民健康两者之间的关联考虑。首先，两者的服务对象具有同一性，都是全体中国人民，都要求全人群和全生命周期覆盖。其次，两者的目标趋同，全民健身不排除竞技体育后备人才培养、社会主义精神文明建设等目标，但其核心目标还是增强国民体质，维护国民健康；全民健康的根本更是提高国民健康水平、保证健康公平、实现全民幸福。最后，两者在手段和方法上部分重叠，全

民健身对健康的促进作用主要是通过引导民众形成科学的健身行为、提高科学健身水平来实现；而全民健康的手段和方法更为广泛，包括医疗干预、健康教育和行为干预、健康环境创造等方面，特别是随着人类疾病谱的变化，以及健康干预模式从“疾病治疗”到“疾病预防”的转变，通过身体运动的方式进行疾病的治疗与预防，越来越成为世界健康促进先进国家所普遍采用的手段。发达国家用了 50 多年的时间对“体力活动不足”进行了流行病学的追踪调查，得出了“不动生疾，动皆有益”的结论，“身体运动锻炼”在国际医学界被称为“从摇篮到坟墓”都不能放弃的“终生良药”，是多功能的“体力活动补充剂”和“健康效益收获器”。因此，从全民健身和全民健康两者的逻辑关系来讲，应该针对国家的主要健康问题，把构建全人群覆盖、全生命周期覆盖的运动促进健康服务体系作为全民健身和全民健康深度融合的关键出发点。

全民健身和全民健康深度融合是一个循序渐进的过程，其融合过程受多种因素影响，按照其发挥作用的不同分为动力要素、政策要素和支持要素。其中，动力要素推动两者融合，政策要素指导两者融合，支持要素为两者融合提供必要的基础条件。从动力要素的内容来看，全民健身和全民健康的深度融合涉及不同组织、部门和系统之间的协同，推动不同主体融合的动力要素主要包括个体和社会对运动促进健康的需求、市场竞争和不同主体追求利益最大化。从政策要素的内容来看，全民健身和全民健康深度融合是通过微观（操作）、中观（管理）、宏观（决策）三个层面的融合来实现的，不同层面的融合需要相应的政策指导，因此，政策要素包括国家的宏观政策、区域的中观政策、操作上的微观政策三个方面。从支持要素的内容来看，其主要包括组织、体制机制、科技支持、专门人才、资金投入等方面，是全民健身和全民健康深度融合的保障。在选择全民健身和全民健康深度融合的路径时，要结合实际进行全要素提升，充分发挥运动对健康的促进作用，为健康中国战略的实施保驾护航。

（二）路径选择的历史逻辑

中华人民共和国成立以来，党和国家一直高度重视全民健身工作。1949 年 9 月，中国人民政治协商会议第一届全体会议通过的《中国人民政治协商会议共同纲领》便规定，“提倡国民体育”。毛泽东于 1950 年提出了“健康第一，学习第二”的方针。1953 年，毛泽东在中共中央研讨体育工作时指出：“体育是关系六亿人民健康的大事。”1954 年 3 月，政务院发布的《关于在政府机关中开展工间操和其他体育运动的通知》明确指出：“正式规定在每天上午和下午的

工作时间中各抽出十分钟做工间操。”1954 年 1 月，中共中央批转中央人民政府体育运动委员会党组《关于加强人民体育运动工作的报告》提出：“改善人民的健康状况，增强人民体质，是党的一项重要政治任务。”1954 年，国家体委颁布《准备劳动与卫国体育制度暂行条例、暂行项目标准》，1958 年修改为《劳动卫国体育制度条例》。《劳动卫国体育制度条例》颁布的目的在于鼓励人民积极参加体育锻炼，促进体育运动的广泛开展，提高运动技术水平，使人民身强力壮、意志坚强，更好地为社会主义建设和保卫祖国服务。《劳动卫国体育制度条例》的实施采取部门协同的方式，各级体育运动委员会分别负责领导和监督全国或所属地区的《劳动卫国体育制度条例》实施工作；教育部门和工会分别负责领导学校和职工的《劳动卫国体育制度条例》实施工作；卫生部门负责《劳动卫国体育制度条例》的医务监督工作；共青团在《劳动卫国体育制度条例》实施工作中也起到积极作用[①]。1984 年，中共中央发布的《关于进一步发展体育运动的通知》提出：“要积极发展城乡体育活动，努力提高人民健康水平，重点抓好学校体育，从少年儿童抓起。”1985 年 8 月，国家体委在青海省西宁市组织召开全国体育发展战略讨论会，提出“全民体育”概念。1995 年，国务院颁布《全民健身计划纲要》，对 2010 年之前的我国全民健身工作的目标、任务、重点、对策等做了全面统筹安排。2009 年，国务院颁布《全民健身条例》，对与人民群众参与健身活动密切相关的体育设施、健身指导、安全规范等做出规定，并将每年 8 月 8 日定为“全民健身日”。2011 年国务院印发《全民健身计划（2011—2015 年）》。2014 年 10 月 2 日，国务院印发的《关于加快发展体育产业促进体育消费的若干意见》明确提出：将全民健身上升为国家战略；树立文明健康生活方式，推进健康关口前移；营造重视体育、支持体育、参与体育的社会氛围；促进康体结合。加强体育运动指导，推广“运动处方”，发挥体育锻炼在疾病防治以及健康促进等方面的积极作用。2016 年 8 月，在全国卫生与健康大会上，习近平总书记强调，要倡导健康文明的生活方式，树立大卫生、大健康的观念，把以治病为中心转变为以人民健康为中心，建立健全健康教育体系，提升全民健康素养，推动全民健身和全民健康深度融合。全民健身和全民健康融合的概念得以正式提出。2017 年，国家体育总局副局长赵勇在上海、广州等地调研时强调：要深入学习贯彻习近平总书记关于全民健身和全民健康的重要指示，扎实推进全民健身和全民健康深度融合。要把全民健身国

① 国家体育运动委员会. 劳动卫国体育制度条例[J]. 中华人民共和国国务院公报，1958（32）：675－680.

家战略作为民生工程、幸福工程、聚力工程、发展工程、生态工程。要构筑全民健身国家战略的“六大支柱”；推动全民健身和全民健康在理念上融合、组织上融合、设施上融合、活动上融合、队伍上融合、管理上融合、体制上融合。

全民健身和全民健康深度融合的正式提出，成为全民健身工作的新起点，也对全民健身工作提出了新要求。中华人民共和国成立以来，我国全民健身工作取得了令人瞩目的成就，积累了丰富的经验，在选择全民健身和全民健康深度融合的路径时，不应该割裂历史，而应整合那些已经证明符合全民健身发展规律并取得实效的成功经验。这些成功经验包括以下几项。

（1）必须立足我国的基本国情和时代需要，紧密围绕党和国家的中心工作，服从和服务于国家经济社会发展大局。

（2）必须坚持政府主导、部门协同、全社会广泛参与的发展格局。多年来，全民健身工作由各级政府组织推行，发挥了政府领导职能，体现了政府为人民服务的宗旨。各级政府把全民健身工作纳入经济社会发展规划，列入财政预算，作为社会主义精神文明建设和全面建成小康社会的重要内容，列入各级政府的任期目标、政绩考核和评选表彰条件，从根本上保证了全民健身工作的顺利推进。在全民健身工作的推进过程中，积极探索国家宏观调控、部门协同、依托社会、服务群众的管理体制和运行机制，最大程度地调动和依靠社会力量，广泛动员各行业、各系统、各单位兴办全民健身事业，激发群众的参与热情，使全民健身事业焕发出无限的生机和活力。

（3）必须以满足群众的需求为基本出发点。在多年的全民健身工作实践中，各级政府及有关部门和社会组织始终把满足人民群众不断增长的体育健身需求作为根本出发点和落脚点，以为群众做好事、办实事为重要动力，以构建“亲民、便民、利民”的全民健身服务体系为工作目标，受到了群众的认可和欢迎，得到了全社会的关注和支持。

（4）坚持以改革促发展，实现发展机制和方式的变革创新。中华人民共和国成立以来，全民健身工作表现出与时俱进的时代风貌和不断改革创新的实践探索，全民健身的“三边工程”“六边工程”正是这种改革创新的最好诠释。在改革中发展和在创新中完善的务实举措，是建成有中国特色全民健身公共服务体系目标得以最终实现的根本动力。

（5）必须坚持整体规划、全面协调，以系列工程为抓手。开展全民健身工作的目的是提高广大群众的健康素质，其途径是根据群众的健身需求不断改善体育健身环境，包括投资金、建组织、建场地、立法规、组织活动、广泛宣传、

科技支撑等方面，在实施过程中必须做到整体规划、全面协调，并以系列工程的形式进行推进。例如，1995 年《全民健身计划纲要》颁布后，国家体委即发出了实施全民健身“一二一工程”的意见，突出发动期的宣传，在重点实施阶段，又提出了“三个一”，即造就一支社会体育指导员队伍，建立一个国民体质监测体系，倡导一套科学的体育健身方法。第一期工程的目标是建立全民健身体系基本框架。经过 5 年的努力，全民健身公共服务体系初步建立，第一期工程的目标基本实现，极大地推动了全民健身计划工作的实施与开展[①]。

（三）路径选择的现实逻辑

健康中国战略的深入推进，需要从国家战略层面统筹解决关系健康的重大现实问题，全民健身和全民健康的深度融合作为健康中国战略实施的重要途径和手段，理应为解决这些问题发挥其应有的作用。

当前我国所面临的重大健康问题主要有以下几个方面：一是慢性疾病的悄然蔓延。卫生部等 15 部门于 2012 年 5 月联合印发的《中国慢性病防治工作规划（2012—2015 年）》指出：“我国慢性病发病人数快速上升，现有确诊患者 2.6 亿人，是重大的公共卫生问题。”2014 年 5 月，国家卫生和计划生育委员会疾控局监察专员常继乐表示，中国已经确诊的慢性病患者接近 3 亿人，而慢性病导致的死亡已经占到中国总死亡的 85%，其中心血管病已成为中国城乡居民的第一位死亡原因。此外，中国还是糖尿病大国，患者人数居全球之首。2013 年全球约有 3.82 亿成年人患有糖尿病，中国糖尿病患病人数为 1.14 亿，而 2008 年中国糖尿病患病人数是 9 200 万，5 年间多出 2 200 万人，平均以每年 550 万例的速度增长。国际糖尿病联合会估计，到 2030 年中国糖尿病患者将增加 4 000 多万，达到 1.54 亿人，每年的医疗费用将达到 280 亿美元。二是人口老龄化问题突出。2014 年，我国 60 岁及以上人口为 21 242 万人，占总人口的 15.5%，其中 65 岁及以上人口占总人口比重达 10.1%[②]；如何实现健康老龄化是亟待解决的现实问题。三是抑郁症患者较多，自杀情况非常严峻。根据中国心理学会的统计，中国抑郁症发病率为总人口的 3%～5%，即有几千万人患有抑郁症（也有报告说发病率为 6.1%，约 9 000 万人）。中国每年约有 25 万人死于自

---

① 陈宁. 全民健身概论[M]. 成都：四川教育出版社，2006：66.

② 李宝库. 中国老龄化速度居全球首位 2050 年将有 4 亿老人[N]. 中华工商时报，2010-08-20.

杀，自杀未遂的则有200万到250万人①。全民健身和全民健康深度融合的路径选择，必须有利于这些问题的解决，满足健康中国战略实施的需求。

从全民健身和全民健康工作各自的实施情况看，中华人民共和国成立以来，全民健身工作取得的成绩显著，全民健身公共服务体系初步形成；群众体育设施遍布城乡；全国经常参加体育锻炼的人数比例达到33.9%（截至2014年底），比2007年提高了5.7个百分点；城乡居民达到《国民体质测定标准手册》合格以上的人数比例为89.6%。在取得这些成绩的同时，也存在一些问题。在全民健身工作方面，全民健身基本公共服务在地区、城乡间的发展依然不平衡，公共体育场馆和学校体育设施对社会开放程度和利用率依然不高，新建小区配套体育设施实行“同步设计、同步建设、同步投入使用”的政策落实不到位，参与全民健身的社会力量动员不够，各级体育社会组织发展相对缓慢、数量偏少、作用发挥不够，全民健身的公共财政的投入依然较低，多元筹资渠道尚未建立，全民健身氛围不平衡、信息化程度不高等。在全民健康工作方面，主要把医药供给和卫生保健作为服务国民健康的途径，注重依靠医药和保健实现健康，在行动计划上没有把运动作为健康促进的内容；卫生系统与体育部门联动的体医融合政策机制尚未建立，不同部门之间的健康责任区分不够明确，部门间协同以及一些与卫生系统无关的部门和社会组织等在政策中涉及不多；一些政策虽强调社会不同组织协作，借助各部门力量推动健康服务等策略，但在实施方面没有专门针对不同部门制订的实施计划，也没有专门负责计划实施的协调机构②。全民健身和全民健康深度融合的路径选择，要有利于这些现存问题的解决，以充分发挥运动对健康的促进作用。

二、全民健身和全民健康深度融合的具体路径

通过从学理上分析全民健身和全民健康深度融合的关键点选择及影响因素，借鉴我国全民健身工作的历史经验，针对当前我国存在的公共健康问题以及全民健身和全民健康工作各自存在的问题，本研究提出如下全民健身和全民健康深度融合的具体路径。

① 张献怀. 抑郁症：人类第一号心理杀手[J]. 健康大视野，2007（12）：109.

② 彭国强，舒盛芳. 美国运动健康促进服务体系及其对健康中国的启示[J]. 体育与科学，2016，37（5）：118-119.

（一）理念先行，扫除全民健身和全民健康深度融合的认知障碍

长期以来，人们的传统观念认为全民健身是为了给竞技体育培养后备人才，单纯地强调全民健身的体质增强功能，把全民健身局限在体育系统内认识和布局，思维方式和工作方法带有明显的封闭性和局限性。基于认识上的偏差，一些地方政府对全民健身的重视程度不够，关于全民健身的基本公共服务相对缺失，全民健身的社会功能和多元价值被淡化，其价值也就没能得到应有发挥；“关心体育就是关心群众，重视体育就是重视群众”的理念没有得到普遍重视，全民健身作为党联系群众、服务群众的独特方式，其民生价值没有得到应有的发挥[①]。同样，人们对健康的认识很多时候仍局限在身体层面，实现全民健康的主要途径也被简单理解为大力发展医疗卫生事业。对此，政府亟须引导人们形成正确的观念。扫除全民健身和全民健康深度融合的认知障碍需要做到以下两点。

一要根据健康中国战略的要求，贯彻和落实“以促进健康为中心”的大健康观、大卫生观，并将这一理念贯穿于全民健身和全民健康相关政策制定实施的全过程。从健康促进和疾病防控的角度出发，始终以人民的健康需求为中心，严格遵照“以体为先和体医融合”原则，不论是需求侧还是供给侧，都以提高国民健康水平为目标，转医疗干预为非医疗干预，把全民健身作为健康促进的主流手段，共同提高国民身体健康、道德健康、心理健康和社会适应健康水平。此外，政府还要提升全民健身的价值定位，从单一的健身功能提升为多元的社会功能和健康价值。

二要树立大群体观，统领全民健身工作。全民健身和全民健康深度融合要求全民健身工作以运动促进健康为中心，解决我国面临的主要健康问题。而健康是百姓最关心、最直接、最现实的切身利益，因此，要突出政府的全民健身责任，把政府重视全民健身工作与重视民生相关联、相等同。此外，运动促进健康这项工作要求全人群、全生命周期覆盖，涉及领域众多，绝非体育部门单独所能完成，需要相关部门协同、全社会的共同参与，调动各方资源，形成全民健身工作推进的合力。为此，要重新审视现有的全民健身工作定位，寻找与相关领域工作的差距，形成目标任务具体化，工作过程可操作、可衡量、可考核的全民健身发展新格局。

---

① 刘国永. 实施全民健身战略，推进健康中国建设[J]. 体育科学，2016，36（12）：6.

（二）以全面深化改革为动力，破除制约全民健身和全民健康深度融合的体制机制障碍

推进健康中国建设，是全面建成小康社会、基本实现社会主义现代化的重要基础，是全面提升中华民族健康素质、实现人民健康与经济社会协调发展的国家战略，是积极参与全球健康治理、履行2030年可持续发展议程国际承诺的重大举措。全民健身和全民健康深度融合是推进健康中国建设的重要途径和手段，要求打破体育、卫生、医疗等部门界限和行业壁垒，形成合纵连横、协同创新和跨域治理的运动促进健康模式。受传统体制影响，我国的卫生与体育两大部门在健康服务中各自为政，健康工作主要由卫生系统承担，一些与卫生系统无关的部门和社会组织等并没有参与其中，卫生系统与体育部门联动的体医融合政策机制也未建立。全民健身工作主要以增强国民体质和培养竞技体育后备人才为目标，健康对全民健身的引领作用发挥不够；尽管全民健身的“大群体”推进策略得以提出，但由于缺乏跨部门的协同机制，尚不能有效解决部门界限和行业壁垒问题，无法实现部门和行业之间资源的有效整合，使得系统内外推进全民健身事业的动力与合力不足。面对新的形势和任务，要用全局的观念和系统思维考虑全民健身和全民健康的深度融合问题，通过全面深化改革激发多元主体参与运动促进健康工作的动力，形成推进运动促进健康工作的合力；要通过全面深化改革为推进全民健身和全民健康的深度融合攻坚克难，探寻方法路径，破除制约全民健身和全民健康深度融合的体制机制障碍。

要以推进健康中国建设为目标，全面深化改革，推动各项任务的落实。

第一，改革政府职能。不仅要简政放权、放管结合、优化服务，把政府对全民健身和全民健康工作的一揽子管理权逐步下放给社会，细化各个协同部门的工作任务和职责，逐步实现由政府对全民健身和全民健康工作的“垄断式”主导向精细“分权化”管理的转变，还要大力推进政府向社会组织、企业、事业单位购买全民健身公共服务，广泛吸引社会资本参与，转变“养人”与“养机构”的机制。

第二，改革筹资机制。调整并优化财政支出结构，加大对全民健身和全民健康深度融合领域的投入力度，科学合理地界定中央财政和地方财政支出责任；中央财政在安排相关支付时对经济欠发达地区予以倾斜，提高资金使用效益；开展全民健身和全民健康深度融合投入绩效监测和评价；充分调动社会组织、企业的积极性，形成多元筹资格局；鼓励金融等机构创新产品服务，

完善扶持措施；大力发展慈善事业，鼓励社会与个人捐赠互助。

第三，加快推进全民健身公共服务供给侧结构性改革。一是要坚持“保基本、全覆盖、均享有、可持续”原则，向全体居民提供基本的全民健身公共服务，着力保障儿童和青少年、老年人、残疾人等的健身需求。二是要将体育、教育、医疗卫生、文化、养老等政府机构中与全民健身直接相关的职能进行大整合，努力使全民健身成为保障健康、扩大内需、增加就业、推动经济转型的重要力量。三是要按照社会组织改革发展的总体要求，加快推动体育社会组织改革，提高体育社会组织承接全民健身服务的能力和质量，积极发挥全国性体育社会组织在开展全民健身活动、提供专业指导服务等方面的龙头示范作用。四是要建立公众对全民健身公共服务政策制定、执行、监督评估的全程参与机制，推动全民健身公共服务的供需匹配。五是要优化治理手段，通过“互联网+”、事业单位改革等形式，改进全民健身公共服务的供给绩效。

（三）共建共享全民健身公共服务体系，实现全民健身公共服务的精准化供给

全民健身公共服务的精准化供给是实现运动促进健康的关键，而共建共享全民健身公共服务体系则是实现全民健身公共服务精准化供给的必由之路。因此，一是要把共同建设、共同享有贯穿于全民健身公共服务体系构建的全过程，真正做到在共建中共享、共享中共建。二是要从供给侧和需求侧两端发力，统筹政府、市场、社会和个人四个层面，形成运动促进健康的强大合力。三是要创新全民健身公共服务的供给方式，通过政府购买全民健身公共服务、积极培育社会力量承接全民健身公共服务、加强与社会资本合作等形式，推动全民健身基本公共服务的供给侧结构性改革；体育、卫生、教育、旅游等行业要主动适应群众的健身需求，优化资源配置和服务供给，做好基础工作并补齐发展短板，推动健身与养老、医疗、教育和旅游融合，实现健身产业的升级换代，满足人民群众不断增长的健身需求。四是要促进全社会广泛参与全民健身公共服务的供给，吸引、鼓励社会组织、行业协会等积极参与到运动促进健康活动中，构建全民健身环境，发挥承上启下的科学指导和组织、协调和实施等功用。五是要从服务的可及性出发，把“六边工程”作为实施全民健身国家战略的重要抓手，加大力度，健全群众身边的体育组织，完善群众身边的体育设施，丰富群众身边的健身活动，支持群众身边的健身赛事，开展群众身边的健身指导，讲好群众身边的健身故事，推动全民健身和全民健康在理念上融合、组织

上融合、设施上融合、活动上融合、队伍上融合、管理上融合、体制上融合。六是要推进资源可及性保障工作，让所有人，尤其是基层、偏远地区的人都能享受到健身、医疗、卫生基本公共服务，从而保证人们能够获取健身、诊疗和卫生所需的体卫医技人员、健身设施和健身医疗技术等。七是要从经济可及性的角度，加大对欠发达地区的投资、重点扶植，保障全体国民公平享有体育、医疗、卫生权利，实现全民健身公共服务的场所全覆盖、生命周期全覆盖。从个人层面来看，要强化个人的健身责任，提高全民体育素养，引导形成自主自律、符合自身健康特点的健身行为习惯，有效控制影响自主健身行为的因素，形成热爱运动、坚持运动、追求健康、促进健康的生活方式。

（四）建立有利于维护和促进全民健身和全民健康深度融合的政策法规

全民健身和全民健康多领域、多层次、多要素的深度融合，要求打破全民健身和全民健康各自的原有工作体系和制度，重新划分市场、社会和政府不同部门的职责权限，进行利益的重新调整。仅依靠政治动员、行政手段、沟通协调和协同者的个人自觉和影响力，既难以取得融合的预期效果，又难以持续融合发展。因此，需要运用法治思维和法治方式，制定有利于维护和促进全民健身和全民健康深度融合的政策法规，发挥政策法规的权威性、稳定性、强制性作用，推进全民健身和全民健康深度融合的制度化、规范化和程序化。

由于我国全民健身和全民健康的融合还处于初期阶段，很多政策法规还是空白，在政策法规的制定上应体现顶层设计与落地配套相结合，建体系、重统筹、谋实效，具体表现为以下四个方面：一是在顶层设计上，要制定具有约束力的综合性法律，明确界定全民健身和全民健康深度融合相关主体及其各自的权力、责任、作用范围；对全民健身和全民健康深度融合的战略规划、重大项目实施和核心要素建设要有相应的法律保障。二是在顶层设计的基础上，要建立配套政策和具体实施办法，构建全民健身和全民健康深度融合的微观运行机制，使得各项工作能落地执行。例如，关于体医融合要紧紧围绕“四个共同”来制定落地政策和开发各项具体的实施办法，即共同实施国民体质监测、共同培养能开运动处方的医生、共同服务群众的健身需求和共同发展健身康复产业。三是加强统筹协调，由于全民健身和全民健康深度融合涉及健康中国战略、全民健身工作体系、全民健康工作体系，关系中央和地方、各个系统、诸多领域、众多部门，需要有专门的机构发挥政策法规制定的统筹统管作用，加大政

策制定的统筹力度。例如，关于全民健身的场地设施建设涉及财政、住建、交通等多个部门，在制定相关政策时就要纳入统一的框架进行考虑。四是加强对政策法规执行效果的评估和调研，提高政策效果。

（五）实施系列工程，使全民健身和全民健康深度融合落到实处

1. 实施全民健身和全民健康深度融合的宣传工程

第一，要以运动与健康为主题，采取各种措施，协调各级各类媒体，通过“六进”（进单位、进企业、进学校、进社区、进医院、进村入户）和“六有”（电视有画面、报刊有报道、广播有声音、网络有专题、微信有公众号、墙上有标语）等形式，广泛宣传全民健身和全民健康深度融合的重大意义、主要内容、实施步骤和政策措施等，营造全社会关心、支持、参与、监督全民健身和全民健康深度融合工作的良好社会氛围。通过加大宣传力度，为全民健身和全民健康的深度融合提供强大的思想保证、精神动力和舆论支持。第二，要实施面向各级党委、政府的思想政治引领工程，积极开展形势任务教育，使各级干部认清全民健身和全民健康深度融合的重大价值，增强对全民健身和全民健康深度融合的认同和理解，凝聚共识，为各级政府和部门推进全民健身和全民健康深度融合增添动力，坚定信心和决心。第三，要深入实施面向百姓的观念革新工程，通过讲述百姓身边的健身与健康故事，组织开展“寻找健身达人”“健康家庭评选”等主题活动，创建“健身（健康）论坛”，引领百姓形成健身是责任的观念（为个人健康负责、为家庭幸福负责、为减轻社会负担负责），提升全民健康素养，主动、自觉地投入全民健身和全民健康各项活动。

2. 实施社区居民电子健康档案建设工程

全民健身和全民健康在微观层面上的融合，要求全面收集居民的健康和疾病信息、体育锻炼信息、健康相关的体质信息以及接受医疗或运动干预的历史信息，并在此基础上制定相应的医疗干预和运动干预方案。社区居民电子健康档案是社区居民健康管理（疾病预防、健康保护、健康促进等）过程的规范、科学记录，它以居民个人健康为核心，贯穿整个生命过程，涵盖各种健康相关要素，实现多渠道信息动态收集，可直接为个人和社区卫生服务机构进行健康管理和运动行为干预提供基线和效果信息。实施社区居民电子健康档案建设工程，一是要在现有的社区居民电子健康档案的基础上，增加居民体育锻炼信息、健康相关的体质信息和接受医疗或运动干预的历史信息，并统一这些数据的标准。二是要明确管理主体，城市社区居民电子健康档案建设主要由社区卫

生服务机构负责，农村社区居民电子健康档案建设由村卫生室负责。三是要完善管理模式。在信息收集方面，社区卫生服务机构和村卫生室可利用为居民体检的时机或采取定期监测的方式，全面记录居民基本健康信息；利用诊疗的时机，将诊疗内容、测量结果记录在档案中，保证健康档案的及时更新，同时根据检查结果确定健康和健身指导方案。在管理方面，要确保专人专岗，安排固定人员对电子健康档案进行管理。在利用方面，可以根据电子健康档案的记录，对慢性病患者、老年人、肥胖人群等进行重点关注，主动提供健身干预服务，并完善电子健康档案的个人记录。

3. 实施全民健身和全民健康深度融合的人才支撑工程

第一，要发挥人才对全民健身和全民健康深度融合的基础性、保障性作用，通过专门人才培养与资源整合等多种渠道，建立一支数量充足、结构合理、素质优良、专职与兼职相结合的人才队伍。重点要建立运动与健康促进指导者队伍，包括两类人才：一类是在社区初级卫生保健工作中担任运动指导，对社区居民进行体格检查、开具健身运动处方的“运动医生”；另一类是负责具体执行健身运动处方，根据居民的健康状况、体力水平、运动参与的具体情况进行实际指导的“健身活动指导者”。要建立这两类人才的培养和资格认定制度，特别要建立开放的“运动医生”的培养和资格认定制度。

第二，改革医学院校的体育课程模式，加强对学生“体医融合”的知识和技能培训；对从事初级卫生保健的医生进行职后教育，发挥医生对群众参与科学健身的推荐、咨询和指导作用。

第三，推行专业社会体育指导员队伍制度，建立一支具有社工职业资质的专业社会体育指导员队伍，充实社区（街道）、乡镇的运动与健康促进指导者队伍。

第四，要建立全民健身和全民健康深度融合的专家信息库，对多领域、多学科、多部门专家进行科学遴选，形成国家级、省级、地市级和区县级的多层次专家资源库，为相应层级部门的融合工作提供理论指导和技术支持。

4. 实施全民健身和全民健康深度融合的科技创新工程

制订并实施运动促进健康科技行动计划，将全民健身和全民健康深度融合的关键问题纳入国家重大科技专项，发挥科技对全民健身和全民健康深度融合工作的引领作用，推动全民健身和全民健康深度融合的理论与实践创新；开展基于不同理论设计的运动干预方案的实验研究，推动群众养成科学健身的习惯；研究制定针对常见慢性疾病、不同年龄人群的健身指导方案、健身运动处

方，开展运动风险评估，提高群众科学健身的效果和安全性；加强科学健身普及，弘扬科学健身文化，通过组织编写“百姓科学健身指南”，开展“科学健身大讲堂”活动，提高群众的科学健身意识、素养和能力水平；推动移动互联网、云计算、大数据、物联网等现代信息技术手段与全民健身相结合，建设全民健身管理资源库、服务资源库和公共服务信息平台，使全民健身服务更加便捷、高效、精准；建立全民健身大数据平台，动态监测健身环境、群众的健身参与和健身效果；推进全民健身场地设施创新，促进全民健身场地设施升级换代，为群众提供便利、科学、安全、灵活、无障碍的健身场地设施；鼓励企业、高校和研究机构进行协同创新，开发科技含量高、拥有自主知识产权的健身产品。

5. 实施全民健身和全民健康深度融合的“典型示范”建设工程

以全民健身和全民健康深度融合的“典型示范”建设为载体，探索融合路径，进行体制、机制和模式创新，以点带面，力求形成一批可复制、可推广的经验和做法。“典型示范”建设要与卫生部门实施的健康城市、健康村镇、健康学校等相结合，与体育部门实施的全民健身示范区相结合，与文化部门实施的公共文化服务示范区相结合。“典型示范”建设工程的类型包括示范场所建设与示范区建设。其中，示范场所建设从居民全覆盖角度考虑，包括社区、村和家庭；从工作场所全覆盖角度考虑，包括学校、机关、企业、医院。示范区建设从政府行政区域角度考虑，包括（乡）镇、区县、地市、省级。“典型示范”建设不仅要突出重大需求融合对接、要素资源融合共享，根据不同类型制定考核评估办法和相关管理规定，做到准入有条件、建设有目标、考核有标准、达标有奖励；还要做好“典型示范”建设的经验总结工作，组织实施以促进全民健身和全民健康深度融合为主题的推广活动，通过现场展示、媒体宣传、网上展示和组织编写“全民健身和全民健康深度融合案例集”等形式扩大经验推广范围和深度。

6. 实施基于科学循证的社区重点人群健身行为干预工程

第一，针对社区的老、弱、病、残、幼等重点人群进行科学健身行为干预，实现这些人群的运动参与自觉、有效与安全，不断提高健康水平，这是贯彻落实健康中国战略“公平公正”的基本原则，推动健康领域基本公共服务均等化，逐步缩小基本健康服务和健康水平人群差异的内在要求。第二，要把那些在科技创新项目中被证明有效的“基于不同理论设计的运动干预方案的实验研究”，进行基于社区真实环境下的健身行为干预的转化，寻求既能实现在实验控制条件下的干预，又能保证在社区真实的环境下有足够的资源和时间来实施的行动方案。第三，要设立专门的基金，通过开放式的项目申请，落实行动方案。

7. 大力推进体医融合工程

体医融合是运动促进健康的重要实践模式，是落实全民健康理念的载体，是部门之间优质资源整合的典范。第一，要在医疗系统推广“运动是良医”的行动计划，把体医融合纳入医院评级的指标体系，发挥临床医生和健康管理人员在科学健身行为干预中的积极作用，将体力活动水平作为基本生命体征，纳入医生问诊的内容体系，并能为病人提供健身运动处方或者为病人推荐有资质的健身运动专家进行咨询。第二，要在医疗系统倡导积极健康的生活方式，促进从业人员积极参与健身运动，发挥示范和带头作用。第三，要尽快开展“运动医生”的培训和认证工作，把城市社区初级卫生保健医生和农村村卫生室医生的培训和认证纳入国家统一计划。第四，要完善社区全民健身服务网络，并将相关信息提供给医疗系统，实现两个系统的功能互补和资源共享。第五，要尽快制定适用于临床医生的简单、方便、有效的健身行为干预行动指南，方便医生评估病人的体力活动水平，并根据病人的健康状况、体力活动水平和体质情况制定健身运动处方，为病人推荐有资质的健身运动专家，实现临床医生对健身行为干预的标准化。

第四节　全民健身和全民健康深度融合的体制机制

“体制”在《辞海》中的解释是：国家机关、企事业单位在机构设置、领导隶属关系和管理权限划分等方面的体系、制度、方法、形式等的总称[①]。“机制”的概念源于机械工程学科，现广泛用于社会领域。《现代汉语词典》（2002年增补本）中的“机制”有四层含义：（1）机器的构造和工作原理，如计算机的机制。（2）有机体的构造、功能和相互关系，如动脉硬化的机制。（3）指某些自然现象的物理、化学规律，如优选法中优化对象的机制。也叫作机理。（4）泛指一个工作系统的组织或部分之间相互作用的过程和方式[②]。从一般意义上理解，体制是与实现一个系统运行有关的一切组织结构、方法、制度、规章、

① 《辞海》编辑委员会. 辞海 [M]. 上海：上海辞书出版社，1999：644.

② 中国社会科学院语言研究所词典编辑室. 现代汉语词典：汉英双语[M]. 2002年增补本. 北京：外语教学与研究出版社，2002：892.

习惯等体系。理解“机制”的概念需把握两个方面的要义：一是构成系统各个部分的存在是前提，只要系统各个部分存在，就有一个如何协调各个部分之间关系的问题；二是协调各个部分之间的关系需要具体的运作方式。机制实质上是借助一定的运作方式把系统的各个部分联系起来，它或有形或无形，贯穿于整个系统的运行过程，使各部分协调运作并发挥作用，对实现系统目标起决定性的作用。从体制与机制的关系来看，体制指系统的结构方面，机制指系统的功能方面，体制决定机制，机制为体制服务。因此，全民健身和全民健康深度融合的体制是指有利于全民健身和全民健康深度融合的机构设置、领导隶属关系和管理权限划分等方面的体系、制度、方法、形式等的总称。它主要回答谁来推进全民健身和全民健康的深度融合工作，如果有多个主体，它们之间内在关系如何，怎样把多个主体搭建成一个有机的整体的问题。全民健身和全民健康深度融合的机制是指把涉及融合的不同主体联系起来的方式，使它们协调运作并发挥作用，实现融合目标和效应。它主要回答如何才能实现融合的问题，是一种动态的方式。

全民健身和全民健康的深度融合是一项复杂的系统工程，其融合的过程关系复杂，涉及的领域、部门、机构和影响要素众多，要想使全民健身和全民健康的深度融合取得预期的效果，就必须认清和把握融合的起点，控制融合过程中的关键影响要素，这样才能更深层次地解决融合过程中出现的种种问题。我国全民健身和全民健康深度融合是在2016年8月全国卫生与健康大会上被正式提出的，习近平总书记在会上指出，要倡导健康文明的生活方式，树立大卫生、大健康的观念，把以治病为中心转变为以人民健康为中心，建立健全健康教育体系，提升全民健康素养，推动全民健身和全民健康深度融合。提出全民健身和全民健康深度融合的原因在于当前我国疾病谱变化，健康促进模式由“以疾病治疗为中心”向“以预防为主、防治结合为中心”转变。由此可见，全民健身和全民健康融合的历程本身较短。从实践上看，我国全民健身工作由体育部门主导实施（其中，“青少年健身”又是由教育部门主管），全民健康工作由卫生部门主导，相互间不仅没有融合，甚至存在“政出多门”“碎片化”“扯皮推诿”“互设壁垒”的现象。以卫生部门主导的全民健康工作为例，为规范和指导全国健康教育与健康促进工作的开展，2005 年，卫生部起草制定了《全国健康教育与健康促进工作规划纲要（2005—2010 年）》。虽然在策略和措施中强调“加强多部门协调，发挥各级健康教育协会等非政府组织和大众媒体的作用”，但在具体工作任务和目标中，并没有像美国、日本等发达国家那样，将体育运动纳入其中，没有提到利用体育资源为健康促进服务。2008 年启动的“健康中国 2020”战略研究，仅在 21 项行动计划之一的“全民健康生活方式行动计划”中提及“日行一万步，吃动两平衡”“适量运动”等字眼。在全民健身工作方面，体育部门长期以来以“增强人民体质”为己任，致力于提高国民的健康水平，但由于自身资源配置的限制，仅把工作的重心放在全民健身的基础性条件的创造上，缺乏针对不同个体健康状态的精准化服务供给，很难有效地实现促进健康的目标。虽然全民健身要求各行业、系统的参与，但是也主要局限于开展体育活动，没有利用其他行业部门在相关专业人才等资源上的优势。全民健身和全民健康由长期的分离状态向深度融合的转变，本质上是由社会对全民健身和全民健康深度融合的隐性需求（隐性需求是指人们没有意识到的需求）与相关服务供给不足之间的矛盾而引起的不同利益集团相互博弈，从而调整变革利益关系的制度变迁过程。由于两个系统长期处于分离状态，主导两项工作的部门及相关主体为适应分离制度而形成的非正式制度（指观念、习俗、传统等）存量已经积累到了相当程度，在观念和行为上形成了对原制度的惯性，产生了路径依赖。要打破全民健身和全民健康深度融合进程中的这种路径依赖，只有借助外在的力量进行强制性制度变迁。这种外在力量来自政府，政府通过建设适应全民健身和全民健康深度融合要求的体制机制，提供一种新的正式制度安排，并要求或鼓励其他相关主体在此框架下积累非正式制度（进入诱致性变迁过程），最终才能实现全民健身和全民健康的深度融合。因此，要把体制与机制建设作为关系全民健身和全民健康深度融合的全局性重大问题，采取有效措施，建立起规范、灵活的全民健身和全民健康深度融合的体制机制。

一、建立全民健身和全民健康深度融合的体制

体制融合是全民健身和全民健康深度融合的前提。尽管全民健身和全民健康深度融合作为健康中国战略实施的重要途径和手段被放在了突出位置，但是两者的融合发展没有统一的组织领导机构或实体。从影响健康的因素来看，生物学因素占 15%（主要指遗传和基因的易感性）、环境因素占 17%（主要指自然环境和社会人文环境）、行为与生活方式因素占 60%（主要指饮食习惯、运动、抽烟、饮酒等）、卫生服务因素占 8%（主要指医疗卫生服务的可获得性和质量）。因此，解决全民健康问题需要环境学、生态学、医学、体育学、社会学、行为学、生物学等多学科共同推进，需要整合多个部门的力量，需要采取强有力的措施，如政治动员、广泛参与、持续倡导等。全民健身和全民健康要

实现深度融合，应做好以下两方面的工作：一方面，涉及全民健身和全民健康工作的相关部门主动、积极地在部门领域内倡导、开展全民健身活动；另一方面，这些部门的政策制定与执行应有利于全民健身和全民健康的深度融合，如自然资源部、住房和城乡建设部等部门关于体育场地设施建设方面的政策，交通部门对步行和骑行的优先政策，教育部门关于青少年健身的政策等。这些工作远远超出了卫生部门和体育部门现有的责任和能力，需要从国家层面建立全民健身和全民健康深度融合的促进委员会(省部际联席委员会)，成员包括体育、卫生、交通、教育、财政等部门相关领导。委员会常设机构挂靠国家体育总局，主要职能是从全局对全民健身和全民健康的深度融合进行统筹协调、信息互通，实施有力的组织领导；将各部门分散的资源和有限的力量进行集中整合，制定操作性强的全民健身和全民健康深度融合顶层设计方案，明确路线图和时间表；商讨和制定操作性强的全民健身和全民健康深度融合的相关政策法规；监督评价不同层级的全民健身和全民健康深度融合进度。要建立委员会的联席会议制度，定期召开会议，根据《"健康中国 2030"规划纲要》的目标和相关规定，商讨全民健身和全民健康深度融合涉及的重大问题，多方面听取融合相关主体的意见，出台有利于全民健身和全民健康深度融合的相关管理政策、措施，提高政策制定的科学性；推广经验、实施考评、表彰先进。委员会下设专家咨询委员会，其主要职责是对全民健身和全民健康深度融合的总体方案及相关专项规划实施进行跟踪评估，向联席会议提交年度评估报告；针对联席会议每年的议事主题及全民健身和全民健康深度融合工作的重点和难点问题开展调研和咨询活动，向联席会议提交专题咨询报告；负责收集和整理公众对全民健身和全民健康服务供给方面的意见和建议，向联席会议反映社情民意。在地方层面，要建立类似的组织领导机构及联席会议制度，在国家关于全民健身和全民健康深度融合的总体框架下，结合地方实际积极推进全民健身和全民健康的深度融合工作。

在管理制度方面，《全民健身计划纲要》《全民健身条例》和以 5 年为周期的《全民健身计划》，是我国全民健身工作的主要依据和重要工作内容；不同时期制定的"健康中国战略规划"、《全国健康教育与健康促进工作规划纲要》《全民健康生活方式行动总体方案》等，则是该时期我国全民健康工作的主要依据和重要工作内容。全民健身和全民健康要深度融合，客观上要求这些管理制度能相互融合。从现实情况看，《"健康中国 2030"规划纲要》将成为未来几年我国全民健康工作的纲领性文件，《"健康中国 2030"规划纲要》提出："完善全民健身公共服务体系”“广泛开展全民健身运动”“加强体医融合和非医疗健康干预”“促进重点人群体育活动”“提高全民身体素质”“积极发展健身休闲运动产业”。这说明在战略规划上，全民健身已被作为实现全民健康的重要手段。从全民健身的角度看，国家层面制定的《全民健身计划（2016—2020年）》是“十三五”时期我国全民健身工作的重要依据和主要内容，从该计划的内容上看，全民健身和全民健康在战略规划上并未实现深度融合，表现在两个方面。一方面，在制定思路上，并没有围绕《“健康中国2030”规划纲要》的目标、内容和要求进行制定，《“健康中国2030”规划纲要》中的很多内容都没涉及，如关于健康城市、健康村镇建设中的全民健身环境问题，医疗卫生服务中的体医融合问题，如何把国民体质数据和运动参与纳入居民个人电子健康档案问题等。另一方面，尽管共建共享全民健身公共服务体系被视为全民健身和全民健康深度融合的重要路径，且《全民健身计划（2016—2020年）》也提出了“支撑国家发展目标、与全面建成小康社会相适应的全民健身公共服务体系日趋完善，政府主导、部门协同、全社会共同参与的全民健身事业发展格局更加明晰”的发展目标，但各相关主体在实施《全民健身计划（2016—2020年）》中到底承担什么样的职责以及如何履行相关职责却没有得到明确的规定，在实践中就会造成相关协同主体承担全民健身任务的软约束。因此，应结合《“健康中国2030”规划纲要》的目标、内容和要求，从国家层面制定全民健身和全民健康深度融合的纲领性文件，有别于《全民健身计划（2016—2020年）》，其中明确规定涉及融合的各相关部门的职责，以及履行职责所需要采取的具体策略。

二、构建全民健身和全民健康深度融合的机制

（一）构建政府统筹推动机制

全民健身和全民健康深度融合的过程，是一个由政府推动的强制性制度变迁到诱发社会形成有利于两者深度融合的观念、习俗、传统等非正式制度的诱致性变迁过程。因此，坚持政府的统筹推动是全民健身和全民健康深度融合工作的重要原则，也是中华人民共和国成立以来全民健身和全民健康工作在各自领域取得成效的历史经验总结。但全民健身和全民健康的深度融合是一项复杂的系统工程，涉及的领域、范围、部门和层级众多，它既是一项需要长期、艰苦、细致投入的社会事业，又是一项“软任务”，其效果难以评价，且不可能立竿见影，凸显政绩，因此可能会被各级领导所忽视，受到“硬任务”的冲击而

被边缘化，甚至可能陷入说起来重要但实际行动起来就尴尬的境地。建立与全民健身和全民健康深度融合的体制相适应的配套机制，引导、激励和约束各级政府统筹推进全民健身和全民健康深度融合的工作需要从如下几个方面发力。

第一，要提升对全民健身和全民健康深度融合工作重要性的认识，明确政府责任。政府的合法性，简而言之就是社会对政府的认可。对于任何政府来说，谋求政府合法性都关乎其政权存继流亡的核心问题，都是其所要达成的首要而且永恒的目标，都是其基本属性即公共性和自利性的体现。政府谋求合法性的现实策略主要通过集中精力解决特定发展阶段的主要矛盾来实现[①]。健康是公民的基本权利，是促进人的全面发展的必然要求，是经济社会发展的基础条件，是民族昌盛和国家富强的重要标志，也是广大人民群众的共同追求。建设健康中国的重大战略部署，顺应了时代发展的潮流，将有效提高全民健康水平，为实现“两个一百年”奋斗目标和中华民族伟大复兴的中国梦提供坚实的健康基础。当前，随着我国老龄化社会的到来及疾病谱的变化，发挥运动在疾病预防与治疗方面的作用已成为现实所需，它是健康中国建设的重要途径和手段，而我国全民健身工作长期以增强体质为主要目标和任务，全民健康工作又以疾病治疗为主要目标和任务，且两者之间长期处于分离状态，使得社会现实需求与供给不足的矛盾较为突出，成为健康中国建设所面临的突出矛盾。全民健身和全民健康深度融合的提出正是解决这一供需矛盾的重要战略举措。因此，政府统筹推进全民健身和全民健康的深度融合工作，是健康中国战略时代政府合法性生长的重要来源，是保障我国公民健康权利的内在要求，是健康融入国家政策的具体体现。各级党委和政府要增强责任感和紧迫性，把全民健身和全民健康的深度融合工作自觉纳入政府工作总体规划、议事日程、财政预算、考核评估。

第二，要综合运用资金支持、政策诱导、政绩评价和表彰激励等手段，切实推进全民健身和全民健康深度融合工作，落实政府责任。

在资金支持方面，要建立“充足、效率、公平”的财政投入机制。“充足”要求各级政府把全民健身和全民健康深度融合工作纳入财政预算经费，预留专项经费保障重点项目的建设和运营维护，使公共资金在量上能满足融合工作的需要，且随着政府对全民健康工作和全民健身工作经费投入的增加而增加，特别是要把全民健身和全民健康深度融合的基础性条件建设纳入资助范围。“效

① 鲁迎春. 政府供给养老服务的动力机制研究[J]. 中共浙江省委党校学报，2016，32（1）：109－114.

率”要求财政投入的方向是市场和社会无动力投入的领域，财政投入的方式要创新，通过服务购买、定向资助、开放式项目申请等形式，发挥财政资金的杠杆作用，调动各方面投入的积极性，提高财政资金的投入产出效率。“公平”要求财政资金的配置考虑地区、人群的差异，通过专项转移支付制度，确保落后地区和弱势群体也能享受到精准的融合型服务。

在政策诱导方面，要站在更高视角、更广范围和更深层次上理解全民健身和全民健康深度融合的问题，改善融合发展的生态环境，根据不同层次的融合发展需要从国家宏观政策、区域中观政策、组织微观政策、各分领域政策四个方面，建立系统完备、衔接配套、有效激励的政策体系，充分发挥政策对全民健身和全民健康深度融合工作的指引和规范作用，从根本上破解制约全民健身和全民健康深度融合的体制和机制障碍，推进融合工作的制度化、规范化和程序化。当前，首先要从国家层面研究制定“统筹推进全民健身和全民健康深度融合的工作实施方案”，明确全民健身和全民健康深度融合发展的目标和保障措施，细化工作任务和工作要求。其次，要做好与全民健身和全民健康深度融合发展不相适应的政策的“立、改、废”工作，如针对《全民健身条例》，就要根据融合工作的要求，清理、废除过时的内容，填补缺少的内容，修订与融合工作相互矛盾的内容。在“立、改、废”过程中，要充分发挥全民健身和全民健康融合促进委员会的统筹作用，避免政策各成体系、互不衔接。最后，要建立政策执行的督导检查制度，确保各项政策的有效执行。

在政绩评价方面，各级政府要把全民健身和全民健康深度融合工作纳入政绩评价指标，把“软任务”变成“硬指标”，研究制定全民健身和全民健康深度融合的综合评价指标体系，成立一个由政府官员、专家学者、社会组织代表、企业代表、社会媒体、居民代表等组成的绩效评估委员会，或者委托第三方或中介组织，全面负责并开展指标制定、信息收集整理、评估和鉴定以及综合协调等工作，全程、全方位地独立评价全民健身和全民健康深度融合的工作绩效。

在表彰激励方面，一要借鉴我国群众体育领域建立的从中央到基层的竞争激励机制，如全国体育先进县的评选、“亿万农民健身活动”先进乡镇评选等，建立不同层级的全民健身和全民健康深度融合的示范区评选制度，发挥典型的激励和推动作用；把示范区的评选与资金投入相结合，激励地方政府的投入。二要建立开放式的政治激励模式，通过设立“地方政府全民健身和全民健康深度融合创新奖”，引导各地根据自身的实际情况，自主选择全民健身和全民健康深度融合的实践模式，激发地方政府的创造性和能动性。三要建立系列工程推进

机制，使政府工作落地。实施全民健身和全民健康深度融合的系列工程，是政府统筹推进融合工作的抓手。对系列工程的遴选要发挥全民健身和全民健康融合促进委员会咨询专家的作用，组织各工程涉及的学科领域专家对工程的合理性、可行性进行评估论证，为政府的决策提供参考。对系列工程的推进，要以工程为中心，落实主体责任，保证工程建设有专门机构、专业人员；优先配置工程资源，建立专项经费，推动资金、土地、人才等保障要素向工程集聚，为系列工程推进提供可靠保障；对跨部门、行业、区域的工程，要建立调度会商制度，通过集中调度、专项调度、现场办公，解决工程实施过程中出现的问题，并对调度事项进行跟踪落实；建立督查推进机制，为每个工程设立督查办，对工程推进情况进行跟踪问效、督查督办，保证工程如期完成。

（二）建立跨部门协同机制

全民健身和全民健康深度融合的本质是探索一条多方参与的运动促进健康之路，要求立足全人群和全生命周期的健康问题，通过全民健身公共服务的精准化供给，干预人们形成科学的健身行为，达到疾病预防、治疗和康复的目的。但要完成这一任务，单靠某一个部门或机构的努力是无法做到的，必须要求所有涉及全民健身公共服务供给的部门和地方政府进行资源整合，通过构建跨部门的协同机制，实现相关政策制定和执行中的协同、系列工程管理中的协同、全民健身公共服务供给中的协同，使相关各方的资源和能力优势发挥最大的社会效益，具体包括以下四个方面的工作。

1. 明确协同关系

明确协同关系，即要明确在全民健身公共服务精准化供给的决策和执行、系列工程管理、具体服务供给过程中，需要哪些部门参与，共同的目标是什么，各部门在实现共同目标过程中具体肩负的责任是什么。明确协同关系要考虑以下三个方面的因素。一是全民健身公共服务的具体内容及保障条件，它以人们形成科学健身行为的服务需要为出发点，而人们的科学健身行为都是在倾向性因素、促成性因素和强化性因素及保障条件的共同作用下形成的，只是不同的人侧重点有所差异而已。其中，倾向性因素包括健身知识、态度、价值观等，是产生健身行为的原因和动机，取决于人们的文化素质、健身和健康知识水平、接受健身和健康教育的程度，应提供全民健身宣传服务去引导和教育民众形成正确的认识；促成性因素包括体育场地设施、指导人员、体育活动、体育组织，是实现健身行为所必需的技术和资源，其对应的全民健身公共服务具体为场地设施服务、指导服务、活动服务、组织服务；强化性因素是人们从别人那里获得的有关健身的信息反馈，可产生促进或阻碍健身行为的作用，对健身行为的保持起重要作用，如健身后的体质监测结果、疾病治疗控制中的效果，以及健身活动指导者、家属、同事、邻居的支持对健身行为参与者的影响，其对应的全民健身公共服务为健身效果评价服务、健身咨询服务、健身组织和宣传服务等；保障条件主要指人才、资金、政策、科技等。二是部门本身承担的行政责任，这与国家的行政管理体制和部门分工有关。三是部门之间、部门与地方政府之间的条块关系。综合上述三个方面的因素，我国全民健身和全民健康深度融合跨部门协同的主体及具体承担的责任可概括为表 6-1。将共青团、妇联、工会等群团组织纳入的原因是其对相关群体的强大动员能力，承担为特定人群提供全民健身公共服务的责任。由于地方政府在执行国家全民健身和全民健康深度融合的宏观政策中起着至关重要的作用（从行政级别看，中央部委拥有对省级政府进行业务指导的权力，同时掌握地方政府开展全民健身和全民健康深度融合工作所需要的重要资源），在此也将其纳入其中。地方政府主要根据中央政府的相关政策，承担区域层面全民健身公共服务的规划、供给、协调服务的生产等责任。

表 6-1　全民健身和全民健康深度融合跨部门协同的主体及责任承担

部门	具体承担的责任
国家体育总局	跨部门协同的主要推动者，全民健身公共服务体系建设的主要责任者、组织者、资源提供者、服务的直接提供者和监管者，为其他协同主体贯彻和落实运动促进健康政策赋权增能
国家卫生健康委员会	跨部门协同的主要推动者，倡导加强运动以促进健康与健康教育，推动在医疗卫生系统实施体医融合，为其他部门贯彻和落实运动促进健康政策提供技术支持
国家发展和改革委员会	加大对运动促进健康领域的规划和投资力度
教育部	在学校领域贯彻和落实运动促进健康政策，推动学校体育资源与社会共享
科学技术部	加大对运动促进健康领域的科技投入力度
民政部	加强社区全民健身公共服务体系建设，提高对社会弱势群体的全民健身公共服务供给，支持全民健身服务组织发展
财政部	加大对运动促进健康领域的投资力度
人力资源和社会保障部	推进运动促进健康的医疗保险使用，制定有利于全民健身和全民健康深度融合的人事政策
自然资源部	利用森林资源规划建立户外运动场所，科学规划健身场地设施的土地利用和开发

续表

部门	具体承担的责任
住房和城乡建设部	加强城乡体育场地设施规划，加强住宅小区体育场地设施建设，在城乡规划中科学规划健身功能区域
交通运输部	制定有利于步行、骑行的交通政策
商务部	推进企业贯彻落实国家的运动促进健康政策；促进与运动促进健康相关的国际合作与交流
中央宣传部	加大全民健身和全民健康深度融合的政策宣传；加强全民健身和全民健康深度融合的标准体系建设；支持健身和健康类节目、栏目建设，倡导营造健身和健康文化氛围；把健身和健康文化作为社会主义精神文明建设和提高中华民族文明素质的重要内容，并纳入创建文明城市、文明村镇活动规划，动员全社会广泛参与
审计署	加强对全民健身和全民健康深度融合财政资金的审计
文化和旅游部	促进体育+旅游的发展
国务院国有资产监督管理委员会	在国有企业中推进运动促进健康工作
中华全国总工会、共青团、全国妇联、中国残联	动员广大职工、青年、妇女、残疾人积极参与所在地区和单位的健身活动、健康促进活动；组织全民健身和全民健康深度融合示范场所创建活动
全国老龄工作委员会办公室	动员组织老年人参与健康促进活动
省级政府	结合地方实际贯彻和落实全民健身和全民健康深度融合的宏观政策

2. 建立跨部门协同的领导机制

跨部门协同的领导机构为省部际协调委员会，其主要职能包括进行全民健身和全民健康深度融合的总体战略决策和系统方案制定，研究制定跨部门协同措施，指导督促部门间合作，开展联合监督检查等。跨部门协同主要通过联席会议来实现。由于全民健身和全民健康深度融合相关政策的制定要求参与者对各个部门的政策和项目及其与全民健身和全民健康深度融合的联系有系统了解，并且能进行问题分析，因此对参与联席会议的部门负责人有一定的专业知识要求，联席会议各部门参与者最好是“最懂行”的人员，而不是只看与会者的行政级别。联席会议对重大事项的协商要采用民主方式，真正体现各方意志，避免走过场和形式主义，使各类决策能在实践中得到有效执行。在整个跨部门协同网络中，体育部门和卫生部门的作用非常关键，两个部门要组建各自的技术支持团队，不断地为参与合作的其他部门赋能，提升它们的协同能力。例如，体育部门组织专家团队培训初级卫生保健医生，提升其在社区层面对居民进行运动干预的能力。

3. 建立跨部门协同的信息、资源共享机制

准确、权威的综合信息既是部门间进行有效协同的基础，也是政府进行科学决策的依据。全民健身和全民健康深度融合涉及的相关信息主要包括居民健康和疾病信息、体育锻炼信息、健康相关的体质信息、体育场地设施信息、体育志愿服务者信息、科学运动指导专家信息、体育组织信息等。这些信息分散在不同政府部门和服务过程的不同环节，如何将分散在不同政府部门、服务过程不同环节的信息资源整合起来，使得参与协同的各方能够实现信息共享与协同内容管理，进而发挥组织资源的协同效应与增值效应，这是全民健身和全民健康深度融合过程中跨部门协同的一个关键问题。为此，需要构建专门的信息平台保证部门之间的信息互联互通。在信息收集方面，要建立信息收集的统一标准，进行长期、系统的信息收集，形成各种信息的资料数据库，作为全民健身和全民健康深度融合的效果评价数据；在信息利用方面，要组织相关部门专家进行数据的科学分析和深度挖掘，提升信息的利用价值，为制定跨部门的科学决策提供参考；在信息发布方面，要建立信息公开制度，为相关部门和社会公众搭建信息交流平台；在信息的质量保证方面，负责收集信息的部门要建立质量保证和监管体系，从组织、人员、设备和技术等方面提供保障，保证信息的准确性，避免虚假信息；在资源共享方面，在保证资源产权归属的前提下，通过制定资源共享的规则、程序、协议，使分属不同部门的场地设施资源、人力资源、科技资源相互利用，提高资源的使用效率。

4. 建立跨部门协同的监督激励机制

跨部门协同的产生与维持需要解决不同主体参与协同的动力问题。当前，不同部门参与全民健身和全民健康深度融合的动力主要来自中央政府的外部压力，而部门的内部动力不足，原因在于全民健身和全民健康的深度融合工作对很多部门来讲都不是主要工作，而且利益关系不大，对已经习惯于专注部门利益和自身组织目标的政府部门来说，跨部门协同不仅要明确本部门和外部机构在整体跨部门合作目标实现中所担负的具体责任，确定各个事项的负责边界和处理流程，还要分出精力协调部门之间的关系，这是原有工作之外的内容，难以产生激励作用，甚至可能是负担。此外，政府部门的工作与企业相比缺乏成

本效益约束，本身没有节约成本、提高工作效率的动力，全民健身和全民健康的深度融合即使能实现资源的共享、整合并达到节约部门交易成本的目的，也不能对政府部门起到激励作用，如学校体育设施与社会的共享问题，即使有国家的利益补偿，很多学校也不愿意与社会共享。解决此类问题需要做到以下几点。一是通过建立跨部门协同的监督激励机制，使相关部门都有持续的动力参与全民健身和全民健康的深度融合工作。其中，监督机制主要是对协同参与主体进行约束，强制部门协同。激励机制主要是在诱导各部门协同时，以尊重各协同部门的利益为前提，使其能从融合工作中获得益处。二是立足全民健身和全民健康跨部门协同的总体目标，并充分考量跨部门协同中各行为主体承担的具体责任，制定相应的监督审查程序及规范的奖惩措施，特别是在部门绩效评估中既要关注部门本身工作目标的完成情况，又要把全民健身和全民健康深度融合跨部门协同目标的完成情况及其对总体目标完成的贡献程度纳入其中，以免出现跨部门协同无疾而终，却又无人追责的情况。三是将融合工作取得的成果与协同部门共享，体育部门和卫生部门在对政府的工作汇报中，要尽可能把协同部门所做的工作与取得的成绩都列入，帮助协同部门进行总结和宣传，提升协同部门的影响力。在全国或省级联席会议上，要经常邀请协同部门负责人进行经验交流，促进协同部门在理念、行为上的改变，使其愿意进一步开展协同工作。

（三）构建社会参与机制

全民健身和全民健康深度融合的社会参与机制，是指政府机关和事业单位以外的组织和个人在全民健身和全民健康深度融合过程的不同层面发挥作用的过程与方式。其中，组织包括各种企业（如国有企业、私营企业）和政府以外的从事非营利性活动的所有组织（如体育社团、慈善组织、民办非企业单位以及社区）。社会力量的有效参与对全民健身和全民健康的深度融合会产生以下效应：一是通过参与全民健身和全民健康深度融合的宏观决策，提高政府相关政策制定的民主性和科学性，满足不同利益主体的需求。二是通过参与全民健身和全民健康深度融合的管理工作，在政府和其他主体之间起组织和协调作用，既可促进政府工作职能的转变，把工作重点放在加强全民健身公共服务体系建设规划和标准制定、加强全民健身公共服务重大工程和项目实施情况监督检查等方面，又可降低交易成本，提高整体管理效率。三是通过参与全民健身公共服务的供给，提高全民健身公共服务精准化供给的水平、质量和效益，原因在于社会力量参与的直接结果就是增加了要素投入，提高了全民健身公共服务精准化供给的规模，如个人层面的志愿服务投入和组织层面针对不同群体、不同地域的服务投入。此外，引导社会力量参与全民健身公共服务的精准化供给，可推动各类具备资质、符合条件的企业和社会组织形成共同参与、有序竞争的局面，不断提高服务质量，增强服务效益。四是参与全民健身和全民健康深度融合各项工作的监督，有利于政府切实履行保障人民健康权的职责。

实现社会力量的有效参与，需采取以下五个策略。

1. 发挥政府主导作用，为社会参与创造良好的制度环境

健康是人的基本权利，针对社会的健康问题提供相应的公共服务来保障人民健康权是政府的职责所在。当前，我国体力活动不足带来的健康问题对全民健身公共服务提出了精准化供给的新要求，政府必须加大投入，强化这方面的职能，努力通过制定规划、出台政策、投入资金等具体措施发挥作用，营造全社会共同参与全民健身公共服务精准化供给的制度环境。

在规划方面，应将社会力量参与全民健身公共服务的精准化供给纳入全民健身和全民健康深度融合的总体规划，并列出具体的目标，如全民健身和全民健康深度融合示范企业和社区的个数、体医融合综合体的个数、参与科学健身行为干预的志愿者人数等。

在政策方面，为鼓励社会力量以捐赠的方式参与全民健身公共服务的供给，要制定专门的社会捐赠办法或条例；对达到全民健身和全民健康深度融合示范标准的企业给予税收优惠政策；对新成立的体医融合实体在土地政策上给予倾斜。

在资金方面，应加大对社会参与主体的财政投入力度，根据社会参与主体的性质、参与的程度、参与的内容等，对参与全民健身公共服务供给的社会主体予以不同的资金支持方式和支持力度，如在支持方式上，可以选择财政拨款式的直接支持，也可以选择税收优惠等间接支持。在制度方面，应建立政府购买全民健身公共服务的制度，引导社会力量参与全民健身公共服务的生产。

2. 建立全民健身和全民健康深度融合政策制定的社会参与机制

全民健身和全民健康深度融合政策是为了解决融合问题、达成融合目标、实现公共利益，由公共权力机关通过政治过程所选择和制定的法律、政令、方案。相关公共政策的制定应该以各利益相关者参与讨论、发表意见所形成的主流民意为逻辑起点，利益相关者与政府共同参与，制定的政策既符合社会公众的利益，又符合政府的利益，确保政策的民主性、合法性、合理性和科学性。

因此，全民健身和全民健康深度融合公共政策的制定应确保各利益相关者参与，需要建立制度化的参与机制，确保社会的有序参与和有效参与。其中，有序参与是指公民和其他社会团体以合法的形式，通过制度化的渠道，有限度地参与公共政策的制定过程，要求在政策议程阶段，建立畅通的利益表达机制，可通过电子民意调查、电子公民投票、发送电子邮件、关键利益群体接触、深入基层调研等形式确定政策问题；在政策规划阶段，对确定的政策问题草拟政策方案，并召集相关群体进行座谈评估，形成政策讨论稿；在政策修正阶段，举行听证会，邀请代表参与听证，根据听证意见进行政策修订，最后提交立法机构表决。有效参与是指社会参与能对政策的制定产生一定影响，获得政策制定机关的积极回应。其要求包括以下两方面：一方面要提升参与者的参与意识、素质和能力；另一方面政府应建立决策回应机制，加强与社会的互动，对利益群体所反映的突出问题要做出积极回应，并能采取有效措施解决问题。

3. 建立全民健身和全民健康深度融合的志愿服务机制

居民志愿者是社会力量的重要组成部分，全民健身和全民健康的深度融合对全民健身工作来说，就是要围绕运动自主、运动有效和运动安全进行相关服务的供给。其中，运动自主是指让居民形成运动的习惯，自发地进行科学健身，这是融合的最基本要求；运动有效是指针对疾病预防、治疗和康复选择科学的运动方式，效果要显著；运动安全是指运动方法要恰当，要避免伤害事故，特别是对体弱人群更是要进行专门的监控，这就需要大量的科学健身行为干预志愿者进行个性化的运动行为干预和指导。为此，应做好以下六点：一是要广泛宣传、普及运动与健康促进志愿服务理念，切实发挥志愿者在科学健身行为干预中的作用。二是要建立科学健身行为干预的志愿服务品牌，统一标识、统一口号。三是要建立志愿者信息数据库，扎实推进科学健身行为干预志愿者注册和志愿服务记录工作。四是要有计划、分层次、多形式地开展专门的知识与技能培训，提升科学健身行为干预志愿者服务的专业化水平，统一服务流程、统一标准，着力培育一支专业技能高、参与面广、服务能力强、作用发挥好的科学健身行为干预志愿者队伍。五是要建立表彰激励机制，对工作成绩显著的志愿者，依国家规定给予表彰，形成有利于志愿者开展工作的良好氛围。要鼓励企事业单位、公益慈善组织和公民个人对科学健身行为干预志愿服务活动进行资助，形成多渠道、多元化的筹资机制。六是要建立专门的科学健身行为干预志愿者服务网站，提供不同地区的志愿者信息、联络方式和不同地区需要志愿服务的信息，作为人们寻求和参与科学健身行为干预志愿服务的平台。

4. 加强全民健身和全民健康深度融合的社会组织建设

构建门类齐全、覆盖广泛、结构优化、布局合理的社会组织发展格局，打造一批能力突出、机制健全、管理科学，具备一定社会公信力和影响力的社会组织，是全民健身和全民健康深度融合的组织要求。为此，政府应从盘活组织存量和培育组织增量两个方面出发，综合运用法律、行政、经济等政策工具发挥其对社会组织的引导、管理和培育职能。

盘活组织存量主要是指强化现有组织的内部治理，提高专业化水平。全民健身和全民健康深度融合在微观层面上要求健身和健康行为干预计划、手段、方法的融合。对原来从事健康行为干预的社会组织来说，需要增加健身行为干预方面的功能，对原来从事健身服务的社会组织来说，需要在全面了解服务对象健康状况、体育锻炼参与情况的基础上提供个性化的体育活动方案，并监控方案的执行情况。因此，盘活组织存量要着眼于如何赋能，可通过提供咨询、培训和各种协助有针对性地提高能力；通过建立社会组织星级评估机制，从社会组织的结构保障条件、活动能力、社会实效、群众满意度等方面进行综合评估，评选出等级，并给予不同奖励，形成社会组织发展的长效激励机制。

培育组织增量，一是要从全民健身和全民健康深度融合的客观需要以及增量对存量的激活作用两方面考虑，从层级上应着眼于培育群众身边的组织；从类型上应着眼于培育能提供健身和健康融合服务的综合性企业或民办非企业单位，以及全国性或区域性大型连锁集团。二是要加大对基于老年人、残疾人、青少年以及不同类型的慢性病患者等特定人群提供健身行为干预服务的社会组织的培育力度。在政策工具的选择上，首先，政府要简化社会组织登记注册的程序，特别是对基层的社会组织更应该降低登记准入门槛，实行登记备案制，这样既可以解决困扰一些社会组织的合法身份问题，又有利于政府掌握充分的信息和实施监管。其次，政府要加大对社会组织的资金支持。在财政方面，政府可通过直接拨款、向社会组织购买公共服务、税收优惠等方式支持社会组织发展；在社会资金支持方面，要利用捐赠税前扣除的政策，鼓励企业和企业家的捐赠；对从事健身和健康服务的融合型企业要扩大税收优惠种类和范围；对民办非企业单位参与经营活动应提供相应的税收减免政策。最后，政府要建立社会组织发展的孵化机制，利用体育彩票公益金设立专门的社会组织发展基金，作为社会组织发展专项启动资金；通过对重点项目的资助，促进社会组织规模化、品牌化；以体育场馆为依托，通过向社会组织免费提供活动场所，加强其能力建设和信息服务，扶助社会组织逐渐成长。

5. 提高社区的全民健身公共服务精准化供给能力

全民健身公共服务精准化供给是指能精准把握居民的健身服务需求，通过整合资源，进行差异化、个性化甚至定制化的服务供给，使全民健身公共服务更具“锚向性”和“匹配性”，既实现服务的全覆盖，又实现量身定制的供给。社区是居民日常生活活动的主要场所，社区全民健身公共服务的精准化供给对于居民形成科学的健身行为发挥着非常重要的作用，是实现全民健身和全民健康深度融合的关键环节。提高社区的全民健身公共服务精准化供给能力包括两方面的内容：一是能根据居民的健康状况、体质状况和体育活动的参与特征制定个性化的运动参与方案，精准把握社区居民的健身服务需求；二是针对居民的运动参与方案，主动、精准地推送服务，使居民的运动参与方案能得到有效执行，实现居民的运动自主和运动安全，最终实现运动有效的目的。

从社区全民健身公共服务的现状看，我国居民健康档案的覆盖面不广，且居民健康档案缺乏体质状况和体育活动参与特征等相关信息，在基本数据缺失的情况下很难精准把握社区居民的健身服务需求。

从全民健身公共服务的供给来看，虽然建立了政府主导、部门协同、全社会共同参与的“大群体”工作格局，全民健身公共服务体系初步形成，但人民群众日益增长的多元化、多层次体育需求与体育有效供给不足的矛盾依然突出，很多工作只是停留在量的层面，着眼于建了多少场地、组织了多少活动、成立了多少组织，而从质的层面来看在多大程度上实现了居民的运动自主、运动安全、运动有效却鲜有探究。因此，提高社区的全民健身公共服务精准化供给能力，需要整合社区的内外资源，围绕服务需求评估和运动方案落实两大任务构建平台。在服务需求评估方面，应发挥初级卫生保健的作用，为社区居民建立健康档案，收集居民的健康、体质和体育锻炼信息，在此基础上制定个性化的运动参与方案。若初级卫生保健缺乏运动参与方案的制定能力，也要向居民推荐社区内外的相关资源并提供居民的健康信息。在运动方案落实方面，应注重对社区内部场地设施资源、人力资源、组织资源和其他资源的整合，形成全民健身公共服务网络体系，使每个居民的运动方案落实都能找到相应的资源。在进行社区资源整合时，要坚持内外结合的原则，一方面，要统一规划，将各项外部投入整合到社区的全民健身公共服务网络体系之中，实现“上面千条线”与“基层一张网”之间的无缝衔接。另一方面，在内部资源整合方面，发挥政府机制、社会机制和市场机制的共同作用，建立政府投入、社会赞助、社区自筹和市场投资多元筹资渠道，重点建立以政府投入资金为主、驻社区单位共享场地设施的资源整合机制；在人力资源方面，建设一支专兼结合的、高素质的社区全民健身服务指导者队伍和志愿者队伍，动员驻区学校和科研机构的专家、学者担任志愿者，发掘社区居民中的体育精英等人力资源；在组织建设方面，不断培育和发展群众自发的体育兴趣组织和社会服务组织，在社区积极推广基于科学研究的健身行为干预活动方案，加强对重点人群的科学健身行为干预。

第七章 新时代中国群众体育发展面临的挑战与展望

第一节 新时代中国群众体育发展面临的挑战

一、经常参与体育锻炼的人数比例偏低

经常参与体育锻炼的人数比例是衡量体育强国建设的重要指标，也是群众体育工作的重要目标。自 1995 年《全民健身计划纲要》颁布以来，我国分别于 1997 年、2002 年、2008 年、2015 年进行了四次全国性的群众体育现状调查，经常参与体育锻炼的人数比例分别为 15.5%（1996 年）、18.3%（2001 年）、26.15%（2007 年）、33.9%（2014 年），全国经常参与体育锻炼的人数比例在不到 20 年的时间里增长了 1 倍多，说明我国群众体育工作的成效较为显著，但与世界体育强国相比还有很大的差距。美国行为风险因素监控体系的（behavioral risk factor surveillance，BRFSS）的调查显示，2001—2005 年美国 18 岁以上经常参与体育锻炼的人数比例分别为 45.3%（2001 年）、46.9%（2003 年）、48.8%（2005 年），其中 2005 年经常参与体育锻炼的人数比例比中国 2014 年的比例高出 14.9%。而且从发展趋势看，这一比例在逐年递增，其经常参与体育锻炼的标准为每周 5 次、每次 30 分钟中等强度的体力活动，或者每周 3 次、每次 20 分钟大强度的体力活动，比中国的每周 3 次、每次 30 分钟中等强度的体力活动的标准要高。英国第三次成人积极生活调查显示，2016—2017 年英国 16 岁以上经常参与体育锻炼的人数比例为 60.6%，比我国 2014 年的比例高出 26.7%，其

经常参与体育锻炼的标准为每周 150 分钟以上中等强度的体力活动，且每次活动至少持续 10 分钟，高强度的体力活动的标准按中等强度的 1 倍计算，可见其经常参与体育锻炼的标准也要高于中国。2016 年 7 月至 2017 年 6 月，澳大利亚 15 岁以上经常参与体育锻炼的人数比例为 61.8%。从经常参与体育锻炼人数比例统计的年龄来看，中国为 6 岁以上，英国为 16 岁以上，美国为 18 岁以上，澳大利亚为 15 岁以上，中国将 6～15 岁义务教育阶段的学生纳入经常参与体育锻炼的人数，如果按照美国、英国、澳大利亚三国的标准计算，中国 2014 年经常参与体育锻炼的人数比例应该远低于 33.9%的水平。从体育锻炼的量和效果关系来看，只有达到“经常锻炼”的标准，才能产生良好的健身效果，也才能起到较好的疾病预防和治疗作用。因此，如何提高经常参与体育锻炼的人数比例是加快推进体育强国建设的重要任务，也是全民健身和全民健康深度融合的内在要求[①]。

二、全民健身公共服务供给不充分与不平衡并存

全民健身公共服务供给不充分是指供给的总量与需求尚不丰富、发展程度不够高，供给的态势不够稳固。

从丰富程度来看，群众身边的场地供给类型较为单一，城市以健身路径为主，农村以乒乓球台和篮球场为主，较难满足不同群体多样化的健身需求。在体育活动的组织上多以整齐划一的大、中型品牌活动为主，针对慢性病群体、老年人和非体育运动参与群体组织的小型多样的科学健身行为干预活动较少。

从发展程度来看，我国人均体育经费投入与发达国家的差距较大。从我国体育事业经费投入占 GDP 的比重来看，2016 年我国 GDP 的总量为 744 127.2 亿元，财政投入体育事业经费 4 066 204.62 万元，占当年政府公共预算支出总量 187 755.21 亿元的 0.22%，而发达国家体育事业经费投入占公共经费投入的比重达 1%。

供给的态势也不稳固，2008—2016 年公共财政投入群众体育的比例并未呈逐步增长之势，2013 年与 2012 年相比，投入下降约 40%，且群众体育投入与体育事业经费投入不同步。

全民健身公共服务供给的不平衡主要体现在城乡之间、地区之间。根据第六次全国体育场地普查数据，我国体育场地分布在城市的数量为 959 359 个，

① 卢文云. 改革开放 40 年我国群众体育发展回顾与前瞻[J]. 上海体育学院学报，2018，42（5）：24.

占比 58.54%；分布在农村的数量为 679 446 个，占比 41.46%，城市体育场地数量比农村多 279 913 个。从体育场地面积来看，城市的体育场地面积为 1 335 224 216 m^2，占比 68.58%；农村的体育场地面积为 611 859 912 m^2，占比 31.42%，城市体育场地面积比农村多 1 倍有余。从人均场地分布看，城市每万人拥有体育场地 13.12 个，人均场地面积为 1.83 m^2；农村每万人拥有体育场地 10.79 个，人均场地面积为 0.97 m^2，城市在每万人拥有体育场地的数量上比农村多 2.33 个，人均场地面积多 0.86 m^2。从地区之间的不平衡看，东部地区、中部地区、西部地区和东北地区各省（自治区、直辖市）在体育场地平均数量和面积、体育社会组织平均个数、社会体育指导员平均数量等方面差异均很明显。

三、缺乏对群众体育需求的精确把握能力

群众体育需求分为主观需求和客观需求。其中，主观需求是指公民能意识到的需求，只要是体育活动的参与者都应该具有主观需求；客观需求是指公民没有意识到的需求，也就是公民主观上对群众体育服务没有需要，但从身体健康状况及生命质量的角度看，客观上需要通过群众体育服务的有效供给，使其达到“经常锻炼”的标准，从而促进健康，提高生命质量。我国群众体育服务的对象往往关注主观需求，对客观需求的关注度比较缺乏，且对主观需求的具体服务内容也缺乏精准的把握，导致供给与需求不一致。

四、群众体育政策制定能力有待提高

群众体育政策是实现群众体育治理目标的关键变量，群众体育政策的科学化和民主化是体现群众体育政策制定能力的重要指标。从群众体育政策制定的科学化看，任何公共政策的制定都必须以尊重客观实际、遵循客观规律为前提，即群众体育政策的制定要有政策问题方面的详尽基础信息，要充分吸收现有的知识成果。群众体育政策制定所需要的基础信息主要包括群众的体育参与情况、国民体质状况、国民健康状况、群众体育资源的投入情况、群众对现有服务的满意情况等。虽然我国基本建立了上述信息的统计制度，但是数据提供的时效性较差，很难为相关政策的制定提供准确的信息，如关于群众的体育参与数据，第 2 次到第 3 次、第 3 次到第 4 次群众体育现状调查分别间隔了 6 年、7 年，而英国、美国、澳大利亚等国的群众体育现状调查基本都是 1～2 年 1 次。此外，各级体育部门对基础数据统计工作重视不足，各级体育科研部门精力投入不足，导致统计的基础工作不扎实、队伍不健全，甚至有的地方还存在数据造假、虚

报瞒报等现象。每次国家体育总局开展全国性调查后，会对所有上报数据进行逻辑检验，通过同一样本多指标间的逻辑判别查找可疑数据，每次都会发现并排除大量问题样本。

在信息的利用方面，群众体育政策的制定较少基于相关基础数据的综合分析报告，即使有，也往往局限于简单的报表收集和初级数据汇总整理，忽视数据的统计分析，尤其在满足人民群众多样化健身需求分析方面存在明显欠缺，使得群众体育政策制定的事实依据不足①。

首先，群众体育政策制定吸收现有的知识成果存在不足，这主要体现在两个方面。一方面，我国群众体育缺乏循证研究，科学研究成果对群众体育政策的制定参考作用有限，如关于运动促进健康的绩效关系研究，更多的是引用国外的研究成果，由于体质方面的差异，国外的循证结果是否符合中国国情有待大规模的实证。另一方面，我国群众体育政策的制定过程缺乏对现有群众体育科学研究成果的元分析，使得科学知识对群众体育政策科学化的促进作用发挥不充分。美国在制定社区体育政策时基于的是不同行为干预方式或手段效果的元分析结果；在制定《美国体力活动指南》时，对于不同人群的体力活动推荐标准，也基于科学研究的证据。

其次，政策评估对群众体育政策制定科学化的作用不足。政策评估是群众体育政策制定科学化的重要环节，我国的群众体育政策评估除“十二五”时期进行的《全民健身计划》实施评估外，很多群众体育政策在制定和执行后都没有正式的政策评估，也就不能发挥政策评估工作对群众体育政策科学化的推动作用。例如，在全民健身活动或竞赛的品牌化政策实施方面，品牌活动所产生的综合效果就没有得到评估。2016 年我国体育彩票公益金投入群众体育活动 187 049.30 万元，占体育彩票公益金投入群众体育经费总额的 61.3%，这些资金大部分投入了群众体育的品牌赛事或活动，对其效果的评估无疑会促进群众体育投资政策的科学化。

再次，群众体育政策过程缺乏制度化的规范。无论是群众体育政策的咨询还是公民参与和政策评估，其制度化和法律化仍然十分不足，令整个政策程序缺乏规范化和标准化的保证，整体科学化的成效也就难以保证。

最后，从政策制定的民主化看，也存在不同程度的轻民意问题，具体表

① 刘国永. 对“十三五”时期全民健身事业发展的思考[J]. 北京体育大学学报，2016，39（10）：1－11.

现为以下三点。一是群众体育政策议程的启动以内提出模式为主，也就是群众体育问题上升为群众体育政策议程主要来源于上级政府的要求，民众的利益表达难以进入正常议程。二是政策方案的制定以权力精英参与为主，民间由于体育组织化的程度低，难以发挥在群众体育政策制定过程中公民讨论、协商互动，促进价值共融的纽带作用，大多数公民被排除在政策制定过程之外。三是政策方案的发布以先定案再沟通为序，群众实际参与数量较低。公共政策民主化是其科学化的基本前提，没有充分的民主，就不能广开思路、广开言路，就谈不上尊重实际、尊重科学、尊重人民创造，也就没有科学化。因此，在强调群众体育政策科学化的同时，必须兼顾政策的质量要求和群众的参与要求，提高公众参与环境下的群众体育政策科学化水平。

五、基层政府的群众体育政策执行能力不足

各级政府的“三纳入”情况是其贯彻落实《全民健身条例》和《全民健身计划》的重要反映。全国的省级政府在“三纳入”方面已基本落实到位，一些地区还在“三纳入”的基础上，进一步拓展工作，实现了“多纳入”，取得了良好效果。但在地市和区县两级政府，由于领导重视程度和地区经济社会发展等主客观因素，“三纳入”情况差异较明显，总体来看，在省、地市、区县三级政府工作中呈逐级减弱的趋势。2013 年的群众体育工作数据显示，在县级层面，上报的 1 821 个区县级政府中，尚有 309 个区县未安排财政经费用于全民健身事业，有 471 个区县未安排体育彩票公益金用于全民健身事业，财政经费和体育彩票公益金均未被安排用于全民健身事业的区县有 88 个。由于部分区县级体育主管部门与教育、文化、广电、旅游等部门合并，基层体育行政机构只达县（市、区）一级，乡（镇、街道）、村（社区）级基本没有体育行政机构，加上体育社会组织建设的薄弱，全民健身政策的执行在基层较为困难[①]。刘红建、孙庆祝[②]对江苏省群众体育政策基层执行的调查与分析显示，“基层政府制定的相关政策在文本规定上也逐步向公平性、民生性等方向迈进；但是在制定过程中仍缺乏普通公众的体育利益表达，反映出群众体育政策仍然不尽完善；群众体育机构与人员缺乏是当前基层群众体育政策执行主体面临的问题；由于缺乏相关利益表达的渠道，以基层群众为主的政策目标群体对群众体育政策的执行，

① 刘国永，杨桦. 中国群众体育发展报告（2015）[M]. 北京：社会科学文献出版社，2015：11.

② 刘红建，孙庆祝. 群众体育政策基层执行的调查与分析[J]. 上海体育学院学报，2012，36（4）：49－53.

仍呈现出一种淡漠的态度，对政府组织的群众体育活动仍像对待政治性活动一样，凑热闹、看新奇仍是常态化表现；经济环境是影响群众体育政策执行的最大环境因素，基层体育行政部门对当地政府的经济贡献较少，同时，基层体育部门在财力、物力乃至人事上均受制于地方政府的特殊现象也使得体育监督名存实亡，只能通过不断地与当地同级政府及上下级政府博弈，执行相关的群众体育政策。”

六、群众体育的资源吸取能力不强

群众体育的多元筹资渠道尚未真正建立，依赖财政投入和体育彩票公益金的局面还未改变；政府对群众体育的财政投入总量尚未制度化，尤其是区县级财政对群众体育经费投入存在较大的不确定性，财政经费的投入增长与 GDP 的增长和政府的财政预算经费投入增长不同步。例如，2013—2016 年全民健身场地设施共投入 1 117.548 554 亿元，其中财政资金投入 548.826 426 亿元，占 49.12%；体育彩票公益金投入 384.346 215 亿元，占 34.39%；社会资金投入 184.375 913 亿元，仅占 16.49%。

从财政资金投入的确定性看，2013—2016 年我国财政总支出和 GDP 都呈逐年上升之势，但全民健身场地设施的财政资金投入与之并不同步，2013—2014 年、2014—2015 年呈下降之势（表 7-1）。在社会资金投入较少的情况下，群众体育对财政资源的吸取能力不足，必然会导致群众体育发展资源总量的缺乏。

表 7-1　2013—2016 年全民健身场地设施投资情况

单位：亿元

年份	场地投资合计	财政资金	体育彩票公益金	社会资金	财政总支出	GDP
2013	345.466 49	186.887 853	102.886 276	55.692 62	140 212.1	595 244.4
2014	237.211 26	122.489 498	72.944 191	41.777 571	151 785.56	643 974
2015	328.669 038	105.583 337	156.144 019	66.941 682	175 877.77	689 052.1
2016	206.201 507	133.865 738	52.371 729	19.964 04	187 755.21	744 127.2
合计	1 117.548 295	548.826 426	384.346 215	184.375 913	655 630.64	2 672 397.7

资料来源：《体育事业统计年鉴（2009—2017 年）》。

从群众体育吸纳个体资源看，2016 年我国人均体育消费为 1 553 元，按 2016 年美元兑人民币的平均汇率 6.642 3 计算，约为 233.8 美元，与世界体育强国的差距较大，如 2013 年英国的人均体育消费达 619.5 美元，澳大利亚 2009 年的人均体育消费已达 487.4 美元①。

七、群众体育的资源配置能力不足

群众体育资源配置能力是指政府或市场采取有效的手段和方法，使群众体育资源公平且有效率地在城乡、地区、部门、领域、项目、人群中分配，从而实现群众体育资源效益最大化。由于群众体育的公益性，政府的群众体育资源配置应在公平的基础上注重效率，而从政府群众体育资源配置的公平性看，我国全民健身公共服务在城乡之间、地区之间、不同人群之间都存在不平衡，说明政府的群众体育资源配置能力不足。

从政府配置群众体育资源的效率看，邵伟钰对我国 30 个省（自治区、直辖市）2011 年的群众体育财政投入绩效分析表明，我国地方群众体育财政投入效率普遍较低。从综合效率值看，仅有 5 个地区群众体育财政投入是有效的，而剩余地区群众体育财政投入均处于无效率状态；19 个地区的群众体育财政投入与投入强度的冗余是一种低层次的冗余，现有财政资金没有充分发挥作用；从纯技术效率看，绝大多数地区群众体育财政管理水平不高，给定投入情况下产出没有达到最大②。

从群众体育资源的市场配置能力看，我国健身休闲业还处于导入期和试错期，融资以种子/天使/A 轮为主，只有极少数项目冲到 B 轮，开始打磨产品，努力触及用户痛点和需求本质，探索变现之路；2016 年健身休闲业遭遇创业寒潮，20 余个运动健身类创业项目遭遇资金链断裂，商业模式不清晰，没有触及用户痛点，无法激活用户使用和付费意愿问题，再加上难以融资等问题，其发展难以为继，说明群众体育资源的市场配置能力有待提升。

① 刘国永，杨桦. 中国群众体育发展报告（2015）[M]. 北京：社会科学文献出版社，2015：280.

② 邵伟钰. 基于 DEA 模型的群众体育财政投入绩效分析[J]. 体育科学，2014，34（9）：11－16.

第二节 新时代中国群众体育发展展望

一、发展思路

党的十九大作出“中国特色社会主义进入新时代”的重大判断，并对党和人民事业的发展做出了全面部署，发出了奋进新时代、开启新征程的号令。对体育领域来说，广泛开展全民健身活动，加快推进体育强国建设，是新时代党和人民的各项事业发展赋予体育的新任务、新要求。面向新时代，群众体育工作要以党的十九大精神为指导，全面贯彻和落实习近平新时代中国特色社会主义思想，紧紧围绕统筹推进“五位一体”总体布局和协调推进“四个全面”战略布局，深入贯彻和落实创新、协调、绿色、开放、共享的新发展理念，着眼于不同时期群众体育发展的关键问题，把满足人民群众不断增长的体育需求作为群众体育工作的出发点和落脚点，以提高群众体育参与水平和质量为核心目标，以促进群众体育融合发展为方向，以推进基本公共体育服务均等化为重点，以不断提升群众体育治理能力为路径，使人民群众能共享群众体育改革和发展所取得的成果，使群众体育在实现“两个一百年”奋斗目标、促进健康中国建设进程中发挥积极的作用，为体育强国建设奠定坚实的基础。

二、战略目标

根据我国社会主义现代化建设提出的“三步走”战略目标，新时代我国群众体育发展的战略目标包括以下三个阶段。

第一阶段：2017—2020年，这是全面建成小康社会决胜阶段。群众体育发展目标要着眼于全民健身公共服务供给不平衡、不充分与群众需求之间的矛盾，按照《全民健身计划（2016—2020年）》和《“健康中国2030”规划纲要》对群众体育发展提出的具体目标和任务要求，建立与小康社会相适应的全民健身公共服务体系，努力促进全民健身基本公共服务的均等化；政府主导、部门协同、全社会共同参与的群众体育治理格局更加明晰，治理能力逐步增强；群众体育健身意识普遍增强，参加体育锻炼的人数明显增加，每周参加1次及以上体育锻炼的人数达到7亿，经常参加体育锻炼的人数达到4.35亿，群众体育素养稳步提升；群众体育的多元功能充分发挥，与各项社会事业融合发展的局面基本

形成，健身休闲业总规模达到1.5万亿元，全民健身成为促进体育产业发展、拉动内需和形成新的经济增长点的动力源。

第二阶段：2020—2035年，按照基本实现社会主义现代化的要求，全民健身公共服务均等化基本实现；具有中国特色的运动促进健康服务体系基本建成；人民的体育权利得到充分保障，群众体育治理体系和治理能力现代化基本实现；群众体育的综合影响力更加广泛深入，健身休闲业占体育产业的总产值达到50%；全民健身蔚然成风，经常参加体育锻炼的人数比例显著提高，群众体育素养显著提升。

第三阶段：2035年—21世纪中叶，按照富强、民主、文明、和谐、美丽的社会主义现代化强国建设要求，全民健身公共服务体系高度发达，全民健身公共服务更加便捷、高效、贴心，完全实现精准化供给；群众体育实现与经济社会的融合发展；全民健身成为人民的生活方式，经常参加体育锻炼的人数比例达到75%；全民健身的中国理念、中国标准、中国方法、中国模式成为世界各国群众体育发展的标杆。

三、政策措施

（一）树立群众体育发展的新理念

发展理念是关于“什么是发展”“发展什么”“为谁发展”“如何发展”等问题的看法或观点。理念是行动的先导，一定的发展实践均是由一定的发展理念引领的。长期以来，人们认为发展群众体育是为了给竞技体育培养后备人才，单纯地强调群众体育的体质增强功能，而群众体育的社会功能和多元价值被淡化；基层政府发展群众体育更多的是基于“行政逻辑”而非“服务逻辑”，即发展群众体育是基于上级政府的行政压力，而非“为人民服务”的内在使命，在行政逻辑的牵引下，很多基层政府并不在意民众的真实体育需求，单纯地把群众体育的发展看作建场地设施、组织活动、发展社会体育指导员等，对全民健身公共服务是否促成群众科学健身行为的形成则少有关注；在如何发展群众体育方面，也局限在体育系统内部认识和布局，对市场、社会和公民个人发展群众体育活力的激发不够。为此，新时代的群众体育实践必须以创新、协调、绿色、开放、共享的新发展理念为引领，从以下几个方面树立群众体育发展理念。

一是关于群众体育发展的地位和作用。群众体育是社会主义事业总体布局的重要组成部分；是一项民生事业，关乎每一个人的身心健康，关乎民族未来；

是人们追求美好幸福生活的重要内容；是推动体育产业发展的重要力量；是体育强国的基础。各级政府要树立“关心群众体育就是关心群众，重视群众体育就是重视群众”的民生理念，把群众体育作为党和政府联系群众、服务群众的桥梁；公民个人要树立科学健身，是“对个人健康负责、对家庭幸福负责、对民族未来负责”的责任理念。

二是关于群众体育发展的目的。坚持以人民为中心，以促进人的全面发展和社会全面进步为目标，努力提高全民族的体育素养，充分发挥群众体育的多元功能，不断满足人民群众日益增长的体育需求。

三是关于群众体育发展的动力。坚持改革创新理念，努力推动群众体育发展从粗放型向集约型转变、从经验型向科学型转变、从单纯追求数量向同步提升质量转变、从要素驱动向创新驱动转变。对群众体育出现的新情况、新问题做新的理性分析和理性解答，对群众体育本质、规律和发展变化的趋势做新的揭示和预见；根据群众体育发展的规律和时代要求，革除制约群众体育发展的体制性障碍，促进群众体育资源在不同系统、不同层次之间的有效整合；加快群众体育治理主体的内部机制改革，增强微观活力。

四是关于群众体育发展的方式。坚持一手抓群众体育事业，努力构建覆盖城乡、惠及全民的健身公共服务体系，一手抓群众体育产业，推动健身休闲产业发展，健全健身休闲市场体系。要坚持三个统筹，即统筹城乡、区域和人群发展，着力提高对中西部欠发达地区和社会弱势群体的体育服务水平；统筹各方面力量，形成推动群众体育发展的强大合力；统筹国内国际两个大局，大力推动群众体育的对外交流与合作。

五是关于群众体育发展的领导力量和依靠力量。要始终坚持党和政府对群众体育工作的主导作用，发挥不同部门在群众体育发展中的协同作用、市场在群众体育资源配置中的决定性作用、体育社会组织在群众体育发展中的连接纽带作用、人民群众在群众体育发展中的主体作用，最大限度地发挥群众体育工作者的积极性、主动性、创造性。

（二）要在“五位一体”总体布局推动群众体育发展

群众体育为竞技体育后备人才的培养和选拔提供了深厚的基础，是运动员退役再就业的基地、体育产业的动力源、体育文化的载体、体育外交的平台，在整个体育发展中发挥基础作用。因此，建设体育强国要从群众体育、竞技体育、体育产业、体育文化、体育外交相互促进的角度，在“五位一体”总体布

局下统筹和推动群众体育发展。

1. 群众体育与竞技体育相互促进

一是打通群众体育与竞技体育之间的壁垒，构建从草根到顶层的多层次、多结构、多区域的赛事体系，构建从业余到专业的运动员等级标准体系。二是充分利用竞技体育资源弥补群众体育资源的不足，满足人民的健身休闲需求，各类训练基地在完成训练任务的同时，要向群众开放；大型运动会的场馆建设要结合人们的健身需求，立足于多种体育功能的充分利用，做到比赛与训练相结合，竞技体育与群众体育相结合；充分利用体育明星服务社会公益事业，组织开展体育明星进学校、进社区活动，使体育明星能“沉”到基层社区，拉近其与民众的距离，通过他们的身体力行，向民众普及全民健身、推广从事的运动项目。三是构建以提升青少年身体素质为核心的竞技体育后备人才培养体系，把竞技体育作为促进儿童、青少年全面发展的重要手段，广泛开展以培养儿童、青少年体育兴趣为目标的体育活动，使竞技体育后备人才的培养建立在儿童、青少年广泛参与的基础上，避免早期专项化。四是以体育综合体为抓手，探索运动项目训练、全民健身、体育产业、旅游产业及延伸产业之间的融合发展模式。五是借鉴北京奥运会“全民健身与奥运同行”、天津全运会“我要上全运”活动的经验，继续通过举办国内外大型体育赛事推动群众体育发展。六是鼓励单项体育协会推动运动项目的普及，把运动项目的普及纳入其工作评价，并与政府投入挂钩。

2. 群众体育与体育产业相互促进

一是不断提升群众体育参与的水平和质量，把提高经常参与体育锻炼的人数比例作为新时代群众体育工作的关键点，实施专门的行为干预工程，予以专门的经费保障，以扩大体育消费群体，夯实体育产业发展的基础。二是推动群众体育与文化、教育、旅游、养老、健康等产业融合发展，形成体育发展新业态，促进体育产业发展。三是不断丰富群众体育的市场供给，提高产品和服务质量，满足群众多元化的体育需求。

3. 群众体育与体育文化相互促进

一是以群众体育为载体，弘扬体育文化，包括推广健身、健康新理念和科学健身方法，弘扬奥林匹克精神、中华体育精神和各地区、各民族的体育文化，弘扬社会主义核心价值观等社会主义先进文化、中国传统文化以及人类优秀文明成果，通过群众身边的全民健身优秀人物、先进事迹等传播社会正能量。二是以体育文化引领群众体育内涵发展，包括在群众体育工作和百姓健身活动中，以群众喜闻乐见的方式引导群众形成正确的健身和健康观念，养成科学的健身行为，使之成为生活的常态；体育文化弘扬与体育场地建设、体育组织培育、体育活动开展和体育知识普及同步，追求相互交融、整体发展。

4. 群众体育与体育外交相互促进

一是搭建国际交流平台，通过开展群众体育项目国际交流与合作，传播和推广群众体育发展的中国理念、中国模式、中国标准、中国品牌、中国人物和中国故事，发出中国声音，提升国际影响力，有效发挥群众体育在推广中国文化、提升国家形象和增强国家软实力等方面的独特作用。二是不断吸取发达国家群众体育发展的先进经验，推动群众体育向更高层次发展，实现群众体育与体育外交相互促进。

（三）推进群众体育融合发展

1. 切实推进全民健身和全民健康深度融合

全民健身和全民健康深度融合的本质是探索一条多方参与的运动促进健康之路，最终目的是解决我国关系到健康的重大问题和长远问题，实现健康中国的战略目标。提出全民健身和全民健康深度融合的原因在于当前我国疾病谱发生变化，健康促进模式由“以疾病治疗为中心”向“以预防为主、防治结合为中心”转变。切实推进全民健身和全民健康深度融合，既是新时代我国全民健身工作的新起点，又是新时代健康中国战略实施对全民健身工作提出的新要求。

针对当前全民健身和全民健康深度融合内在动力不足、缺乏战略规划、缺乏组织协调机构、政策法规体系不健全、运行机制不畅等问题，应从以下几个方面着手，推动全民健身和全民健康的深度融合。首先，在理念上要贯彻和落实“以促进健康为中心”的大健康观、大卫生观，并使这一理念统领全民健身和全民健康相关政策制定与实施的全过程；要树立大群体观，重新审视现有的全民健身工作定位，寻找与相关领域工作的差距，形成使目标任务具体化，工作过程可操作、可衡量、可考核的全民健身发展新格局。其次，在体制和机制层面，要从国家层面建立全民健身和全民健康融合促进委员会，立足全局对全民健身和全民健康的深度融合进行统筹协调、信息互通，实施有力的组织领导；研究制定“统筹推进全民健身和全民健康深度融合工作实施方案”，明确全民健身和全民健康深度融合发展的目标和保障措施，细化工作任务和工作要求；建立和全民健身和全民健康深度融合体制相适应的政府统筹推进机制，综合运用

资金支持、政策诱导、政绩评价和表彰激励等手段，落实各级政府责任，切实推进全民健身和全民健康深度融合工作。最后，在实践操作层面，要从全民健身和全民健康深度融合关键要素提升的角度实施系列工程。一是实施全民健身和全民健康深度融合的宣传工程，解决认识不足问题；二是实施社区居民电子健康档案建设工程，解决微观层面融合的信息收集问题；三是实施全民健身和全民健康深度融合的人才支撑工程，解决人力资源保障问题；四是实施全民健身和全民健康深度融合的科技创新工程，解决政策、手段和方法的科学循证问题；五是实施基于科学循证的社区重点人群健身行为干预工程，解决服务的公平性问题；六是实施全民健身和全民健康深度融合的“典型示范”建设工程，探索融合路径，进行体制、机制和模式创新，以点带面，力求形成一批可复制、可推广的经验和做法；七是大力推进体医融合工程，实现体育部门与医疗卫生部门之间优质资源的整合①。

2. 促进竞技体育与群众体育融合发展

群众体育与竞技体育是体育发展的不同方面，两者关系密切。群众体育可为竞技体育后备人才培养和选拔提供深厚的基础，世界主要发达国家的大部分优秀运动员都来源于广泛参与体育活动的青少年，中小学校、大学的体育教育和体育俱乐部为竞技体育提供了丰富的人才资源。竞技体育可以带动群众体育发展，优秀运动员在赛场上的优异表现及取得的辉煌成绩也能感召更多人参与体育运动；竞技体育资源还可以服务于群众体育，解决群众体育的资源不足问题。竞技体育的水平与群众体育发展程度相辅相成，紧密相关。例如，2012 年伦敦奥运会奖牌榜上排名前七的国家，其参与体育锻炼的人数比例均处于较高水平，每周参与 1 次以上体育锻炼的人数比例大都在 40%以上。以美国为代表的学校体育高度发达的国家，已经形成了以学校体育为基础，群众体育与竞技体育同步发展，各方面相互促进的良性循环态势。因此，促进竞技体育和群众体育的融合发展是未来体育的发展方向，也是建设体育强国、发挥体育整体功能的内在要求。

从我国竞技体育与群众体育融合发展的现状来看，竞技体育发展模式本身割裂了其与群众体育的有机联系，表现为以下几点。一是竞技体育的项目布局与全民健身的重合度低，对群众体育的普及推广作用本身就有限。二是竞技体

---

① 卢文云，陈佩杰. 全民健身与全民健康深度融合的内涵、路径与体制机制研究[J]. 体育科学，2018，38（5）：25-39.

育人才培养模式在训练、竞赛与人才选拔方面都自成系统，与一般群众体育脱钩，对青少年体育参与的带动不足。三是竞技体育后备人才培养早期专项化，基本没有以培养青少年对体育运动的兴趣为目标的基础训练阶段，而基础训练阶段的主要任务是掌握基本运动技能和发展灵敏、平衡、协调和速度等基本素质，为青少年以后参与休闲体育活动或成为高水平运动员奠定坚实的基础，并极大地提高青少年终身参与体育锻炼的意识，为社会源源不断地输入具有良好体育意识和较高体育技能的体育运动参与者。早期专项化既不利于竞技体育的可持续发展，又不能对青少年参与体育锻炼起到很好的带动作用。四是我国职业体育发展没有建立起从草根到顶级联赛的多层次、分区域的金字塔式的、开放式的联赛模式，无法对基层群众的参与起到推动、促进作用，而且联赛本身也不注重对项目的普及与推广。

从竞技体育场地设施资源服务群众体育的情况来看，在竞技场地设施服务群众体育方面，据统计，我国省级、地市级各类竞技体育训练基地有300多个[①]，这些基地的使用效率大多不高，除国家队、省队驻训外，大部分时间是闲置的[②]。在各类大型运动会场馆赛后利用方面，场馆在设计阶段受投资不足、建设周期过紧等的影响，过多地考虑了竞技体育需求，忽视了赛后大众的体育需求，使体育场馆的造价偏高而又不实用；或者虽有考虑，但研究不够深入，造成赛后实际操作上的困难和经营上的被动，体育场馆成为“弃之可惜，用之不便”的城市包袱[③]。在后期利用过程中，尽管各个体育场馆的性质、功能和服务对象不尽相同，但总的来说，这些场馆在不同程度上都存在着利用率低下的问题[④]。

从竞技体育人力资源服务群众体育的情况来看，我国体育明星参与公益活动很少，近几年虽然这方面取得了一定进步，但是也存在运动员参与公益活动的比例低、参与意识落后、参与形式单一、参与渠道缺乏等问题，整体上还处于初级阶段。此外，我国竞技体育科技成果向群众体育转移的机制也尚未建立。

针对上述问题，促进竞技体育与群众体育融合发展，应做到以下五点。一

---

① 郭洪伟. 我国竞技体育训练基地的现状调查与对策研究[D]. 武汉：武汉体育学院，2010：19.

② 刘强. 对我国部分体育训练基地建设状况的调查研究[D]. 西安：西安体育学院，2012：19.

③ 缪建奇，胡震宇. 我国体育场馆赛后利用现状及对策：兼析北京奥运会场馆赛后利用方案[J]. 体育文化导刊，2008（8）：14.

④ 缪建奇，胡震宇. 我国体育场馆赛后利用现状及对策：兼析北京奥运会场馆赛后利用方案[J]. 体育文化导刊，2008（8）：14.

是根据人们对竞技体育需求结构的变化不断调整竞技体育的项目结构。二是充分利用竞技体育资源弥补群众体育资源的不足，满足人们的健身休闲需求。三是建立以提高青少年身体素质为目标的竞技体育后备人才培养模式，避免早期专项化。四是充分利用举办国内外大型体育赛事的机会推动群众体育发展。五是把运动项目的普及纳入单项体育协会的工作评价，并与政府投入挂钩。

（四）深入推进“六边工程”

“六边工程”是落实全民健身国家战略的重要抓手，新时代要深入推进“六边工程”，不断构造全民健身工作的“四梁八柱”，让全体人民有地方健身、有机会健身，懂得如何健身，共享体育发展成果。

1. 完善群众身边的健身设施

结合群众体育休闲化、生活化需求，大力推进健身步道、多功能运动场地、体育公园等便民体育设施建设。按照“插体于绿（地）、插体于（广）场、插体于（公）园、插体于景（观）、插体于空（地）”的思路，在现有的标志性建筑、绿地、广场、园林、闲置地添置一些与周边环境相协调的体育设施，创造良好的体育生活环境。落实新建社区按标准配置体育设施，并与住宅区主体工程同步设计、同步施工、同步投入使用相关政策。推广学校体育场馆对外开放典型经验，提升学校体育场馆开放水平和使用效率。结合基层运动促进健康需要，推进体育、文化、教育、养老、医疗卫生等相关场地设施进行改造升级和资源共享，形成共建共享机制，实现健康促进“一站式”服务。加强群众身边的健身器材管理维护，推广手机应用软件、二维码等管理维护手段。

2. 健全群众身边的健身组织

以构建小政府、强社团、大社会的新格局为方向，以形成体育总会+单项体育协会+人群体育协会的健身组织网络为目标，加快推进各级体育总会改革，理顺体育行政部门和体育总会的关系，切实发挥体育总会的纽带与连接作用。探索基层健身组织与文化、教育、养老、医疗卫生等各类组织相融合的途径和方式。大力发展符合社会需求的橄榄球、棒球、皮划艇、山地户外、定向等时尚休闲体育项目的社会组织。建立草根体育组织登记备案制度，引导其健康、有序、规范地发展。不断提升各类群众健身组织专业化水平，加大向群众健身组织购买服务的力度，打通全民健身服务“最后一公里”。

3. 丰富群众身边的健身活动

因时、因地、因人群、因行业广泛开展主题鲜明的全民健身活动，打造全民健身品牌活动体系。结合群众需求广泛开展“一地一品”“一行一品”全民健身活动。积极组织面向农民工、老年人、残疾人等社会弱势群体的体育健身活动。大力发展广场舞、健身跑、健步走、骑行、登山等群众喜闻乐见的健身项目。积极培育帆船、山地户外、马术、极限运动、航空等具有消费引领特征的时尚项目。推广普及武术、太极拳、健身气功等民族民俗民间传统和乡村农味农趣运动项目。以北京冬奥会为契机，推广和普及冰雪运动，带动“三亿人上冰雪”。充分发挥各行业、各部门的优势，调动社会力量，打破行业壁垒，建立开放式、社会化的活动组织模式，推进群众身边的健身活动与文化、教育、养老、医疗卫生等相关活动全面融合。

4. 支持群众身边的体育赛事

整合各方优势和力量，开展一批适合不同人群、不同地域和不同行业特点的群众身边的赛事。竞技比赛要引入群众参与环节，实现大众选手与专业选手同场竞技。推广上海举办市民运动会的经验和做法，鼓励举办不同层次和类型的全民健身运动会。努力推进群众体育赛事升级，打造接地气、高标准、品牌化的草根联赛。充分挖掘和利用群众性体育健身赛事的综合价值，将赛事与城市景观、文化、旅游相结合，打造地方体育特色。加大政府购买体育赛事服务的力度，为社会力量举办群众体育赛事创造便利条件。

5. 开展群众身边的健身指导

加强镇（乡）、街道的国民体质监测中心与指导站点建设，建立稳定的国民体质监测专业队伍，开展日常国民体质监测工作，根据体质监测结果进行科学健身指导。与有关部门合作在乡镇、街道设立健康促进服务中心，常年为群众健身提供专业指导。在县、乡医院、社区诊所等基层卫生部门全面培训可开运动处方的全科医生，为群众提供精准化的健身指导。加强基层健身指导队伍建设，扩大社会体育指导员培训规模，增加社会体育指导员的数量，建立社会体育指导员星级评选制度，提高社会体育指导员上岗率和服务水平。建立专门的科学健身行为干预志愿者服务网站，列出不同地方的志愿者信息、联络方式和不同地区需要志愿服务的信息，作为人们寻求和参与科学健身行为干预志愿服务的平台。

6. 弘扬群众身边的体育健身文化

构建体育健身文化宣传大格局，推动体育系统报、台、网、端等各类传播平台融合发展，扩大体育健身文化宣传的影响力，用好社会媒体资源，形成合力，推动体育健身文化传播，通过开办杂志、开设专栏、开展讲座等灵活多样

的形式，普及体育健身文化知识，提高人们的健身意识。打造体育电影、体育电视剧、体育微视频等，弘扬健康文化，把群众身边好的理念、长寿之道在群众当中弘扬开来。讲述全民健身故事，树立全民健身榜样，在全社会推广健康新理念，培育健身新风尚。

（五）着力推动基本公共体育服务均等化

基本公共体育服务均等化是指全体公民都能公平可及地获得大致均等的基本公共体育服务，其核心是促进机会均等，重点是保障人民群众得到基本公共体育服务的机会。保障公民享有基本公共体育服务是政府的重要职责，推进基本公共体育服务均等化是解决我国全民健身公共服务发展不充分和城乡、区域、人群之间发展不平衡问题的需要，是实现“两个一百年”奋斗目标的应有之义，对于人民共享体育发展成果，增强获得感和幸福感都具有十分重要的意义。推进基本公共体育服务均等化的策略包括以下三方面。一是建立基本公共体育服务的标准体系，尤其是建立国家指导标准和地方实施标准相衔接的公共体育服务标准体系，监督和检查基本公共体育服务均等化政策执行情况和实施情况。二是构建与基本公共体育服务均等化相适应的财政投资机制。建立与GDP或政府财政预算支出成比例的稳定投入机制，使得均等化的水平真正与经济社会发展相一致。明确不同层级政府的事权和财权范围，确定各级财政分担基本公共体育服务资金比例的权重，完善政府间转移支付机制，实现地方政府基本公共体育服务财政能力均等化。在财政投资的方式上，加大政府购买全民健身公共服务力度，通过发放居民体育消费券培育和促进居民体育消费，打通公共体育事业与体育产业之间的联系。三是建立政府间基本公共体育服务问责制。加强基本公共体育服务标准执行情况的监督评估，并列入各级政府目标考核范畴，促进基本公共体育服务均等化的有效推进。

（六）不断提高群众体育治理的现代化水平

通过群众体育治理能力现代化实现调控主体主动有度、市场主体竞争有序、社会主体积极有位、个人主体参与有道的群众体育发展状态，其关键是要实现群众体育治理主体和治理手段的现代化。

群众体育治理主体的现代化不仅包括政府、市场、社会和公民四大类治理主体在数量上的增加和结构上的平衡，还包括各个治理主体治理能力的单向度提升，更是指各治理主体间基本关系和相互作用方式的重构，从而实现整体效能优化提升的结构性调整。在群众体育治理主体的数量和结构上，应加大力度健全基层政府的群众体育机构，培育群众身边的体育社会组织，鼓励具有自主品牌、创新能力和竞争实力的健身休闲骨干企业做大做强，提升核心竞争力。针对群众体育政府主体治理能力现代化，应以打造“强政府”为目标，确保实现政府在群众体育治理体系中的主导作用。针对群众体育市场治理能力现代化，应调整政府与市场的关系，以建设统一开放、竞争有序的健身休闲市场体系为目标，发挥市场在资源配置中的决定性作用。针对群众体育社会治理能力现代化，应以提高体育社会组织的自治能力、参与治理能力和服务社会能力为着力点，构建体育社会组织的培育孵化机制、捐赠制度、税收优惠制度和监管体系。针对公民参与群众体育治理的能力现代化，应提高公民参与群众体育治理的主动性和积极性，促进公民“愿”参与，畅通公民通过体育社会组织和具体项目参与群众体育治理的渠道，促进公民“能”参与。

群众体育治理手段现代化的关键是变革创新。一是将法治作为群众体育治理的基本方式，大力推进群众体育法律条例的完善工作，提升群众体育治理主体的法治观念，加大群众体育执法的力度并加强监督，优化群众体育治理法治化的环境，使法治在群众体育治理中发挥引领、推动、规范、保障、制约作用。二是重视运用现代化的科学技术，推进群众体育政策制定信息化、政策预演模拟化、政策评价定量化、政策实施数据化等。三是建立群众体育治理效果的评估和反馈机制，对国家和地方层面的全民健身治理绩效进行动态评估。四是综合运用多种治理手段，将政府行政手段、市场竞争调控手段和公民自我管理手段相结合。五是创新群众体育治理工具，广泛运用合同承包、托管、特许经营、政府购买等工具。六是建立全民健身激励机制。推广发放体育消费券、全民健身借记卡、全民健身公共积分等激励体育消费的做法。

（七）促进群众体育智慧化发展

群众体育智慧化是指应用物联网、互联网、大数据、云计算等技术和手段，对群众体育领域的海量感知信息进行处理和分析，对群众的体育健身需求做出智能化响应和智能化决策支持，打造一种信息互联互通、多元主体协同、政民互动通畅、体育服务精准、公共管理智能的群众体育发展模式的过程。

群众体育智慧化有三个基本特征。一是群众体育感知智能化，即通过互联网、物联网及各种智能终端，实现人与人、人与物、物与物之间的互联互通和全面感知，实时掌握群众体育各方面的运行状态，为实施精准管理与个性化服

务提供支撑，这是实现群众体育智慧化的重要基础。二是群众体育管理精准化，即通过现代信息技术，促进群众体育信息共享与多元主体协同，同时改变政府内部条块化的管理服务方式，打破部门与区域界限，实现群众体育治理的一体化与精准化。三是全民健身公共服务便捷化，即通过“互联网+”模式及平台化的共享策略，全面整合群众体育资源与服务渠道，打造以群众需求为中心的智能化全民健身公共服务平台，推动共建共享，为群众提供良好的健身环境，不断提升公民的体育参与水平。

群众体育智慧化的现实场景表现为以下几方面：首先，通过智能穿戴、智慧场馆将传统物理存在的体育世界转变为数据体育世界；其次，海量的体育数据通过物联网技术，实现物—物、物—人的互联互通；最后，通过具备强大计算能力和高级分析能力的智能技术，为体育锻炼的参与者提供全面、智能化的服务，催生“想运动就运动”“不想运动也激发运动”的健身新模式。

促进群众体育智慧化发展不仅是贯彻落实党的十九大报告提出的建设“智慧社会”的需要，更是促进群众体育科学化、培育全民健身新业态、创新公共体育服务模式、提高群众体育工作效率和组织变革的需要。

促进群众体育智慧化的策略包括如下几方面。

一是建设智慧化的体育场地设施。大型体育场馆要以无线网络建设和智能传感系统建设为基础，充分融入物联网技术和云计算技术，促进场馆预订、赛事信息、经营服务统计、能耗管理等整合应用。通过人工智能与大数据分析，识别用户的线上和线下体育行为偏好，并根据偏好进行精准营销，增加用户对体育场馆的黏性，并记录用户体育参与行为。推进智慧健身路径、智慧体育公园建设，利用二维码进行设施管理与维护，通过手机应用软件实现数据对接，使用者可通过扫描器械上的二维码进行签到和使用排位，查询器械的健身功能、使用方法、适合人群等信息，同时获得锻炼指导视频。鼓励社会力量建设分布于社区、商圈、工业园区等的智慧健身中心、智慧健身馆、智慧健身工作室、共享健身舱等。提升体育特色小镇、体育服务综合体等载体的智慧化发展水平。

二是打造智慧化的全民健身公共服务信息平台。加快推进互联网与全民健身公共服务体系的融合，创新全民健身公共服务的模式与流程，形成以线上用户需求表达—线上线下资源共享匹配—线下用户体验—线上用户满意度评价—服务改进为流程的供给模式，真正做到问需于民，精确把握群众体育需求，精准推送公共体育服务，满足群众个性化、多样化的体育需求。特别要注重平台对群众体育健身行为的驱动作用，针对制约群众体育参与的健身知识、态度、信念、价值观等倾向性因素，利用微信公众号等去引导和教育民众形成正确的认识，激发运动动机；针对制约群众体育参与的体育场地设施、指导人员、体育活动、体育组织等促成性因素，以共享思维通过线上、线下结合的供给模式，实现全民健身公共服务的精准化供给；针对群众体育行为保持的强化因素，通过智能穿戴等对健身效果进行及时评价和反馈、利用社交平台分享健身行为，促进群众体育锻炼行为的保持。积极探索网络化的体育治理模式，充分利用互联网、手机应用软件等，加快推进体育政务新媒体建设，加强政府与民众的沟通交流，提高政府的群众体育管理、公共服务和公共政策制定的响应速度，提升政府科学决策能力，促进政府职能转变和简政放权；利用社交平台加强群众身边的草根体育组织建设，推动基层群众体育的自治。鼓励政府和体育互联网企业合作建立群众体育资源、居民健康档案、群众体育参与、体质监测报告等信息共享平台，打通区域、行业、部门、单位之间的数据壁垒，利用大数据分析技术，提升政府的群众体育治理能力。

三是夯实群众体育智慧化发展的基础。结合智慧社会、智慧城市发展，加强群众体育智慧化所需的宽带网络、物联网、云计算中心、智能体育设施等建设，为实现群众体育资源整合、数据共享、互联互通提供支持，为实现群众体育智慧化打下坚实基础。开展体育行业相关标准体系和标准化建设，包括群众体育智慧化总体标准、信息资源标准、基础设施标准、应用标准、管理规范和数据编码规范等，使群众体育智慧化的运行、服务和管理有章可循、有据可依。建立群众体育的基础信息数据库，形成以国家的群众体育数据中心为实施主体、跨界合作平台为辅助的工作网络，开展群众体育基础性数据的长期监测工作。在实施主体方面，依托各省（自治区、直辖市）体育科研所、高等院校和互联网大数据机构等，在全国布局一批群众体育数据监测中心，负责数据的采集和分析，形成包含群众体育环境监测数据库、群众体育行为监测数据库、国民体质监测数据库、公民身体素监测数据库在内的群众体育基础数据平台，并建立与医疗卫生、交通、环保等相关部门互联互通的数据共享机制，使群众体育数据与国民健康、经济、社会发展数据实现外部关联；探索推进智能穿戴设备、智慧场馆等产生的数据资源规范接入群众体育基础数据平台；建立群众体育的互联网数据采集与监测平台，通过群众体育专题调查、整合社交平台体育参与数据和体育消费订单数据等，丰富群众体育相关数据；支持第三方建立个人健身银行，进行全民健身效应的长期跟踪和数据挖掘。在数据利用方面，组织相关专家进行数据的科学分析和深度挖掘，掌握群众体育发展动态，梳理规律，把

握趋势，定期提供专业性、综合性分析报告，提高政府管理部门群众体育决策水平，促进群众体育事业科学发展。加大科研投资力度，鼓励群众体育智慧化的前、后端研发（前端指体育行为监控的智能传感器网络研发，实现全面感知和全面互联；后端指体育行为云决策平台开发及应用，实现智能处理和智能服务），提供信息基础设施。鼓励企业与高校、科研院所、职业教育等机构联合培养智慧体育人才。

参考文献

[1] 安儒亮，张军，姜健. 中国群众体育事业统计指标体系研究[J]. 西安体育学院学报，2010，27（6）：652–656.

[2] 白晓旭. 论影响我国群众体育消费行为的价值观因素[J]. 商场现代化，2005（24）：82–83.

[3] 白杨，郇昌店，高跃，等. 大数据背景下群众体育智慧治理的路径研究[J]. 西安体育学院学报，2019，36（1）：53–56.

[4] 鲍东东，张华伦，宋伟. 社会资本视角下群众体育社团组织发展路径[J]. 上海体育学院学报，2014，38（4）：31–34.

[5] 鲍明晓，邱雪，吴卅. 论市场在群众体育发展中的作用[J]. 北京体育大学学报，2014，37（10）：1–6.

[6] 鲍明晓. 群众体育：公益还是私益?[J]. 体育科学，2005（4）：97.

[7] 蔡忠建. 民营经济模式的社区体育特点探析：对群众体育意识、行为倾向调查分析[J]. 北京体育大学学报，2003，26（3）：315–317.

[8] 曹彧，王津. 从中华龙舟大赛探究我国群众体育全媒体整合传播的发展[J]. 沈阳体育学院学报，2015，34（2）：24–28.

[9] 常华，周国群. 我国群众体育的历程及发展走势[J]. 体育与科学，2009，30（5）：36–39.

[10] 常毅臣，魏争光. 我国群众体育发展失衡的主要原因与对策研究[J]. 西安体育学院学报，2007，24（5）：6–9.

[11] 陈超. 群众体育投入水平评估指标研究[J]. 北京体育大学学报，2010，33（8）：30–33.

[12] 陈国强，赵松. “视觉呈现+活动策划”挖掘纸媒读者体育市场：《都市快报》的群众体育赛事组织策划与视觉呈现[J]. 中国记者，2015（12）：118–119.

[13] 陈静飞，石歌，王磊，等. 唐山地区群众体育发展研究[J]. 体育文化导刊，2014（6）：52–54.

[14] 陈琳. 日本的群众体育[J]. 中国体育科技，1997（8）：22-24.

[15] 陈融. 建国以来认识和处理群众体育与竞技体育关系的历史启示[J]. 上海体育学院学报，1998，22（4）：10-15.

[16] 陈融. 探寻群众体育与竞技体育协调发展的中介[J]. 体育文史，2000（3）：10-11.

[17] 陈绍艳，杨明，李爱玲，等. 湖北省群众体育资源开发与经营的发展战略研究[J]. 武汉体育学院学报，2005，39（6）：29-32.

[18] 陈伟霖，陈俊钦. 中日两国群众体育的比较研究[J]. 中国体育科技，1998，34（11）：33-36.

[19] 陈文倩，阎守扶，何丽娟. 我国群众体育项目发展趋势[J]. 体育文化导刊，2012（10）：22-25.

[20] 陈晓英，颜晓. 我国南方六城市社区群众体育活动选择内容的调查分析[J]. 西南师范大学学报（自然科学版），2009，34（3）：119-121.

[21] 陈晓英. 群众体育满意度模型构建研究[J]. 体育文化导刊，2010（4）：36-39.

[22] 陈星潭，王新国. 我国残疾人群众体育之发展研究[J]. 广州体育学院学报，2010，30（2）：18-21.

[23] 陈秀娟. 我国群众体育的性质与供给机制研究[J]. 体育科学，2009，29（1）：85-91.

[24] 陈莹. 论我国群众体育发展的历史与当今价值[J]. 人民论坛，2012（36）：188-189.

[25] 陈元武，黄元汛，郭良继，等. 湖北省群众体育消费特点分析[J]. 中国体育科技，2000，36（6）：29-30.

[26] 程存德，罗普磷，罗普云. 西安市群众体育发展的社会因素[J]. 西安体育学院学报，1999（3）：26-27.

[27] 仇军. 群众体育发展的困境与出路[J]. 体育科学，2016，36（7）：3-9.

[28] 储娜，鲁磊. 汉唐时期河洛体育文化兴盛原因及对我国群众体育事业发展的启示[J]. 宁夏社会科学，2013（4）：127-130.

[29] 楚继军，龙国强. 广东省基层群众体育公共管理现状调查[J]. 中国体育科技，2006（5）：23-26.

[30] 楚继军. 深圳市基层群众体育管理体制模式的思考[J]. 武汉体育学院学报，2003（1）：163-166.

[31] 戴亏秀. 我国群众体育公平缺失与政府责任研究[J]. 沈阳体育学院学报，2011，30（3）：42–45.

[32] 邓民威. 农村城镇化进程中农村群众体育发展研究[J]. 调研世界，2010（3）：22–23.

[33] 邓世忠，周莉. 试论社区群众体育活动之内容及其特点：兼论大学体育院（系）在社区体育活动中的地位和作用[J]. 湖北大学学报（哲学社会科学版），2005（2）：226–229.

[34] 邓万先. 非奥运项目与我国群众体育的可持续发展[J]. 体育学刊，2010，17（12）：19–23.

[35] 翟水保，宁科. 中国中部地区群众体育锻炼、消费模型的实证研究：基于有序 probit 回归模型的研究[J]. 体育科学，2011，31（12）：21–29.

[36] 翟水保，牛文英. 中部地区群众体育锻炼与体育消费的影响因素分析[J]. 天津体育学院学报，2012，27（4）：365–368.

[37] 董红刚，方新普. 群众体育与竞技体育利益协调思考[J]. 体育文化导刊，2009（8）：16–18.

[38] 董宏伟. 均衡与非均衡：竞技体育与群众体育发展的理论模式与现实选择[J]. 沈阳体育学院学报，2011，30（2）：8–11.

[39] 董宏伟. 社会体育专业建设与群众体育协同发展的策略研究[J]. 黑龙江高教研究，2016（6）：67–70.

[40] 董新光，刘小平，白永惠. 群众体育中忽视建设带来的问题及发展思路[J]. 体育文化导刊，2005（4）：11–13.

[41] 董新光. 从《奥林匹克宪章》看中国群众体育发展[J]. 体育文化导刊，2005（11）：20–22.

[42] 董新光. 近 15 年我国群众体育发展之研究[J]. 体育文化导刊，2010（10）：1–6.

[43] 董新光. 论群众体育的主体地位[J]. 体育文化导刊，2006（12）：7–9.

[44] 董新光. 论我国群众体育的特色[J]. 体育文化导刊，2006（3）：6–8.

[45] 董新光. 群众体育在和谐社会建设中的作用和责任[J]. 体育文化导刊，2007（9）：3–6.

[46] 董新光. 下一个 10 年我国群众体育发展的战略选择[J]. 体育学刊，2009，16（6）：1–6.

[47] 杜光宁，卢志成，程士钧. 后北京奥运时期我国群众体育的发展策略分

析：东京奥运会后日本大众体育发展的启示[J]. 广州体育学院学报，2011，31（4）：41–44.

[48] 段健芝，彭健民. 新时期我国群众体育的发展对策[J]. 西安体育学院学报，2001（4）：28–29.

[49] 段长波，钟小燕. 我国群众体育公共政策的执行阻碍及对策分析[J]. 体育与科学，2011，32（3）：73–75.

[50] 范宏伟，秦椿林，靳厚忠，等. 中国都市群众体育现状与特点的调查研究[J]. 武汉体育学院学报，2011，45（10）：56–63.

[51] 冯火红. 地方政府群众体育行政变迁与发展研究[J]. 沈阳体育学院学报，2010，29（4）：10–13.

[52] 冯火红. 新中国成立初期我国的群众体育政策[J]. 北京体育大学学报，2008（7）：904–907.

[53] 冯剑. 群众体育赛事从管理到治理：动力、逻辑与路径[J]. 西安体育学院学报，2018，35（3）：334–337.

[54] 冯文. 海淀的早期群众体育活动[J]. 北京档案，2001（9）：48–49.

[55] 冯晓丽. 建国以来群众体育政策的变迁特点与影响因素[J]. 体育学刊，2012，19（3）：41–45.

[56] 冯祎中. 基于复杂性理论的群众体育演化研究[J]. 体育文化导刊，2017（7）：52–56.

[57] 付宏. 广场舞在我国群众体育运动中的社会稀释效应与凝聚效应解析：以成都市为例[J]. 南京体育学院学报（社会科学版），2016，30（2）：43–48.

[58] 付明忠. 西部群众体育评价指标体系构建与实证研究[J]. 成都体育学院学报，2014，40（10）：55–59.

[59] 付争鸣. 中国特色群众体育的发展历程探析[J]. 西南师范大学学报（自然科学版），2011，36（3）：101–104.

[60] 高爱民，李会增，王向东，等. 冀东小城镇群众体育活动现状及发展模式的研究[J]. 北京体育大学学报，2007（2）：182–184.

[61] 高发民，张庆来，张永军，等. 鲁西北欠发达地区农村群众体育锻炼现状调查与分析[J]. 北京体育大学学报，2006（3）：305–307.

[62] 高继科，田国祥，赵富学，等. 环境学理论视野下甘肃藏区高原群众体育锻炼研究[J]. 成都体育学院学报，2015，41（6）：28–33.

[63] 高继科，赵富学，李法伟. 甘肃藏区群众体育事业发展的机遇与突破[J]. 体

育文化导刊，2014（7）：40-43.
[64] 高丽. 河南省农村群众体育的现状及影响因素[J]. 安徽农业科学，2007（22）：6923-6924.
[65] 高茂章. 河南省城市基层群众体育社团管理体制及运行机制的调查研究[J]. 武汉体育学院学报，2008（2）：79-82.
[66] 龚会莲. 合理性张力下的群众体育供给模式探讨[J]. 西安体育学院学报，2018，35（4）：450-454.
[67] 谷崎，王震. 陕西省农村群众体育开展的现状[J]. 体育学刊，2003（5）：37-38.
[68] 郭惠平，卢志成，唐宏贵. 2010 年湖北省群众体育达成目标的实证研究[J]. 武汉体育学院学报，2006（5）：1-9.
[69] 国家发展改革委社会发展司. 加快发展体育公共服务　积极扩大群众体育消费[J]. 中国经贸导刊，2010（4）：27-28.
[70] 韩丹. 中国群众体育路向何方[J]. 体育与科学，2004（2）：19-21.
[71] 韩秋红，程云峰. 我国城乡群众体育统筹发展的机理与途径[J]. 山东体育学院学报，2011，27（1）：16-20.
[72] 郝晓岑. 北京市群众体育政府公共服务供给的调查与分析[J]. 首都体育学院学报，2016，28（4）：299-303.
[73] 郝秀君. 群众体育满意度评价模型的构建[J]. 山东体育学院学报，2012，28（2）：24-27.
[74] 何国民. 我国省域群众体育与经济协调发展评价研究[J]. 北京体育大学学报，2012，35（6）：23-27.
[75] 何杰明. 体育产业与群众体育联动逻辑与立体化路径[J]. 中国体育科技，2015，51（4）：111-116.
[76] 何淑敏，陈明. 和谐社会进程中群众体育工作的功能探析[J]. 成都体育学院学报，2010，36（5）：32-34.
[77] 何志芳，郜建海. 青藏高原群众体育健身活动现状及其制约因素分析研究[J]. 西安体育学院学报，2010，27（2）：174-178.
[78] 贺凤翔. 群众体育与人文奥运：对 2008 年奥运会前后我国群众体育的新思考[J]. 体育文化导刊，2006（2）：7-8.
[79] 侯广斌，任海. 郴州市城区群众体育锻炼的现状调查与分析[J]. 体育学刊，2003（2）：40-42.

[80] 侯令忠，任大全，王建军，等. 理性与非理性在我国群众体育改革政策中的作用[J]. 山东体育学院学报，2007（1）：21-23.
[81] 侯令忠. 非理性因素与中国的群众体育[J]. 体育文化导刊，2006（3）：9-11.
[82] 胡科. 基层群众体育运行研究的视角、问题、理论与方法[J]. 南京体育学院学报（社会科学版），2011，25（1）：94-100.
[83] 胡科. 基层群众体育运行中的社会精英：一个乡镇门球协会精英群体的个案考察[J]. 中国体育科技，2012，48（2）：101-111.
[84] 胡胜强. 群众体育服务的合作供给模式研究[J]. 西安体育学院学报，2018，35（5）：565-570.
[85] 华宝元. 再论我国群众体育与竞技体育的关系：对习近平接见里约奥运代表团上的讲话分析[J]. 南京体育学院学报（社会科学版），2016，30（5）：105-110.
[86] 郇昌店，张林，戴健. 城乡群众体育统筹发展探讨[J]. 体育文化导刊，2013（4）：23-26.
[87] 郇昌店. “自发公益—制度公益”：群众体育运行中的郇村个案[J]. 武汉体育学院学报，2014，48（1）：29-33.
[88] 郇昌店. 基于外部约束视角的我国城乡群众体育统筹发展整体思路探讨[J]. 天津体育学院学报，2012，27（6）：505-510.
[89] 黄国龙. 福建省群众体育消费需求调查及对体育市场发展的若干思考[J]. 山东体育学院学报，2008（11）：28-31.
[90] 黄静，侯代贵，郭敏刚. 北京残奥会对我国残疾人群众体育的影响研究[J]. 武汉体育学院学报，2009，43（12）：96-100.
[91] 黄林. 体育类 QQ 群对群众体育发展的影响[J]. 体育文化导刊，2012（8）：156-158.
[92] 黄彦军，徐凤琴，张驰，等. 城市群众体育非协调发展及其对策：以广东省沿海欠发达城市为例[J]. 体育学刊，2006（6）：36-39.
[93] 黄彦军，徐凤琴，张驰，等. 广东省沿海欠发达城市群众体育行政部门发展现状调查[J]. 中国体育科技，2006（5）：27-30.
[94] 黄元汛，陈元武，郭良继，等. 湖北省群众体育需求的调查与分析[J]. 体育科学，1999，19（3）：17-19.
[95] 霍红，孙淑惠，聂啸虎，等. 西藏自治区群众体育的现状调查及发展规划[J]. 成都体育学院学报，2001（6）：5-9.

[96] 霍红，孙淑惠. 西藏自治区群众体育研究论纲[J]. 成都体育学院学报，2000（2）：12-15.

[97] 季浏. 构建我国群众体育管理“强政府与强社会”模式的策略分析[J]. 武汉体育学院学报，2014，48（1）：5-10.

[98] 贾志强. 群众体育：我国体育发展的主旋律[J]. 北京体育大学学报，2015，38（1）：8-14.

[99] 姜健. 陕甘宁老区体育传统对群众体育影响的研究[J]. 体育文化导刊，2012（5）：31-33.

[100] 姜健. 我国农村群众体育相关问题研究现状的分析[J]. 西安体育学院学报，2002，19（4）：25-27.

[101] 姜健. 西北地区不同自然环境对当地农村群众体育影响研究[J]. 西安体育学院学报，2011，28（6）：658-661.

[102] 姜长林，雷先良. 学校体育对群众体育的作用[J]. 武汉体育学院学报，2000，34（1）：35-36.

[103] 金涛. 近十年来我国农村群众体育研究综述[J]. 体育文化导刊，2004（12）：35-37.

[104] 孔庆鹏. 转变观念积极创新：对新时期群众体育工作的几点思考[J]. 体育与科学，1997，18（3）：1-4.

[105] 雷陈. 论群众体育社团在构建和谐社会中的作用：基于武汉市 21 个社区的分析[J]. 体育文化导刊，2013（11）：35-38.

[106] 雷桂成. 从运动员选材看竞技体育与群众体育的关系[J]. 体育文化导刊，2002（3）：12-13.

[107] 李安娜. 我国群众体育发展不均衡省际差异分析[J]. 体育文化导刊，2012（4）：29-32.

[108] 李昌瑞. 后奥运时期中国群众体育发展问题之初探[J]. 小说评论，2013（S2）：314-316.

[109] 李翠霞，王广虎. 新时期群众体育的发展特征[J]. 上海体育学院学报，1997，21（2）：11-15.

[110] 李冬梅. 中国群众体育管理体制的社会学分析[J]. 成都体育学院学报，2004，30（5）：29-31.

[111] 李国，孙庆祝，刘超. 我国三次群众体育现状调查比较研究[J]. 沈阳体育学院学报，2013，32（2）：27-31.

[112] 李国. 基于 WSR 方法论的群众体育系统影响因素与评价模型研究[J]. 体育科学，2012，32（4）：29–34.

[113] 李国强，章碧玉，赵猛. 我国区域经济、体育产业和群众体育综合协调发展研究[J]. 天津体育学院学报，2015，30（1）：87–92.

[114] 李建钢，曾庆涛. 新形势下我国农村群众体育变迁与发展[J]. 调研世界，2009（1）：45–46.

[115] 李捷. 首都群众体育现代化发展研究[J]. 体育文化导刊，2009（6）：28–34.

[116] 李静. 试论群众体育发展对体育强国建设的影响[J]. 体育文化导刊，2012（6）：32–34.

[117] 李俊怡. 我国群众体育的理论范畴及发展战略研究[J]. 广州体育学院学报，2018，38（2）：20–23.

[118] 李丽，杨小龙，兰自力，等. 我国群众体育公共财政投入研究[J]. 首都体育学院学报，2015，27（3）：196–201.

[119] 李琳，季浏，王学军. 提升国家人力资本，改善居民生活质量：俄罗斯 2020 年前群众体育发展战略的解读[J]. 体育学刊，2012，19（4）：47–50.

[120] 李旻，郑志强. 群众体育项目推广与管理角色转变[J]. 江西社会科学，2018，38（12）：215–220.

[121] 李宁. 我国群众体育发展趋势研究：基于全国 3 次群众体育调查结果的比较分析[J]. 体育学刊，2012，19（1）：31–34.

[122] 李卫平，归明，任保国. 山东省群众体育现状及发展对策研究[J]. 体育科学，2001，21（1）：12–15.

[123] 李文萍. 体育娱乐电视节目对群众体育推动作用的初探：以《城市之间》为例[J]. 新闻知识，2012（12）：109.

[124] 李相如，李丽莉，朱红，等. 北京市群众体育现状调查与发展对策[J]. 体育科学，2002，22（6）：59–63.

[125] 李骁天，向祖兵，郭世豪，等. 北京市居民体力活动时间现状研究：基于北京市第 3 次群众体育现状调查的数据[J]. 天津体育学院学报，2016，31（4）：322–327.

[126] 李骁天，向祖兵，郭世豪，等. 基于分位数回归的城市居民体育消费研究：以北京市第 3 次群众体育调查数据为例[J]. 上海体育学院学报，2017，41（3）：54–63.

[127] 李小明. 试论群众体育对促进社会生产的作用[J]. 体育文化导刊，

2005（2）：35-36.

[128] 李晓甜. 刍议群众体育政策执行的公私协力困境与前景[J]. 体育与科学，2012，33（3）：101-104.

[129] 李越，金考生，汪雅，等. 浙江省现阶段群众体育需求特征的分析研究[J]. 中国体育科技，2002，38（1）：40-43.

[130] 梁冬. 如何做好群众体育新闻报道[J]. 新闻战线，2016（1）：125-126.

[131] 梁汉平. 欧洲视角下的群众体育与身体民主[J]. 西安体育学院学报，2013，30（6）：645-649.

[132] 林显鹏. 2010 年中国群众体育发展趋势的研究[J]. 中国体育科技，2001，37（11）：10-13.

[133] 林勇虎，王揖涛，张路，等. 中国群众体育发展的经济和社会背景研究[J]. 天津体育学院学报，2005，20（4）：14-16.

[134] 凌明德，刘孝兰，王敏敏，等. 国内外群众体育的开展情况分析[J]. 上海体育学院学报，1998（S1）：111-114.

[135] 刘波. 德国体育俱乐部体制与群众体育关系的研究[J]. 体育与科学，2009，30（1）：64-68.

[136] 刘光宇，李冰. 浅谈我国群众体育学的建立与发展[J]. 辽宁教育研究，2000（S1）：17-18.

[137] 刘国永. 对新时代群众体育发展的若干思考[J]. 体育科学，2018，38（1）：4-8.

[138] 刘国永. 全面深化群众体育改革的思考[J]. 体育科学，2015，35（8）：3-7.

[139] 刘国永. 转变发展方式　实现群众体育新跨越[J]. 体育文化导刊，2012（5）：22-26.

[140] 刘红建，孙庆祝，陶荣兵. 共生理论视角下我国城乡群众体育的统筹发展[J]. 首都体育学院学报，2009，21（5）：538-540.

[141] 刘红建，孙庆祝. 群众体育政策基层执行的调查与分析[J]. 上海体育学院学报，2012，36（4）：49-53.

[142] 刘红建. 群众体育政策执行的环境因素及其优化路径研究[J]. 南京体育学院学报（社会科学版），2015，29（2）：49-55.

[143] 刘建中. 协同学与社区自发性群众体育组织形成与发展机制[J]. 体育学刊，2009，16（8）：40-43.

[144] 刘江南. 现代化大都市群众体育战略发展思路与实践[J]. 广州体育学院

学报，2005，25（1）：5−9.

[145] 刘金利. 我国城镇群众体育健身环境的综合评价分析[J]. 武汉体育学院学报，2013，47（8）：28−33.

[146] 刘梅英，田雨普，周丽萍. 体育强国视域下我国群众体育发展对策探索[J]. 武汉体育学院学报，2009，43（7）：9−13.

[147] 刘梅英，田雨普. 体育强国背景下我国群众体育事业发展的困境和突破[J]. 南京体育学院学报（社会科学版），2009，23（3）：27−30.

[148] 刘梅英. 契机与挑战：论当前我国农村群众体育的变革[J]. 山东体育学院学报，2008，24（7）：12−14.

[149] 刘梅英. 我国农村群众体育的发展契机[J]. 体育文化导刊，2007（4）：9−11.

[150] 刘盼盼，刘纯献，冉祥华. 群众体育与体育强国[J]. 河南师范大学学报（哲学社会科学版），2014，41（3）：181−185.

[151] 刘庆国. 高等院校创办群众体育俱乐部初探[J]. 西安体育学院学报，2002（S1）：59−60.

[152] 刘文明，徐君伟，杨忠令. 我国群众体育均衡发展的理论探究[J]. 体育文化导刊，2016（9）：28−32.

[153] 刘小俊. 体育强国视阈下我国群众体育的发展[J]. 体育与科学，2010，31（3）：69−72.

[154] 刘新华. 我国群众体育由大到强的战略研究[J]. 中国体育科技，2010，46（1）：19−31.

[155] 刘雪松，刘蕊，袁春梅. 东京奥运会前后日本群众体育发展研究[J]. 成都体育学院学报，2009，35（8）：21−24.

[156] 卢耿华. 我国 2010 年群众体育发展战略的几点思考[J]. 西安体育学院学报，2000，17（2）：21−23.

[157] 卢红梅，田玉，童建国. 河南省城市社区群众体育研究[J]. 中国体育科技，2002，38（12）：53−56.

[158] 卢文云. 改革开放 40 年我国群众体育发展回顾与前瞻[J]. 上海体育学院学报，2018，42（5）：22−29.

[159] 卢元镇. 从中国群众体育现状调查看学校体育[J]. 中国学校体育，1999（2）：66.

[160] 卢元镇. 举办奥运会也应该收获群众体育[J]. 体育文化导刊，2003（12）：

24－25.
[161] 卢志成，郭惠平. 社会公平语境中我国城乡群众体育发展的差异与统筹[J]. 天津体育学院学报，2011，26（2）：153－157.
[162] 陆淳. 大学生群众体育竞赛的组织与运作实践研究[J]. 中国体育科技，2005，41（1）：129－131.
[163] 逯明智. 北京冬奥会对群众体育发展的影响[J]. 体育文化导刊，2016（1）：23－27.
[164] 栾开封. 群众体育性问题辨析[J]. 体育文化导刊，2006（3）：16－17.
[165] 罗林. 体育休闲化与我国群众体育管理体制的重构[J]. 广州体育学院学报，2006，26（5）：43－45.
[166] 罗普磷. 国内外群众体育管理问题研究综述[J]. 西安体育学院学报，1999,16（4）：22－24.
[167] 罗潇. 我国群众体育强国评价体系的系统建构[J]. 广州体育学院学报，2016，36（2）：27－31.
[168] 骆秉全，樊心刚，丁进国，等. 北京市群众体育产业化研究[J]. 体育科学，2002，22（2）：31－32.
[169] 骆秉全，张连民，樊心刚，等. 北京市群众体育社会化发展现状及对策的初步研究[J]. 体育科学，2002，22（4）：24－26.
[170] 骆秉全. 我国群众体育工作评估问题思考[J]. 体育文化导刊，2010（1）：1－3.
[171] 吕树庭，韩会君，辛利，等. 珠江三角洲群众体育活动点及经营性体育健身娱乐场所的现状调查与分析:兼论群众性体育俱乐部的组建模式[J]. 广州体育学院学报，1998，18（3）：1－8.
[172] 吕树庭，胡活伦，楚继军. 我国经济发达地区基层群众体育管理体制及其运行机制的研究[J]. 广州体育学院学报，2002，22（3）：1－6.
[173] 吕树庭，王伯超. 再论群众体育与社会体育：概念之间关系的梳理与辨析[J]. 武汉体育学院学报，2006，40（8）：1－4.
[174] 吕颖. 陕西省小城镇群众体育组织及其活动状况的研究[J]. 西安体育学院学报，2004，21（6）：35－37.
[175] 马进，田雨普. 和谐社会构建中城乡群众体育统筹发展的思考[J]. 西安体育学院学报，2009，26（6）：665－667.
[176] 马尚奎. 新中国初期我国群众体育发展的历程探究[J]. 兰台世界，

2013（7）：121–122.

[177] 马涛，张艳，聂小锋. 论新时代我国群众体育的主要矛盾及解决路径[J]. 体育文化导刊，2018（8）：44–48.

[178] 马先英，杨磊，沙磊. 农村体育：制约我国群众体育发展的“瓶颈”[J]. 北京体育大学学报，2004，27（10）：1310–1312.

[179] 马宣建. 论中国群众体育政策[J]. 成都体育学院学报，2005，31（6）：1–7.

[180] 蒙军，朱萍玉. 我国东北地区乡镇群众体育管理研究[J]. 体育文化导刊，2014（2）：38–40.

[181] 孟凡强. 自发性群众体育组织成因的理论探讨：兼论后继实证研究面临的主要课题[J]. 体育学刊，2006，13（2）：58–61.

[182] 苗治文，巩淑丽. 群众体育发展的基础[J]. 体育文化导刊，2009（3）：26–28.

[183] 苗治文，侯良，李伟，等. 现阶段中国群众体育的性质与特点[J]. 体育学刊，2009，16（1）：24–27.

[184] 苗治文，李刚，秦椿林. 当代中国群众体育的管理体制[J]. 北京体育大学学报，2005，28（6）：735–736.

[185] 苗治文，秦椿林，李伟，等. 我国群众体育效率与公平的实现机制研究[J]. 体育科学，2008，28（5）：24–32.

[186] 苗治文，许实. 建国以来我国群众体育的发展[J]. 武汉体育学院学报，2010，44（4）：28–32.

[187] 尼玛欧珠，加措. 论藏民族传统体育在群众体育中的传承与发展[J]. 西藏大学学报（社会科学版），2011，26（S1）：145–147.

[188] 倪同云，林显鹏，陈琳，等. 我国基层群众体育管理体制及其运行机制的研究[J]. 中国体育科技，2003，39（1）：1–6.

[189] 倪同云. 关于建立群众体育信息中心的思考[J]. 中国体育科技，1998，34（12）：7–11.

[190] 倪同云. 中西方群众体育现状的比较研究[J]. 中国体育科技，1999，35（4）：2–6.

[191] 聂啸虎，霍红，孙淑惠，等. 西藏自治区群众体育发展的对策研究[J]. 成都体育学院学报，2001，27（3）：3–6.

[192] 潘丽英. 全面建设小康社会时期我国群众体育评估指标体系的构建研究[J]. 成都体育学院学报，2010，36（2）：1–5.

[193] 庞元宁，何建文. 我国农村居民消费结构的变迁对群众体育的影响[J]. 体育学刊，2007，14（8）：36–39.

[194] 裴立新，黄炜，佟强. 从“普及提高”到“相对独立”再到“相互取予”：竞技体育与群众体育关系的研究[J]. 体育与科学，2008，29（1）：67–70.

[195] 裴立新，李宗浩，董新光. 未来 10 年我国群众体育发展战略研究[J]. 中国体育科技，2002，38（9）：4–8.

[196] 彭大松. 群众体育发展的机遇抑或挑战：基于我国人口结构转变的一项探索[J]. 武汉体育学院学报，2011，45（2）：52–57.

[197] 彭建华. 社会传播对群众体育流行的促进[J]. 西南师范大学学报（自然科学版），2003，28（2）：327–330.

[198] 彭响，刘如，熊玮，等. 全运会视角下我国群众体育发展研究[J]. 体育文化导刊，2018（8）：49–53.

[199] 蒲西安，莫儒强. 对高校群众体育的几点认识[J]. 四川师范大学学报（社会科学版），2005（S1）：200–202.

[200] 秦椿林，孟文娣，苗治文，等. 论中国群众体育的非均衡发展[J]. 北京体育大学学报，2004，27（7）：865–868.

[201] 秦椿林，张春萍. 我国都市群众体育探析[J]. 北京体育大学学报，2004，27（8）：1009–1012.

[202] 秦梅. 北京奥运会对北京群众体育发展影响研究[J]. 体育文化导刊，2010（2）：13–21.

[203] 秦小平，高嵩，汪子文，等. 群众体育政策执行中居民体育利益表达机制完善研究[J]. 天津体育学院学报，2011，26（2）：118–121.

[204] 秦永波. 基于区域经济的群众体育发展效率评价[J]. 河南师范大学学报（自然科学版），2014，42（5）：179–183.

[205] 冉建. 城市社区群众体育活动中的同伴效应研究[J]. 成都体育学院学报，2010，36（11）：29–32.

[206] 冉学东，王广虎. “群众体育”与“社会体育”：体育普及的两种不同形态[J]. 上海体育学院学报，2003，27（4）：32–36.

[207] 任海. 以群众体育促进社会建设[J]. 北京体育大学学报，2014，37（9）：1–9.

[208] 任海. 由单位体育到社会体育：对我国群众体育发展的思考[J]. 体育科学，2018，38（7）：11–12.

[209] 桑布. 东北地区群众体育锻炼行为与体育消费现状研究[J]. 沈阳体育学院学报，2012，31（2）：143–144.

[210] 上海市体育局. 改革开放 30 年的上海群众体育[J]. 体育科研，2009，30（1）：12–17.

[211] 邵伟钰. 基于 DEA 模型的群众体育财政投入绩效分析[J]. 体育科学，2014，34（9）：11–16.

[212] 佘军标，林建章，余万影，等. 厦门市群众体育消费现状调查报告[J]. 中国体育科技，2000，36（6）：26–28.

[213] 申海军，韩学民，任建华. 北京奥运会后群众体育发展思考[J]. 体育文化导刊，2008（12）：18–20.

[214] 沈艳，龙秋生. 多中心治理理论下的群众体育社团问题分析及治理路径[J]. 首都体育学院学报，2015，27（6）：508–511.

[215] 沈芝萍，蔡金明，陈观云. 群众体育可持续发展探析[J]. 体育文化导刊，2002（6）：40–41.

[216] 盛德海. 珠海市群众体育与体育产业发展的现状调查[J]. 上海体育学院学报，1999（S1）：167–169.

[217] 盛志国. 与北京奥运同行的中国群众体育[J]. 体育文化导刊，2008（11）：1–3.

[218] 石振国，杨小明. 城乡群众体育差距分析及其统筹发展途径研究：以湖北省当阳市为例[J]. 天津体育学院学报，2011，26（4）：301–304.

[219] 史明娜，孙亮亮. 群众体育与竞技体育发展矛盾探析[J]. 体育文化导刊，2008（9）：10–11.

[220] 史小强，戴健. 北欧大众体育治理透视：制度环境、核心理念与运行机制：兼论对我国群众体育治理改革的启示[J]. 天津体育学院学报，2016，31（3）：240–246.

[221] 首都体育学院学报编辑部. 后奥运 中国群众体育发展思路研讨会在我院举行[J]. 首都体育学院学报，2008（3）：129.

[222] 宋杰，董杰. 城乡群众体育协调发展的理论探讨及对策分析[J]. 体育与科学，2009，30（2）：48–52.

[223] 宋允清，张驰. 试析新中国成立后群众体育思想的发展进程[J]. 成都体育学院学报，1998，24（2）：15–18.

[224] 苏华. 城运会对群众体育文化的影响研究[J]. 成都体育学院学报，2011，

37（9）：12−14.

[225] 苏勤玉，张宏. 广东省结合型群众体育管理体制的研究[J]. 广州体育学院学报，2006，26（4）：32−35.

[226] 孙葆洁. 1976—1995 年中国群众体育的恢复与发展[J]. 武汉体育学院学报，1999，33（6）：1−5.

[227] 孙葆丽，孙葆洁，潘建林. 我国群众体育发展的历史回顾[J]. 体育科学，2000，20（1）：13−16.

[228] 孙葆丽，杨文学，潘建林，等. “文化大革命” 时期的群众体育[J]. 武汉体育学院学报，1999，33（6）：6−8.

[229] 孙葆丽. 1958—1965 年中国群众体育的演进[J]. 体育文化导刊，2002（5）：32−34.

[230] 孙葆丽. 中华人民共和国开基创业时期的群众体育[J]. 北京体育大学学报，2002，25（1）：7−9.

[231] 孙荣会，王永妍. 天津滨海新区群众体育发展分析[J]. 体育文化导刊，2010（6）：15−19.

[232] 孙荣会. 基于社会结构调整的群众体育公共政策取向[J]. 武汉体育学院学报，2012，46（4）：5−12.

[233] 孙荣会. 基于实践变迁与转型的群众体育促进模式：走向公共政策[J]. 武汉体育学院学报，2011，45（8）：15−20.

[234] 孙淑惠，霍红，王广虎，等. 西藏自治区群众体育现状调查研究[J]. 成都体育学院学报，2001，27（2）：6−8.

[235] 孙思哲，岳新佳，程永超. 我国城市群众体育赛事改革研究[J]. 体育文化导刊，2016（5）：1−5.

[236] 孙文琦. 基于 AHP 的群众体育投入评价系统的研究[J]. 河南农业大学学报，2014，48（2）：210−213.

[237] 孙文琦. 基于层次分析法的我国群众体育投入评价指标权重研究[J]. 西南师范大学学报（自然科学版），2012，37（6）：213−219.

[238] 孙文琦. 群众体育投入研究[J]. 体育文化导刊，2009（5）：11−14.

[239] 孙文琦. 我国群众体育投入评价指标体系的构建与评价模式研究[J]. 山东体育学院学报，2011，27（5）：7−12.

[240] 孙文琦. 我国群众体育投入评价指标体系研究[J]. 体育文化导刊，2010（9）：8−12.

[241] 谈群林，黄炜. 建国以来我国竞技体育与群众体育关系研究述评[J]. 首都体育学院学报，2009，21（5）：532-533.

[242] 覃盛栋，王献升. 城乡群众体育统筹发展的理论价值与现实意义：评《城乡群众体育统筹发展理论与实证研究》[J]. 当代教育科学，2015（15）：69.

[243] 谭祝平. 论群众体育政策执行中居民体育利益表达机制的完善[J]. 山东体育学院学报，2011，27（2）：6-11.

[244] 唐宏贵，郭惠平，黄靖，等. 湖北省“全面建设小康社会时期”群众体育达成目标与评估指标体系的研究[J]. 体育科学，2006，26（6）：28-42.

[245] 唐永泉. 河南省新型城镇群众体育发展的因素及策略分析[J]. 河南师范大学学报（自然科学版），2013，41（6）：164-166.

[246] 田雨普，王欢，杨小明. 和谐社会构建中城乡群众体育统筹发展的战略思考[J]. 中国体育科技，2009，45（6）：91-96.

[247] 田雨普，杨小明，刘开运. 我国城乡群众体育统筹发展的战略[J]. 体育学刊，2008，15（1）：9-13.

[248] 田雨普，朱志强，陈德明，等. 我国群众体育的发展走向与对策[J]. 体育科学，1999，19（4）：5-8.

[249] 田雨普. 现时期我国群众体育确立以农村为重点的战略方针刍议[J]. 体育文化导刊，2007（9）：9-11.

[250] 田雨普. 新时期我国群众体育发展的现状与走向[J]. 体育文化导刊，2003（1）：5-7.

[251] 汪流，常晴. 群众体育“组织化”的困境与出路：兼论京津冀群众体育的“组织化”发展[J]. 武汉体育学院学报，2017，51（9）：28-33.

[252] 王程，张雁. 从金牌大国到体育强国的嬗变：论和谐社会下我国群众体育的发展[J]. 社会科学家，2008（8）：107-110.

[253] 王崇喜，袁凤生，赵宗跃. 河南省群众体育的现状与发展对策[J]. 体育学刊，2003，10（2）：26-29.

[254] 王春香，朱越彤，徐承刚，等. 我国大城市基层群众体育管理体制现状调查与研究[J]. 天津体育学院学报，2003（3）：11-14.

[255] 王德平，任保莲. 福建省群众体育消费需求调查及对体育市场发展的若干思考[J]. 体育科学，2002，22（6）：20-23.

[256] 王德平. 厦门市群众体育活动点现状调查研究[J]. 中国体育科技，2007，43（2）：38-44.

[257] 王福秋，王松涛. 我国群众体育的社会价值变迁[J]. 体育文化导刊，2015(2)：40-43.

[258] 王广虎，黄桑波. 单位体制下体育管理的“二元结构”与群众体育的“单位色彩”[J]. 成都体育学院学报，2004，30（3）：1-5.

[259] 王海燕，常伟. 后奥运时代中国群众体育面临的问题与对策研究[J]. 中国成人教育，2013（8）：144-145.

[260] 王虹. 试论新世纪我国群众体育管理[J]. 体育科学，2002，22（4）：34-35.

[261] 王厚雷，张怡，王强，等. 新疆多民族地区群众体育政策导向及组织开展现状[J]. 首都体育学院学报，2013，25（3）：214-218.

[262] 王华. 北京奥运会后我国群众体育发展对策研究[J]. 技术与创新管理，2009，30（4）：534-537.

[263] 王静. 媒体群众体育信息传播缺位研究[J]. 新闻界，2009（4）：99-101.

[264] 王凯珍，李丽莉，李相如，等. 北京市第 2 次群众体育现状调查与研究[J]. 首都体育学院学报，2010，22（4）：1-5.

[265] 王磊. 河南省煤矿员工与群众体育状况调查研究[J]. 煤炭技术，2012，31（8）：276-277.

[266] 王麟，王松岩，田星. 关于我国群众体育经济发展之思考[J]. 中国商贸，2010（4）：190-191.

[267] 王玮，金萍华. 从街球到群众体育的媒介意义[J]. 新闻知识，2006（12）：32-34.

[268] 王晓波. 澳大利亚的群众体育政策及其启示[J]. 体育文化导刊，2014（5）：24-27.

[269] 王新力. 北京奥运会后我国群众体育发展趋势研究[J]. 体育文化导刊，2008（11）：4-5.

[270] 王旭，罗慧坚. 论西部地区群众体育产业发展的路径依赖及选择[J]. 商业时代，2011（19）：117-118.

[271] 王亚坤，武传玺，彭响. 新时代我国群众体育赛事发展困境及优化路径[J]. 体育文化导刊，2018（11）：1-5.

[272] 王亚坤，武传玺. 我国群众体育赛事服务外包研究[J]. 体育文化导刊，2018（8）：54-58.

[273] 王颖，赵清波，王新建. 郑州市群众体育现状分析及对策研究[J]. 体育文化导刊，2003（6）：18-19.

[274] 王则兴. 群众体育服务产品的定价策略研究[J]. 价格月刊，2012（7）：11–15.

[275] 王璋. 走向城乡一体化：未来城乡群众体育发展的战略思考[J]. 体育与科学，2010，31（1）：52–55.

[276] 王智慧，丁学龙，刘志敏. 群众体育发展对体育强国建设影响的研究[J]. 体育文化导刊，2012（7）：26–30.

[277] 韦建明. 地区经济与群众体育发展水平相关性分析[J]. 体育文化导刊，2010（11）：41–43.

[278] 魏荣. 建国以来我国群众体育法规建设的回顾与展望[J]. 西安体育学院学报，2016，33（3）：274–277.

[279] 闻涛. 我国群众体育发展策略研究[J]. 体育文化导刊，2010（9）：4–7.

[280] 吴洁，王欣. 我国群众体育的发展：历史、现状及其提升[J]. 理论月刊，2010（7）：145–149.

[281] 吴文峰，周君华，于军. 群众体育社会评价研究：以天津市为例[J]. 山东体育学院学报，2015，31（5）：19–26.

[282] 吴晓涓，张文军，高月宏. 大学生群众体育运动竞赛对参与者行为影响分析[J]. 西安体育学院学报，2006，23（5）：119–120.

[283] 吴燕丹，王聪颖. 资源配置视角下残疾人群众体育的现状、问题与对策[J]. 体育科学，2015，35（3）：3–11.

[284] 武杰，张志新. 新疆 8 个民族群众体育调查研究[J]. 体育科学，2011，31（3）：30–36.

[285] 武军，杜福生. 促进群众体育健身消费推动体育市场经济发展[J]. 生产力研究，2003（6）：134–135.

[286] 西安体育学院学报编辑部. 我院被评为 2006—2010 年度陕西省群众体育先进单位[J]. 西安体育学院学报，2011，28（1）：86.

[287] 肖国良. 21 世纪初我国群众体育的发展趋势及对策[J]. 广州体育学院学报，2001，21（1）：10–13.

[288] 肖金柱. 我国群众体育公共产品供给现状分析及对策研究[J]. 体育与科学，2010，31（3）：23–25.

[289] 肖林鹏，李宗浩，裴立新. 中国竞技体育与群众体育协调发展战略回顾[J]. 体育学刊，2002，9（3）：12–14.

[290] 肖林鹏，秦椿林. 协调发展战略与中国群众体育的发展[J]. 体育文化导

刊，2002（6）：18-19.

[291] 肖林鹏. 我国群众体育资源开发与配置对策研究[J]. 西安体育学院学报，2006，23（1）：6-8.

[292] 肖谋文，朱建宇. 论毛泽东群众体育思想[J]. 北京体育大学学报，2008，31（3）：295-296.

[293] 肖谋文. 新中国群众体育政策的历史演进[J]. 体育科学，2009，29（4）：89-96.

[294] 肖勇. 论我国群众体育发展机制的完善[J]. 河南师范大学学报（哲学社会科学版），2014，41（3）：186-188.

[295] 谢斌，刘会平. 世界群众体育大会之研究[J]. 体育文化导刊，2010（10）：19-22.

[296] 谢斌. 论世界群众体育大会对中国群众体育发展的启示[J]. 北京体育大学学报，2011，34（6）：18-21.

[297] 谢琼桓. 为有源头活水来：关于群众体育的几点思考[J]. 求是，1997（8）：43-46.

[298] 辛娟娟. 中南红色苏区群众体育资源开发与配置研究：以井冈山革命根据地为例[J]. 广州体育学院学报，2011，31（2）：48-51.

[299] 辛利，韩会君，吕树庭. 珠江三角洲群众体育活动点的现状与对策研究[J]. 武汉体育学院学报，2000，34（6）：12-15.

[300] 熊振强. 公益性群众体育组织的非营利性研究[J]. 广州体育学院学报，2008，28（5）：16-19.

[301] 徐德刚. 身体视域下群众体育发展的困境[J]. 山东体育学院学报，2016，32（2）：52-56.

[302] 徐东锋. “创建特色体育乡镇”探讨：以某个运动项目带动农村群众体育的持久开展[J]. 体育与科学，2007（1）：82-84.

[303] 徐凤琴，黄彦军. 群众体育团体与社区居民健身的相互影响[J]. 体育文化导刊，2008（9）：62-64.

[304] 徐晖. 试述我国群众体育的现状与发展途径[J]. 体育文化导刊，2005（9）：8-9.

[305] 徐佶. 新的体育视角：休闲体育：兼论休闲体育与群众体育、大众体育、社会体育的关系[J]. 广州体育学院学报，2006，26（3）：21-24.

[306] 徐立武. 基于促进农村经济发展视角的农村群众体育活动的价值研究[J].

农业经济，2014（8）：47–48.

[307] 徐屏. 城乡均等化发展背景下群众体育管理体制变革[J]. 武汉体育学院学报，2012，46（6）：20–25.

[308] 徐士韦，谭小勇，傅企明，等. 后奥运我国群众体育发展分析[J]. 体育文化导刊，2009（10）：36–39.

[309] 徐士韦，谭小勇，傅企明，等. 建国以来我国群众体育与竞技体育关系演变研究：兼论后奥运我国群众体育发展的必然[J]. 南京体育学院学报（社会科学版），2009，23（3）：35–41.

[310] 徐文峰，焦琳艳. 基于复合系统测度的竞技体育与群众体育发展水平协整分析[J]. 沈阳体育学院学报，2017，36（6）：46–54.

[311] 徐翔，陈华荣. 群众体育风险“破窗效应”的产生机理和规避路径[J]. 体育文化导刊，2018（5）：32–35.

[312] 徐意坤，吴姜月，宋巨华，等. 和谐社会背景下江苏省城乡群众体育均衡发展的思考[J]. 社会科学家，2012（S1）：30–31.

[313] 徐永楠. 各阶层群众体育利益冲突进程解析[J]. 体育文化导刊，2016（5）：6–9.

[314] 许永刚，刘江南，周毅，等. 珠江三角洲群众体育社会需求特点的研究[J]. 体育科学，2000，20（1）：17–19.

[315] 薛山，龙家勇. 基于 WSR 方法论的农村群众体育公共服务能力影响因素与评价模型：以重庆市为例[J]. 西南师范大学学报（自然科学版），2016，41（8）：164–168.

[316] 薛文敏，彭中东. 对湖北省群众体育俱乐部运作模式的探究[J]. 武汉体育学院学报，2006，40（7）：83–86.

[317] 荀笋. 对“奎潭湖畔体育花”凋谢的思考：兼论农村群众体育发展对策[J]. 体育文化导刊，2006（5）：17–19.

[318] 严德一. 全面建设小康社会背景下的群众体育发展预期[J]. 武汉体育学院学报，2006，40（1）：15–19.

[319] 严华. 当今群众体育发展的路径选择与战略取向[J]. 体育与科学，2011，32（3）：64–68.

[320] 杨斌. 陕西日报传媒集团获省群众体育先进单位[J]. 新闻知识，2014（10）：2.

[321] 杨海晨，黎晓萍，赵芳，等. 广西新农村建设中乡镇群众体育管理现状与发展趋势分析[J]. 中国体育科技，2009，45（2）：125–130.

[322] 杨桦，王凯珍，熊晓正，等. 改革开放以来我国群众体育的发展演进与思考[J]. 北京体育大学学报，2005，28（6）：721-726.

[323] 杨建设，安儒亮. 我国群众体育发展数据分析[J]. 体育文化导刊，2011（7）：16-18.

[324] 杨鸣，冯晓露，徐校飞，等. 英国群众体育发展战略的实现路径：基于英格兰体育理事会的实践[J]. 武汉体育学院学报，2018，52（6）：26-31.

[325] 杨木森. 群众体育健身兴后起学校体育课程的设置构想[J]. 教学与管理，2014（6）：101-103.

[326] 杨平. 俄罗斯群众体育发展战略研究[J]. 体育文化导刊，2013（6）：38-41.

[327] 杨青松，罗建河. 我国群众体育政策执行阻滞效应的多维分析：以《全民健身计划纲要》为例[J]. 广州体育学院学报，2008，28（6）：11-14.

[328] 杨树东，冯晓东，姚远. 北京市 13 区县群众体育管理体制现状及对策研究[J]. 北京体育大学学报，2003，26（5）：582-584.

[329] 杨小明，程杰. 城乡群众体育统筹发展的理论基础与战略原则[J]. 沈阳体育学院学报，2013，32（1）：50-53.

[330] 杨小明，田雨普，王欢. 城乡群众体育统筹发展的理论依据与现实条件[J]. 广州体育学院学报，2010，30（1）：41-45.

[331] 杨小明，田雨普. 不同区域城乡群众体育统筹发展的比较研究[J]. 武汉体育学院学报，2013，47（8）：11-15.

[332] 杨小明，田雨普. 和谐社会视域下城乡群众体育统筹发展的战略[J]. 北京体育大学学报，2014，37（5）：11-15.

[333] 杨永钟，江瑞，袁锋，等. 我国全民健身活动发展特征研究：基于 4 次全国群众体育调查结果的分析[J]. 西南师范大学学报（自然科学版），2017，42（6）：121-128.

[334] 姚婧，许万林，张鲲. 群众体育行为的文化性分析[J]. 山东体育学院学报，2010，26（3）：21-23.

[335] 姚唯众，白海波，刘志敏. 城乡群众体育统筹发展的战略思考[J]. 体育与科学，2011，32（4）：82-84.

[336] 姚唯众，白海波，刘志敏. 苏南地区农村群众体育事业发展战略研究：无锡市农民健身工程现状及其发展对策[J]. 山东体育科技，2012，34（3）：57-61.

[337] 姚唯众，白海波. 苏南地区农村群众体育事业发展战略研究：苏州市农民

体育健身工程现状与发展对策[J]. 山东体育学院学报，2011，27（2）：23–26.

[338] 叶加宝. 现阶段政府在群众体育发展中的推动作用与推动方式[J]. 广州体育学院学报，2000，20（1）：7–10.

[339] 易剑东，罗达勇. 中国群众体育产业的现状与出路[J]. 体育文史，2000（1）：22–24.

[340] 易剑东，袁春梅. 三地整合：群众体育活动场地供给的新思考[J]. 体育与科学，2014，35（4）：37–40.

[341] 游国鹏，刘海瑞，张欣，等. 基于 DEA–Tobit 模型的我国 2012—2013 年群众体育投入产出效益评价与影响因素研究[J]. 天津体育学院学报，2016，31（3）：209–215.

[342] 于军，李永献，孙闽君. 山东省残疾人群众体育现状及发展对策研究[J]. 体育科学，2009，29（8）：65–72.

[343] 于军. 建设体育强国进程中群众体育发展战略[J]. 山东社会科学，2013（12）：188–192.

[344] 于涛. 社会转型期群众体育观的转变[J]. 上海体育学院学报，2000，24（2）：12–16.

[345] 于显洋，陈泽霖. 社会建构论视角下的群众体育运动[J]. 体育文化导刊，2018（10）：30–34.

[346] 余静，余涛. 我国群众体育发展评价指标体系的研究[J]. 沈阳体育学院学报，2011，30（5）：16–20.

[347] 余涛. 群众体育资源配置系统构建的理论研究[J]. 北京体育大学学报，2009，32（12）：16–19.

[348] 余智，虞重干. 我国群众体育“贫困”的国家治理与反思[J]. 武汉体育学院学报，2013，47（8）：5–10.

[349] 袁宏. 传统身体观与群众体育发展路径选择研究[J]. 体育文化导刊，2016（6）：46–49.

[350] 张爱红. 我国群众体育参与主体身份的历史审视[J]. 体育文化导刊，2012（1）：44–47.

[351] 张大志. 社会结构分化与包容性群众体育政策的建构[J]. 南京体育学院学报（社会科学版），2015，29（1）：46–51.

[352] 张发强. 贯彻“三个代表”，抓好“三个环节”，借助“三会两湖”，努力开创新世纪、新阶段群众体育工作的新局面[J]. 中国体育科技，2003，

39（6）：1–6.

[353] 张红，江宇. 群众体育政策过程中的公民参与及其提升路径[J]. 沈阳体育学院学报，2014，33（5）：17–21.

[354] 张宏，许国勋. 广东省经济欠发达地区群众体育发展现状及对策[J]. 体育学刊，2005，12（4）：40–42.

[355] 张锦年，姚毓武. 中国群众体育发展战略的社会动力资源系统[J]. 武汉体育学院学报，1998（2）：23–26.

[356] 张军. 西北地区不同自然环境下农村群众体育调查及策略研究[J]. 西安体育学院学报，2012，29（5）：526–529.

[357] 张鲲. 西北地区少数民族群众体育现状调查研究[J]. 体育文化导刊，2002（5）：22–23.

[358] 张孟杰. 陕北地区新农村群众体育发展的治理研究[J]. 体育文化导刊，2016（3）：42–45.

[359] 张瑞林，邵桂华，闻兰. 小康社会背景下我国群众体育发展的和谐机制研究[J]. 体育文化导刊，2005（12）：6–8.

[360] 张世威，陈邦权，马艳辉. 我国城乡群众体育发展阻滞效应的多维审视与治理[J]. 武汉体育学院学报，2012，46（8）：61–66.

[361] 张世威，张伟，陈邦权. 我国城乡群众体育发展的动力环境及策略研究[J]. 西安体育学院学报，2011，28（2）：162–166.

[362] 张维全. 浅论群众体育与奥林匹克运动的结合与发展[J]. 职业时空，2007（18）：69.

[363] 张伟. 我国群众体育发展策略研究[J]. 体育文化导刊，2012（11）：20–23.

[364] 张亚东，冯伟. 从我国群众体育的现状谈学校体育教育改革[J]. 成都体育学院学报，2005，31（4）：119–121.

[365] 张莹，李相如. 北京市基层群众体育管理体制的现状[J]. 体育学刊，2002，9（5）：42–44.

[366] 张莹，秦俭，董德龙，等. 我国不同地区群众体育资源配置效率研究[J]. 山东体育学院学报，2011，27（12）：7–11.

[367] 张永保，沈克印. 体育强国目标下发展群众体育的路径探讨[J]. 武汉体育学院学报，2010，44（12）：79–86.

[368] 张兆才. 城市社区群众体育的变化与发展对策[J]. 上海体育学院学报，2005，29（2）：31–34.

[369] 张振峰. 学校体育与基层群众体育协同发展研究[J]. 教学与管理，2016（6）：

42–44.
[370] 张治国. 后奥运时期群众体育发展对策研究：以河南省为研究对象[J]. 人民论坛，2010（29）：176–177.
[371] 赵少聪，杨少雄. 北京市居民体育锻炼中断因素分析：基于北京市第 3 次群众体育现状调查的数据[J]. 福建师范大学学报（自然科学版），2019，35（1）：110–116.
[372] 赵薇，朱汉国. 论中共体育工作的政治化：以农村群众体育为中心（1927—1965）[J]. 甘肃社会科学，2013（6）：100–104.
[373] 赵晓玲，毛晓荣. 21 世纪我国群众体育发展组织管理机制的建立[J]. 体育学刊，2003，10（1）：35–37.
[374] 郑富. 我国群众体育的现状及其发展策略[J]. 体育学刊，2004，11（4）：39–41.
[375] 郑国华，祖庆芳，何平香. 我国少数民族群众体育政策的历史演进[J]. 北京体育大学学报，2016，39（2）：16–22.
[376] 郑贺. 全面建设小康社会与群众体育的关系及发展思路[J]. 上海体育学院学报，2005，29（2）：35–38.
[377] 郑家鲲. 五大理念引领下“十三五”我国群众体育发展研究[J]. 上海体育学院学报，2016，40（2）：19–24.
[378] 政协教科文卫体委员会调研组. 全民健身服务业：社会主义市场经济条件下开展群众体育的新形式[J]. 体育文化导刊，2004（1）：3–8.
[379] 钟卫刚. 城乡群众体育统筹发展：目标、责任与监测[J]. 成都体育学院学报，2011，37（4）：27–30.
[380] 钟武，王冬冬. 基于基尼系数的群众体育资源配置公平性研究[J]. 体育科学，2012，32（12）：10–14.
[381] 周红萍，苏家福. 面向 2008 年奥运会北京群众体育文化建设发展战略研究[J]. 广州体育学院学报，2003，23（4）：19–21.
[382] 周结友，裴立新. 群众体育等于社会体育吗：群众体育和社会体育概念及其相互关系分析[J]. 西安体育学院学报，2005，22（1）：8–11.
[383] 周君华，邱建国. 从我国群众体育发展看学校体育目标定位[J]. 体育学刊，2001，8（5）：20–22.
[384] 周丽珍，刘国荣. 上海市群众体育管理体制改革的创新[J]. 体育科研，2009，30（2）：9–15.
[385] 周丽珍. 科学构建发展群众体育活动模式探研[J]. 青海社会科学，2010（4）：

61－63.

[386] 周卫海，朱红伟，许建平. 广东省群众体育基本状况调查研究[J]. 广州体育学院学报，2009，29（6）：9－12.

[387] 周学荣，谭明义. 对发展我国群众体育志愿者队伍的思考[J]. 中国体育科技，2003，39（9）：13－15.

[388] 周学荣，谭明义. 我国两次群众体育现状调查情况的比较研究[J]. 体育科学，2004，24（7）：12－15.

[389] 周学荣，吴明. 荣高棠群众体育思想研究[J]. 体育文化导刊，2013（3）：25－28.

[390] 朱保成，陈晓荣. 我国群众体育公共服务的现实困境及消解路径[J]. 湖南科技大学学报（社会科学版），2018，21（4）：172－177.

[391] 朱国生，朱国平，郈崇禧，等. 太湖周边地区农村群众体育现状及发展对策研究[J]. 中国体育科技，2006（2）：12－15.

[392] 朱家新. 福建省群众体育现状调查与发展对策研究[J]. 北京体育大学学报，2006（7）：903－905.

[393] 朱永梅. 珠江三角洲群众体育的特点和发展前景[J]. 体育与科学，2000，21（1）：35－39.

[394] 朱越彤，徐承刚，王春香. 我国大城市基层群众体育组织运行机制分析[J]. 天津体育学院学报，2003，18（2）：27－29.

[395] 邹师，齐维毅，丛冬梅，等. 辽宁省群众体育发展概况及可持续发展的对策[J]. 北京体育大学学报，2005，28（11）：1475－1477.

[396] 邹月辉，赵焕. 人文关怀视角下我国残疾人群众体育发展对策[J]. 体育文化导刊，2017（5）：36－39.

[397] 左新荣. 我国农村群众体育开展乏力的社会因素分析[J]. 成都体育学院学报，2007，33（3）：48－50.

后记

本书是在 2018 年国家体育总局决策咨询研究重大项目“迈向体育强国之路：群众体育改革与发展研究”（鉴定为优秀，项目编号：2018–A–02）的结题成果基础上，对新时代群众体育改革与发展重点问题的探讨。笔者在负责本书的构思的基础上，确定了研究要目，并进行了第二章、第三章、第四章、第五章、第七章的撰写工作；笔者与陈佩杰共同完成了第六章的撰写；韶关学院陈斌撰写了第一章；研究生方飞、黄霞、吴涵、鲁思琦、王前坤、李冬、叶飞参与文献资料的收集；博士生米雪参与了文稿修订。

本书能够出版，要特别感谢国家体育总局政策法规司司长褚波、副司长来民、副司长魏振勇以及原副司长陈岩，正是他们在我挂职国家体育总局全面深化改革办公室期间给予的帮助与支持，让我坚定了群众体育研究方向，拓宽了研究视野，不断深耕群众体育领域。

由于水平有限，书中难免会存在不足之处，恳请读者予以批评指正。

卢文云

2024 年 11 月